商务馆对外汉语教学专题研究书系（第二辑）
总主编　赵金铭
审　订　世界汉语教学学会

汉语作为第二语言教学的语音与语音教学研究

主编　张旺熹

The Commercial Press

2019年·北京

总主编 赵金铭
主　编 张旺熹
编　者 张旺熹　王安红
作　者 （按音序排列）

曹　文　陈　珺　陈之爽　邓　丹

端木三　冯胜利　鲁健骥　覃夕航

上官雪娜　石　锋　史有为　宋益丹

王　萍　王韫佳　王志洁　徐　越

张燕来　赵金铭　赵　菁

目 录

总　序 …………………………………………………………… 1
综　述 …………………………………………………………… 1

第一章　语音教学综论 …………………………………………… 1
　第一节　《汉语拼音方案》：国际汉语教学的基石 …………… 1
　第二节　对外汉语语音教学基本问题研究 …………………… 14
　第三节　汉语朗读教学的必要性与教学策略 ………………… 23

第二章　声韵母及声韵母教学研究 ……………………………… 37
　第一节　日本学习者对汉语普通话不送气、送气
　　　　　辅音的加工 …………………………………………… 37
　第二节　跨语言语音相似度与日本学习者辅音感知和
　　　　　产出研究 ……………………………………………… 61
　第三节　日本学习者对汉语普通话"相似元音"和
　　　　　"陌生元音"的习得 ………………………………… 95
　第四节　对外汉语教学中的儿化问题 ………………………… 130

第三章　声调及声调教学研究 …………………………………… 142
　第一节　北京话单字音声调的统计分析 ……………………… 142

第二节　声调感知对比研究 …………………………………… 157
第三节　普通话单字调阳平和上声的辨认及区分 …………… 170
第四节　对外汉语声调教学策略 ……………………………… 201

第四章　韵律及韵律教学研究 …………………………………… 212
第一节　声调对比法与北京话双音组的重音类型 …………… 212
第二节　重音理论及汉语重音现象 …………………………… 252
第三节　对外汉语的轻声教学 ………………………………… 276

第五章　面向不同母语背景学习者的语音教学研究 ………… 288
第一节　韩国学生韵母偏误的发展性难度和对比
　　　　难度分析 ……………………………………………… 288
第二节　语音感知与汉日语音比较 …………………………… 301
第三节　汉英音位系统对比及其对语音教学的启示 ………… 333

总 序

赵金铭

对外汉语教学专题研究书系是商务印书馆出版的同名书系的延续。主要收录2005—2016年期间,有关学术期刊、集刊、高校学报等所发表的有关对外汉语教学研究论文,涉及学科各分支研究领域。内容全面,质量上乘,搜罗宏富。对观点不同的文章,两方皆收。本书系是对近10年对外汉语教学研究成果的汇总与全面展示,希望能为学界提供近10年来本学科研究的总体全貌。

近10年的对外汉语教学与研究,呈现蓬勃发展的局面,与此同时,各研究分支也出现一些发展不平衡现象。总体看来,孔子学院教学、汉语师资培训、文化与文化教学、专业硕士课程教学等方面,已经成为研究热门,研究成果数量颇丰,但论文质量尚有待提升。由于主管部门的导向,作为第二语言汉语教学的汉语本体研究与汉语教学研究,在一定程度上被淡化。语音、词汇及其教学研究成果较少,语法、汉字及其教学研究成果稍多,汉字教学研究讨论尤为热烈。新汉语水平考试研究还不够成熟,课程与标准和大纲研究略显薄弱。值得提及的是,教学方法研究与教学模式研究、汉语作为第二语言习得研究、现代教育技术研究及其在教学中的应用研究，发展迅速，方兴未艾，成果尤为突出。本书系就是对这10年研究状况的展示与总结。

近10年来，汉语国际教育大发展的主要标志是：开展汉语教学的国别更加广泛；学汉语的人数呈大规模增长；汉语教学类型和层次多样化；汉语教师、教材、教法研究日益深入，汉语教学本土化程度不断加深；汉语教学正被越来越多的国家纳入其国民教育体系。其中，世界范围内孔子学院的建立既是国际汉语教育事业大发展的重要标志，也是进一步促进国际汉语教学持续发展的一个重要平台，吸引了世界各地众多的汉语学习者。来华外国留学生汉语教学与海外汉语教学，共同打造出汉语教学蓬勃发展的局面。

大发展带来学科研究范围的扩大和研究领域的拓展。本书系共计24册，与此前的22册书系的卷目设计略有不同。

本书系不再设《对外汉语课堂教学技巧研究》，增设《汉语作为第二语言教学的教学方法研究》和《汉语作为第二语言教学的教学模式研究》两册。汉语作为第二语言教学，既与世界第二语言教学有共同点，也因汉语、汉字的特点，而具有不同于其他语言作为第二语言教学的特色。这就要求对外汉语教学要讲求符合汉语实际的教学方法。几十年以来，对外汉语教学在继承传统和不断吸取各种教学法长处的基础上，结合汉语、汉字特点，以结构和功能相结合为主的教学方法为业内广泛采用，被称为汉语综合教学法。博采众长，为我所用，不独法一家，是其突出特点。这既是对外汉语教学的传统，在教学实践中也证明是符合对外汉语教学实际的有效的教学方法。与此同时，近年来任务型教学模式风行一时，各种各样的教法也各展风采。后方法论被介绍进来后，已不再追求最佳教学法与最有效教学模式，教学法与教学模式研究呈现多样化与多元性发展态势。

进入新世纪后，对外汉语教学学科理论研究的一个重要进展是开拓了第二语言习得理论与实际问题的研究，从重视研究教师怎样教汉语，转向研究学习者如何学习汉语，这是一种研究理念的改变，这种研究近10年来呈现上升趋势。研究除了《汉语第二语言学习者语言系统研究》《汉语作为第二语言的学习者研究》，本书系基于研究领域的扩大，增设了《基于认知视角的汉语第二语言习得研究》和《多视角的汉语第二语言习得研究》，从多个角度开辟了汉语学习研究的新局面。

教育部在2012年取消原本科专业目录里的"对外汉语"，设"汉语国际教育"二级学科。此后，"汉语国际教育"作为在世界范围内开展汉语作为第二语言教学的名称被广泛使用，学科名称的变化，为对外汉语教学带来了无限的机遇与巨大的挑战。随着海外汉语学习者人数的与日俱增，大量汉语教师和汉语教学志愿教师被派往海外，新的矛盾暴露，新的问题随之产生。缺少适应海外汉语教学需求的合格的汉语教师，缺乏适合海外汉语学习者使用的汉语教材，原有的汉语教学方法又难以适应海外汉语教学实际，这三者成为制约提高对外汉语教学质量、提升对外汉语教学水平的瓶颈。

面对世界汉语教学呈现出来的这些现象，在进行深入研究、寻求解决办法的同时，也产生了一种急于求成的情绪，急于解决当前的问题。故而研究所谓"三教"问题，一时成为热门话题。围绕教师、教材和教法问题，结合实际情况，出现一大批对具体问题进行研究的论文。与此同时，在主管部门的导引下，轻视理论研究，淡化学科建设，舍本逐末，视基础理论研究为多余，成为一时倾向。由于没有在根本问题上做深入的理论探讨，将过多的精力用于技法的提升，以至于在社会上对汉语作为一个学科产生了不同认识，某种程度上干扰了学科建设。本书系《汉语作为第二语言教学的学科理论研究》和《汉语作为第二语言教学的教学理论研究》两册集中反映了学科建设与教学理论问题，显示学界对基本理论建设的重视。

2007年国务院学位办设立"汉语国际教育硕士专业学位"，目前已有200余所高等院校招收和培养汉语国际教育专业硕士。10多年来，数千名汉语教师和志愿者在世界各地教授汉语、传播中国文化，这支师资队伍正在共同为向世界推广汉语做出贡献。

一种倾向掩盖着另一种倾向。社会上看轻汉语作为第二语言教学的观点，依然存在。这就是将教授外国人汉语看成一种轻而易举的事，这是一种带有普遍性的错误认知。这种认知导致对汉语作为第二语言教学科学性认识不足。一些人单凭一股热情和使命感，进入了汉语国际教育的教师队伍。一些人在知识储备和教学技能方面并未做好充分的准备，便匆匆走向教坛。故而如何对来自不同专业、知识结构多层次、语言文化背景多有差别的学习者，进行汉语作为第二语言教学的专业培养和培训，如何安排课程内容，将其培养成一个合格的汉语教师，就成为当前迫切需要解决的问题。本书系增设的《汉语作为第二语言教学的教师发展研究》《汉语作为第二语言标准与大纲研究》以及《汉语作为第二语言教学的课程研究》，都专门探讨这些有关问题。

自1985年以来，实行近20年的汉语水平考试（HSK），已构成了一个水平由低到高的较为完整的系统，汉语水平考试（HSK）的实施大大促进了汉语教学的科学化和规范化。废除HSK后，研发的"新HSK"，目前正在改进与完善之中。有关考试研究，最近10年来，虽然关于测试理论和技术等方面的研究仍然有一些成果出现，但和以往相比，研究成果的数量有所下降，理论和技术方面尚缺乏明显的突破。汉语测试的新进展主要表现在新测验的开发、新技术的应用和对重大理论问题的探讨等方面。《汉语作为第二语言测试研究》体现了汉语测试的研究现状与新进展。

十几年来，汉语作为第二语言教学史的研究越来越多，也越来越深入。既有宏观的综合性研究，又有微观的个案考察。宏观研究中，从学科建设的角度探讨汉语教学史的研究。重视对外汉语教学历史的发掘与研究，因为这是对外汉语教学学科建设中不可缺少的一部分。宏观研究还包括对某一历史阶段和某一国家或地区汉语教学历史的回顾与描述。微观研究则更关注具体国家和地区的汉语教学历史、现状与发展。为此本书系增设《汉语作为第二语言教学史研究》，以飨读者。

本书系在汉语本体及其教学研究、汉语技能教学研究、文化教学与跨文化交际研究、教育技术研究和教育资源研究等方面，也都将近10年的成果进行汇总，勾勒出研究的大致脉络与发展轨迹，也同时可见其研究的短板，可为今后的深入研究引领方向。

　　本书系由商务印书馆策划，从确定选题，到组织主编队伍，以及在筛选文章、整理分类的过程中，商务印书馆总编辑周洪波先生给予了精心指导，在此深表谢意。

　　本书系由多所大学本专业同人共同合作，大家同心协力，和衷共济，在各册主编初选的基础上，经过全体主编会的多次集体讨论，认真比较，权衡轻重，突出研究特色，注重研究创新，最终确定入选篇章。即便如此，也还可能因水平所及评述失当，容或有漏选或误选之处，对书中的疏漏和失误，敬请读者不吝指教，以便再版时予以修正。

综　述

汉语语音教学，在对外汉语教学中一直占据着重要的地位。语音是门面，帮助学生打造良好的语音面貌是汉语教师关注的焦点，也是重要教学内容之一。

对外汉语教学界的语音教学研究需要借助汉语语音本体研究的一些成果和结论，而本体研究的一些成果和结论也需要在对外汉语语音教学中加以验证和应用。本书收录论文主体为能够为教学服务的语音本体研究，还有一些汉语拼音、教学原则及教法的相关讨论文章。

一　语音及语音教学研究现状

2004年至2016年的十余年间，对外汉语语音研究继续保持蓬勃发展势头，国内各主要相关期刊在此期间共发表对外汉语语音研究相关论文100多篇。本书所选的17篇文章仅仅是其中很少的一个部分，但这些文章具有一定的代表意义，研究广度上基本覆盖语音研究的各个领域，其中大部分文章的研究方法代表着相关研究的较高水平，值得后续研究借鉴。

2 综　述

这里只是对本书所选论文按编排顺序分章加以评述,作为读者阅读时的导引和参考。

第一章是语音教学综论,共收录 3 篇文章,分别跟《汉语拼音方案》、语音教学基本问题、朗读教学相关。

关于《汉语拼音方案》的讨论几十年来从未停歇过,对汉语拼音在汉语语音教学中的使用利弊也陆续有文章进行分析。汉语拼音的"弊"主要有二:一是其为音位标音,一个字母代表了几个不同的发音,比如 i 就代表了舌面元音 [i]、舌尖元音 [ɿ] 和舌尖元音 [ʅ] 三个音素的发音;二是《汉语拼音方案》有其省略规则,比如 ü 在 j、q、x 的后面省略两点写作 u,iou、uei 和 uen 三个韵母在辅音声母后省略韵腹。《汉语拼音方案》的音位标音和省略规则有可能对汉语学习者产生误导。赵金铭《〈汉语拼音方案〉:国际汉语教学的基石》[①] 一文,针对这些所谓的"弊"提出了解决方案,对外汉语教师应从音理上更深入地理解《汉语拼音方案》,从而在教学中灵活变通,进一步简化声韵系统,以帮助学习者掌握汉语语音系统的基本框架,建立起汉语语音格局。但文章所提出的简化声韵系统的细节还有待进一步探讨,比如文中提到的简化声母方阵 1 中缺失 h 声母,理由是"至于 f、h、l 较容易学,可一带而过"。但在教学实践中,我们发现,学生常常把汉语的舌根擦音 h [x] 发成其母语里的喉擦音 h [h],所以在简化声母方阵 1 里加上 h 很有必要。

在对外汉语语音教学中,就一些基本问题常常会有不同的看法。比如,一种看法是,语音教学为汉语教学中的重中之重,

---

① 详见第一章第一节。

语音面貌不好会直接影响学习者整体语言能力的发展；而另一种看法是，过分强调语音的重要性，可能反而会影响学习者整体语言能力的发展；再比如，我们应该在说话中教语音，还是应该在朗读中教语音；还有形成"洋腔洋调"的主要原因是声韵母，还是轻重音和语调；以及三声到底应不应该按照214来教。这些问题在鲁健骥《对外汉语语音教学几个基本问题的再认识》①一文中都一一提及，文中意见算是主流还是非主流暂且不论，文章所提及的话题均值得每一位对外汉语教师进行思考。不过，文中关于汉语语调句末重读音节升降直梯的比喻并不符合多数学者的看法，下一篇文章（赵菁）中对主流语调说也有所提及。

最近几年朗读教学逐渐成为对外汉语语音教学的热点之一，而且一些高校汉语课堂上的朗读教学也确实取得了一些成绩。赵菁《汉语朗读教学的必要性与教学策略》②首先分析了"洋腔洋调"的各种具体表现，然后探讨了开展朗读教学的必要性以及开展朗读教学的一些策略。

第二章是声韵母及声韵母教学研究。前三篇文章分别对留学生学习汉语普通话元辅音的具体问题做深入探讨，以验证国外语音习得理论在汉语中的适用性。最后一篇文章讨论了对外汉语教学中的儿化问题。

王韫佳和上官雪娜《日本学习者对汉语普通话不送气／送气辅音的加工》③通过两个感知实验和两个发音实验，研究了日本学习者对汉语普通话不送气／送气范畴的加工模式。实验结果

---

① 详见第一章第二节。
② 详见第一章第三节。
③ 详见第二章第一节。

4 综述

表明,尽管"送气"不是日语音系中的区别性特征,但由于日语中的清塞音/塞擦音具有送气变体,因此日本学习者仍然能够较好地在感知和发音中区分普通话的不送气和送气辅音两种音位范畴,但是他们对这两种范畴的加工模式受到了母语音系中清/浊范畴的影响,特别是受到了清音的音位变体的影响,具体表现为:(1)使用辅音后接元音的基频和辅音在词里的位置作为区分不送气/送气音的条件;(2)产生的送气辅音 VOT 较短。文章的结果支持了 SLM 和"语音经验"假说,但同时也说明了语音经验在第二语言语音习得中的作用仍然受到母语音系的制约。

邓丹《跨语言语音相似度与日本学习者对汉语 z、zh、j 三组辅音的感知和产出研究》[①] 从声学和感知两个方面,对汉日辅音语音相似度进行了研究。在此基础上,考察了日本学习者对汉语舌尖舌面三组塞擦音、擦音的感知和产出。产出研究发现,学习者已经初步建立了汉语三组辅音的发音范畴,但其三组辅音均与母语者在发音部位上存在差异。尤其是学习者在产出汉语 z 组与 j 组辅音时,采用了类似于自己母语中 z 组与 j 组辅音的区分方式,主要依靠发音时舌头是否存在"腭化"来加以区分,在声道收紧点上的区分不明显。感知研究发现,学习者已在其感知系统中初步建立了汉语三组辅音的感知范畴。文章的结论还表明,确定跨语言语音相似度时,除了声学特征和主观感知的因素外还要参考两种语言音系对比的结果。当声学相似度和感知相似度结果不一致时,音系对比的语音相似度最终决定第二语言语音的产出。第二语言的感知主要受到跨语言感知相似度的影响,同时学习者第

---

① 详见第二章第二节。

二语言音段的感知模式也会发挥一定的作用。

王韫佳和邓丹《日本学习者对汉语普通话"相似元音"和"陌生元音"的习得》[①]通过声学分析和主观评价,对母语为日语的学习者习得汉语普通话六个舌面单元音的情况进行了考察。实验结果印证了相似音素的习得难度大于陌生音素的假设,也印证了第一语言对成年人第二语言语音习得的作用先于普遍语法作用的假设。文章还提出了确定相似音素和陌生音素的基本方法——声学分析、感知评估和音系对比三结合。研究结果还表明,汉语普通话的"单韵母"o无论是在声学表现上还是在母语者的语感中都不是一个真正的单元音。

徐越《对外汉语教学中的儿化问题》[②]认为,在对外汉语教学中如何有效地进行儿化教学,这个问题一直没有引起足够的重视。文章试图从对外汉语教学中儿化教学的现状入手,指出存在的问题,分析问题产生的原因,并在前人研究的基础上提出对外汉语教学中将儿化与特定的词语相结合的词汇教学和控制儿化词数量的定量教学。

第三章是声调及声调教学研究。前三篇文章分别从调查统计、感知对比、知觉实验设计等方面对汉语普通话声调进行了深入的探讨,对语音教学有一定的理论指导意义。最后一篇文章对现有汉语声调教学模式进行分析,并提出自己的改进策略。

石锋和王萍《北京话单字音声调的统计分析》[③]通过对52位北京人的语音材料进行统计分析,考察了北京话单字音声调的统

[①] 详见第二章第三节。
[②] 详见第二章第四节。
[③] 详见第三章第一节。

计特性。通过主体分布分析、极限分布分析以及对比分析，得到了每一个声调调位内部声调变体的分布趋势，从而区分出每个声调调位的稳态段和动态段。每个声调调位的稳态段和动态段与其他调位相区分时发挥的作用有大小的不同，稳定程度也相应地有高低的差别。

曹文《声调感知对比研究——关于平调的报告》[①] 的主要任务是对普通话上声的低平观进行听辨/感知验证。实验的被试为三组共60名语言背景不同的大学生。考察的重点是他们对音高7st至19st的13个平调音节 kai 所做的声调辨认的结果。他们的听辨结果表明：低平调难以被中国人感知为上声；母语无声调的外国人对高平调/阴平的感知阈限高于中国人；泰国人对平调所做的汉语声调辨认呈现出一种过渡状态。此外，研究还发现低平调同样也不能被感知为泰语的低调。总之，该文的实验结果不支持汉语上声低平调的说法。文章还就泰语高、低调的特点及母语经验对普通话声调感知的影响进行了讨论。

王韫佳和覃夕航《普通话单字调阳平和上声的辨认及区分——兼论实验设计对声调范畴感知结果的影响》[②] 通过不同设计的范畴感知实验讨论两个问题：一是普通话单字调阳平和上声的辨认和区分是否存在声学参数上的范畴边界，二是刺激设计和实验任务对于声调范畴感知结果的影响。实验刺激为下降段降幅和终点音高都不同的四个降升调连续统，自变量为音高的拐点位置。实验结果表明：（1）在下降段降幅较低的情况下，终点音

---

① 详见第三章第二节。
② 详见第三章第三节。

高较高的连续统在辨认曲线上出现了较强的范畴化特征,而在下降段降幅较高的条件下,终点音高较低的连续统出现了较强的辨认范畴化特点;(2)在两种实验设计中均未得到与辨认结果显著相关的区分结果,在辨认结果具有显著范畴化特点的实验条件下,区分结果呈现弱范畴化或非范畴化特点。在实验结果的基础上讨论了刺激设计和实验任务对范畴感知实验结果的影响,记忆中的音高衰减作用、普通话韵律单元中的声调变化规则以及被试完成任务的偏向策略都可能对区分实验结果产生重要影响。基于该研究的结果,调形具有相似度但并不完全相同的声调的感知类型介于范畴型和非范畴型之间。

宋益丹《对外汉语声调教学策略探索》[①]一文认为,现有的声调教学模式缺乏对声调性质、发声方法的阐释,很难循序渐进分层次教学,难以和语言交际接轨,教学方式也相对单调且不够直观。不同母语背景的留学生在声调偏误上既有共性也有个性,存在静态声调与语流声调偏误不一致的情况。文章提出三点改进策略:(1)在获得声调理性认识的基础上强化感性认识;(2)以交际为原则,分层次教学;(3)使用 Praat 软件进行反馈式教学。

第四章是韵律及韵律教学研究。前两篇文章对汉语普通话韵律现象进行了梳理,并给出了以后的研究方向。汉语语音教学中的韵律研究一直是薄弱环节,相关研究成果相对较少,这里仅选入一篇讨论汉语轻声教学的文章。

---

① 详见第三章第四节。

王志洁和冯胜利《声调对比法与北京话双音组的重音类型》[①]认为,北京话词重音的有无及其分布的规律是汉语音系中长期以来争议最多、挑战性最强的问题。该文试图从双音组这一重音的最小单位入手,一方面探讨重音的表现及其与声调的关系,另一方面探讨重音的辨别方法及其类型的界定。文章认为:声调语言的轻重音必然表现为调值实现的充分度,而这种充分度既可以通过语音设备来测量,又可以通过对比法用说话人的内在语感来鉴别,二者均不失为当代音系研究的手段。文章提供了作者自1996年以来共同探讨用对比方法测试北京人对北京话带调双音节词语重音的内在语感所得到的初步认识,并对今后的词重音研究提出一些设想和建议。

端木三《重音理论及汉语重音现象》[②]先讨论重音理论的起源、发展和现状,然后讨论重音在汉语中的体现,包括对普通话两字组重音新的分析,最后讨论汉语的特点对重音理论的意义。文章通过一系列例子说明,汉语的重音现象十分丰富,而且很多重音规律跟英语是一样的,如循环规则、声调—重音连接律、音步的定义和结构、韵母—重音对应律以及信息—重音对应律。这些研究不但可以进一步完善重音理论,而且说明,各种语言在重音方面的特性比前人想象的少,而重音的共性比前人想象的多。

张燕来《对外汉语的轻声教学探讨》[③]认为,对外汉语语音教学中,轻声是语音教学的重点和难点。但从学生学习的角度看,实际教学效果并不理想,而且教学中还存在对轻声基本问题的

[①] 详见第四章第一节。
[②] 详见第四章第二节。
[③] 详见第四章第三节。

模糊认识，说明我们对轻声教学的研究还很不够。要想对轻声教学的研究取得进展，就不能不关注轻声本体研究取得的成果。因此，文章梳理了以往研究中关于轻声性质、调值等方面的观点和共识，在此基础上探讨轻声教学中轻声词、调值、变调和标调的问题。

第五章是面向不同母语背景学习者的语音教学研究。国别语音教学研究成果呈现出多元研究方法的态势。既有单纯使用音系对比的，又有音系对比和偏误分析相结合的，还有不少文章采用了更为客观的研究手段，比如声学参数分析、知觉实验分析，或者多种研究方法相结合。这里仅选取有代表性的三篇文章，它们分别对韩语、日语和英语母语者的汉语语音学习进行了讨论。

陈珺《韩国学生韵母偏误的发展性难度和对比难度分析》[1]以语音调查的形式重点调查了韩国学生从初级到高级汉语韵母习得的情况。按照单元音韵母、纯元音复合韵母和鼻韵尾复合韵母的分类，统计了三类韵母中的偏误比率，分析了偏误率较高的几类偏误的原因，并根据这些偏误的发展趋势绘制了趋势图，从对比和发展的角度对语音偏误做了难度分级。

史有为《语音感知与汉日语音比较》[2]认为，语音感知是语言认知的一部分。不同语言的母语者有不同的语音感知。文章从感知角度对比汉日语音的主要差异，以利于找到相对应的教学策略或方法。

陈之爽《汉英音位系统对比及其对语音教学的启示》[3]认为，

---

[1] 详见第五章第一节。
[2] 详见第五章第二节。
[3] 详见第五章第三节。

语音教学在对外汉语教学中起着至关重要的作用，语音对比研究有助于指导和促进对外汉语语音教学。该文从元音、辅音和声调三个方面对汉英音位系统进行对比，总结来自英语国家的留学生学习汉语语音的主要难点，并探讨针对英语母语者语音教学的教学策略。

二 语音及语音教学研究的特点与不足

跟先前的对外汉语语音研究相比，近十余年的语音研究体现出以下一些特点：

第一，研究方法更多样，研究结论更有说服力。对外汉语教学相关的语音研究主要采用的方法有音系对比、中介语偏误分析、声学实验分析、感知实验分析等。对于语音教学研究本身来说，也有一些教学经验的总结、教学方法前后对比验证等研究论文的出现。引入各种实验数据的定量分析研究方法的普及，增强了研究结论的说服力，避免了各说各理的口水战局面。其中，有着严密逻辑性，定性又定量的论文的出现代表了目前语音研究的较高水平。

第二，出现了一些以理论为导向的研究。王韫佳、邓丹、温宝莹、张林军等研究者的多篇论文都基于国外的知觉类比模型（PAM）理论、语音学习模型（SLM）理论等，特别是王韫佳，曾经专门撰文[①]介绍了对比分析假说（CAH）、PAM和SLM等理论，在实际问题研究中，更是结合声学和感知实验，把对比分析假说、普遍语法假说（标记假说）、知觉类比假说和语音学习假说等融会贯通起来开展研究。

第三，研究视角更为开阔，更注重与教学实践相结合。新时期的语音研究既关注课堂、教材、《汉语拼音方案》，又关注教学方法、原则和策略；既关注学习者的认知同化，又关注语流中的语音同化；既注重研究的理论价值，又注重研究的教学实践价值，这些相关研究成果进一步丰富了汉语语音教学的手段和方法。

存在的遗憾有下述三点：

第一，国别研究热点依旧集中在日本、韩国、美国和泰国等少数几个国家。事实上，学习汉语的留学生来源很广，比如，俄罗斯及苏联时期主要以俄语为母语的国家，葡萄牙、巴西等以葡萄牙语为母语的国家，西班牙、墨西哥等以西班牙语为母语的国家。最近几年，马来西亚政府每年都在持续往中国派送马来裔留学生学习汉语，这些国家学生的语音面貌及语音教学问题也应得到重视。

第二，韵律及语调研究成果尚未与汉语语音教学有效结合。汉语语音教学除了声韵调，还应引入哪些韵律教学内容？这些韵律教学内容何时教？怎么教？词语的韵律教学是否只限于双音节定调和轻声词教学？句子的韵律教学是否只限于重音和停顿教学？语段的韵律教学是否需要，又该怎样去教？是从会话入手练习语

---

① 王韫佳《跨语言语音对比与L2语音习得——CAH、PAM和SLM述评》，第八届中国语音学学术会议暨庆祝吴宗济先生百岁华诞语音科学前沿问题学术研讨会论文，北京，2008年。

调,还是从朗读入手练习语调,抑或两者都有帮助?这些尚未有实验支持。相对来说,韵律教学研究尚属于薄弱环节。

第三,研究成果与教学实践相结合的高水平论文还是屈指可数。究其原因,从事教学的一线教师理论前瞻性不够,从事研究的专家学者接触一线教学的机会不多。

第一章

语音教学综论

第一节 《汉语拼音方案》：国际汉语教学的基石[①]

《汉语拼音方案》是汉语作为外语教学必不可少的工具，它一直伴随着国际汉语教学，50年来，充分显示出它的科学性和实用价值。在使用过程中，我们还应该不断加深对《汉语拼音方案》的理解，在教学中做变通处理，使其在国际汉语教学中发挥更大的作用。

一 《汉语拼音方案》的科学性与权威性

《汉语拼音方案》是中华人民共和国全国人民代表大会于1958年2月11日批准公布的中国的法定拼音方案。1977年9月，联合国第三届地名标准化会议认定：《汉语拼音方案》在语言学上是完善的，并推荐作为拼写中国地名罗马字母拼法的国际标准。1979年6月，联合国秘书处发出通知：以汉语拼音作为转写中国

[①] 本节摘自赵金铭《〈汉语拼音方案〉：国际汉语教学的基石》，原载《语言文字应用》2009年第4期。

人名、地名的国际标准。1982年，国际标准化组织规定拼写汉语以汉语拼音为国际标准（ISO7098）。可见《汉语拼音方案》已为国际上广泛采用。

据王晓钧统计，在美国至少有5种拼写汉语的方式，可喜的是使用汉语拼音系统的学校占了压倒性优势，约为92%。[①] 美国汉语教师周质平说："在过去不到十年的时间里，汉语拼音已基本上做到了统一，除了中国台湾，世界上所有的中文图书馆，都已改用汉语拼音。至于中国人名、地名也都有了一致的拼法。所有有关汉语研究的著作，都在这短短的几年之间，改用了汉语拼音。"[②] 在全球普遍使用汉语拼音的局面下，中国台湾有人出于某种目的推出一个所谓"通用拼音"。先不说音理上是否合理，这只能是自我封闭，难与国际接轨，也会让外国人无所适从，徒增混乱。

2000年10月31日中华人民共和国第九届全国人民代表大会常务委员会第十八次会议通过的《中华人民共和国国家通用语言文字法》规定：国家通用语言文字以《汉语拼音方案》作为拼写和注音工具。从此《汉语拼音方案》有了法律地位。由此可见，《汉语拼音方案》的使用日益广泛和国际化，具有很大的权威性，是拼写汉语的国家标准和国际标准。

学术界对《汉语拼音方案》有很高的评价。陈章太称《汉语拼音方案》是中国有史以来创制的一套科学、完善、好用的《汉语拼音方案》，其优越性是拉丁化、音素化、口语化，其成功是

[①] 王晓钧《美国中文教学的理论与实践》，《世界汉语教学》2004年第1期。
[②] 周质平《汉语汉字的现代化与国际化》，《国际汉语教学动态与研究》2007年第2期。

科学性、实用性和远见性,这是最大的功绩。①《汉语拼音方案》制定者之一周有光对口语化、音素化、拉丁化的解释是:语音根据规范化的口语普通话。音节不用双拼、三拼,用音素(音位)化的四拼。字母用国际通用的拉丁字母。②

《汉语拼音方案》公布 50 年来,在汉字注音、识字教学、文献检索、推广普通话、中文信息处理、对外汉语教学以及其他汉字不便使用的领域发挥了重要作用。它的应用范围之广、影响之大,是举世公认的。它为大多数国家所采用,符合世界潮流。

二 《汉语拼音方案》的优越性和应用价值

汉语拼音化运动源远流长,历史上曾出现很多拼音化方案。《汉语拼音方案》是博采众长、精益求精、后来居上的方案。它吸取历史上各种拼音方案的长处,特别是赵元任等的国语罗马字方案、瞿秋白的北方话拉丁化新文字方案、威妥玛式和注音字母。因此,在某些方面考虑得更周到、更细致、更科学、更实用。

半个世纪以来,《汉语拼音方案》经受了国内外的各种考验,早已证明是汉语教学中最有效的拼写系统。自公布之后,一直是对外汉语教学中为汉字注音、为生词注音和为课文标声调的最好的工具。外国人学习汉语绕不开汉字。汉字自创制起就是一种意音文字。由于汉字不表音,外国学习者无法从汉字字形上获得准确的汉语读音。《汉语拼音方案》就成了初学者不可或缺的工具,

---

① 陈章太《〈汉语拼音方案〉的功绩、发展及问题》,《语言文字应用》2008 年第 3 期。

② 周有光《现代文化的冲击波》,生活·读书·新知三联书店,2000 年。

成为汉语教师跨进汉语教学门槛的得力帮手。汉语拼音是国际化的拼写和注音工具，凡是熟悉拉丁字母但不会汉字的外国汉语学习者，都可以把汉语拼音作为自己的学习工具。

据不完全统计，通过拼音学习汉语，比通过汉字学习汉语效率至少提高三倍。比如在国际汉语教学中，学习对外汉语教学大纲规定的 2905 个汉字和 8822 个词汇单位大约需要 3000 学时。如此费时，主要是因为汉字的关系。同样的词汇单位和语言水平，学习使用拼音文字的语言，一般只需 750 学时就够了。[①] 如果用汉语拼音学习汉语，用汉语拼音拼写汉语，就会学得快得多。目前，在国外，比如英国和澳大利亚，初级阶段汉语学习者大都只学拼音，教师也只用拼音教汉语。这无疑是有助于汉语国际传播的。当然，拼写中区分同音词是一个亟待解决的问题。事实上国内也存在只教拼音的教学班。丹麦马士基公司派往北京语言大学学习汉语的雇员，独立成班，每期半年，要求只学汉语的听和说，既不识汉字，也不写汉字，一律用汉语拼音。他们的口语表达不错，听力也达到一定水平。

因此，我们应该重新认识汉语拼音的价值。利用汉语拼音学汉语，外国人有很强的呼声。德国汉语教师柯彼德说："为了在全球更有效地推广汉语教学，可以按照不同的学习要求和目的设立不同类型的汉语课程，在维持'语'和'文'并行的传统教学方法的同时，应该为时间有限、只需口语交际的人开设专门的汉语听说课程，汉字可以不教或者有限度地教，基本上用汉语拼音

---

① 马庆株《关于对外汉语教学的若干问题》，《世界汉语教学》2003 年第 3 期。

来尽快提高口语能力。"他进一步强调,"外国人学习和使用汉语时,汉语拼音除了其重要的辅助作用以外,早已具有了文字的性质和价值",进而提议"有必要将汉语拼音提升为中国的第二种文字,逐步实现'双文制'"。[①] 柯彼德的观点或可商榷,却能引起我们的深思。

目前,就我们现在看到的《汉语拼音方案》在汉语教学、学习以及日常生活中的作用是多方面的,诸如:利用《汉语拼音方案》掌握汉语语音系统,可为汉字标出正确的读音;在用汉字书写过程中,遇到忘记或不会写的汉字,可以用拼音注出;掌握汉语拼音,可以利用音序检索查词典;在语法学习过程中,可以绕开汉字的干扰,直接用拼音显示出汉语语法形式和语法结构,有助于从有声语言方面掌握语法规律;掌握汉语拼音,可在电脑中采用拼音输入法,把拼音转化为汉字,使音、形通达,有助于汉字的学习和掌握;可用汉语拼音发电子邮件和手机短信,达到交际目的。

但是,在国际汉语教学中,《汉语拼音方案》在教师的头脑中还没有引起足够的重视,不少教师对《汉语拼音方案》只知其然,不知其所以然。教学过程中,对《汉语拼音方案》不能给予正确的解释。正音无方,纠音无法,解释不准确,缺乏口耳之功。因此,在汉语教学和学习中,对《汉语拼音方案》的利用还有相当大的潜力可以挖掘。

[①] 柯彼德《汉语拼音在国际汉语教学中的地位和运用》,《世界汉语教学》2003年第3期。

三 《汉语拼音方案》的深入理解

（一）汉语教师要充分了解《汉语拼音方案》制定的音理依据

《汉语拼音方案》的制定是依据音位学的原则，它跟汉语语音之间并不是一一对应的。《汉语拼音方案》中的每一个单元音，都是代表汉语普通话元音中的一个元音音位，音位又有变体。如果我们把 i 看成一个音位的话，它就有 3 个不同的变体，单独发时是 [i]，在 z、c、s 之后是 [ɿ]，在 zh、ch、sh、r 之后是 [ʅ]。其他如 a、e 也各有自己的音位变体。

（二）国际音标不能代替《汉语拼音方案》

有人提出："外国人不会汉语拼音，可以用国际音标给教材中的生词注音。"这是一种误解。国际音标是一套记音符号，用来记录和描述人类各种语言中的语音，它的记音原则是一个符号记一个音，一一对应。《汉语拼音方案》与此不同，它是一种注音拼写系统，标记的是音位。它代表现代汉语的音位体系，它虽可提示发音，但不是发音的记录与描写，比如 a 就是一个音位，它有 5 个音位变体。

（三）《汉语拼音方案》的制定参照文字学的原则

《汉语拼音方案》的制定还考虑到手写的方便和辨识的简捷，这是文字学的问题。比如把 ien、ieng 写成 -in、-ing，把 iou、uei、uen 写成 -iu、-ui、-un，都是为了书写简单。把 au 写成 ao 是为了容易辨识。如果硬照着书写去读则很难发好，一定要教学生实际读音。

又比如 in、ing 的实际读音是 [nei]　[iŋ]，实际上中间有一个弱化的过渡音［ə］，拼读的时候要念得轻短而含混。如果没有这个音，要发 in 和 ing 是很困难的。实际上硬要按字母顺序发 in、ing，是很难发出来的。这一点一定要告诉外国学生。

再如韵母 –iu、–ui、–un 的读音，因受声调的影响而有不同。声调是阴平、阳平时，中间的元音很微弱，几乎没有；而声调是上声、去声时，中间的元音就很清楚。我们应该把实际读音的变化向学生讲明。一般来说，告诉学生中间加一个［ə］，就能把音发准。

（四）汉语教师应了解《汉语拼音方案》字母表上所规定的名称音

教师因不知道汉语拼音字母的名称音，以致当学生按拉丁字母在别种语言里的字母名称或读音来念时，便不知所措。如学生把 a 念成［ei］，i 念成［ai］，o 念成［ou］，e 念成［i］，把翘舌音 r 念成颤音［r］。

现在把"汉语水平考试"的汉语拼音字母缩写成 HSK，用英语字母名称来读，是不伦不类的。只有去世的张清常先生读成 ha ais kai。也许《汉语拼音方案》中的字母读音是否用注音字母注音的方式读，应该重新审议，那是另一个问题。

（五）掌握汉语音节中的声韵配合关系

汉语中声母和韵母的配合具有很强的规律性，掌握声韵配合规律，可避免学习者拼音和拼写时出现错误。比如，j、q、x 与齐齿呼、撮口呼韵母相拼，不能与开口呼、合口呼韵母相拼，汉语中不存在音节 qu，"去"就不能发成［tɕʻu］。又如，舌尖后音 zh、ch、sh、r 不能跟齐齿呼、撮口呼韵母相拼，"老师"的"师"，就不能发成［ʂi］。

正规的对外汉语教材都附有"北京语音表",这是一张音节表,不标声调。只有吴宗济先生主编的《现代汉语语音概要》[①]附有"现代汉语(北京话)声韵调配合总表"。我们要充分利用这张表,加强外国学习者对汉语音位系统的感性体会。

四 《汉语拼音方案》的教学变通

(一) 对外汉语教材汉字注音的沿革

中华人民共和国对外汉语教材的汉字注音,几经变化。1950—1952年,汉语教材用威妥玛式(Wade System)注音。威妥玛是英国人,系早期外国人所编汉语教材《语言自迩集》的作者。1952—1958年,用注音字母注音。注音字母是1918年当时北洋政府教育部公布的,也曾称作注音符号。1956年12月《汉语拼音方案(草案)》公布以后,北京大学外国留学生中国语文专修班立即在教学中使用推广,并取得良好效果。同年,邓懿教授还在《光明日报》介绍了用汉语拼音教外国人汉语语音的成功经验。更重要的是,1958年1月10日周恩来总理在《当前文字改革的任务》的报告中对用汉语拼音进行对外汉语教学给予了高度评价:"北京大学外国留学生专修班采用了汉语拼音方案的第一个草案进行教学,很有成效,说明《汉语拼音方案》在这方面有很大的优越性,汉字和注音字母是远不能跟它相比的。"[②]随后邓懿教授主编的中华人民共和国第一部对外汉语教

[①] 吴宗济《现代汉语语音概要》,华语教学出版社,1991年。
[②] 程裕祯《新中国对外汉语教学发展史》,北京大学出版社,2005年。

材《汉语教科书》[①]俄语注释本由时代出版社于1958年出版。遗憾的是，鉴于当时的"气候"，教材中邓懿"被抹去姓名"。

（二）《汉语教科书》率先采用《汉语拼音方案》

《汉语教科书》是最早运用《汉语拼音方案》进行语音教学的对外汉语教材，但是书中并没有完全按照《汉语拼音方案》中声母和韵母的排列顺序进行教学，而是遵循并充分利用汉语语音系统，在教外国人语音时，对《汉语拼音方案》做了灵活变通处理，以便寻找出具有汉语语音特点的汉语语音教学法。其基本出发点是：教汉族人学习汉语拼音与教外国学习者掌握《汉语拼音方案》应该有不同的教法。比如，教汉族人可以依据发音部位学习声母：b、p、m、f、d、t、n、l 等。教外国人似从发音方法教起更好：b、d、g、p、t、k 等。之所以这样安排，是因为外国学生常把汉语中的清辅音 b、d、g 发成浊辅音，把汉语中的送气音 p、t、k 发成不送气音。这两点正是外国人学习汉语声母的难点。

说到元音，在世界上的语言中，元音的存在和构成并不是任意的，而是有章可循的。各种语言里的元音多少不一。汉语有 10 个单元音。如果一种语言里的元音只有 5 个的话，一般是 a、o、e、i、u（如日语）。如果一种语言只有 3 个单元音的话，一般是 a、i、u（如阿拉伯语）。所以在各种语言里，前、低、不圆唇元音 a，前、高、不圆唇元音 i，后、高、圆唇元音 u，往往都是存在的。当然，发音多少有些差异，有时差异也很大。根据观察，无论操哪种语言的人，发汉语中的 a、i、u，总是不太困难的。学好这 3 个元音，

[①] 北京大学外国留学生中国语文专修班《汉语教科书》，科学出版社，1958年。

以此作为标准,再将其他的元音与它们做比较,就有一个尺度了。

国人因囿于一个汉字为一个音节,语音分析与拼合能力不是很强,可以按照《汉语拼音方案》的35个韵母来教。而外国学习者一般都具有很强的音素拼合能力,因此我们不应该以教国人拼音的方法来教外国人。教外国人汉语韵母系统可以从简,也就是说,可以把韵母系统重新安排,简化处理。教外国人汉语韵母只需教6个单韵母a、o、e、i、u、ü,4个开口呼复韵母ai、ei、ao、ou 和4个开口呼鼻韵母an、en、ang、eng,再遇有带介音的复韵母,靠拼读拼上去就解决了。

(三)简化的汉语音系

针对外国人学习汉语语音,我们在《汉语拼音方案》的基础上设计了一套汉语教学简化的汉语音系:

声母系统(辅音)

方阵1 　　　　　　　　　方阵2

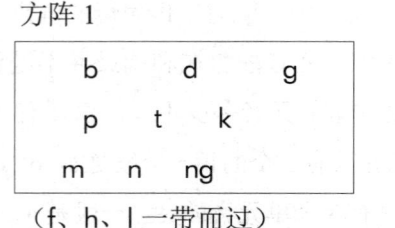
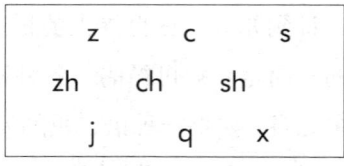

(f、h、l 一带而过)　　　　(r 单独处理)

方阵1——先出清塞音 b、d、g,注意:学生容易发成浊音;再出送气清塞音 p、t、k,注意:学生容易发成不送气音;最后出鼻音 m、n、ng,要指出 ng 不做声母。此方阵一则显示音系的整齐,二则为以后分辨前鼻音韵母和后鼻音韵母打下基础。至于f、h、l 较容易学,可一带而过。方阵2——此方阵为外国人学习汉语语音的难点所在。普遍的偏误是将 zh 组与 j 组相混淆,"老师"

成了"老细","吃饭"发成"乞饭"。或者是用汉语中没有的中介音舌叶音[tʃ]来代替 zh 组或 j 组。r 单独处理。r 与儿化韵（元音的翘舌作用）是一个音位。做声母时是[ʐ]，做儿化韵尾时是[r]。

韵母系统（元音）

a 系 [a]	o [o]	e 系 [ə]
ai [ai]		ei [əi]
ao [ao]		ou [əu]
an [an]		en [ən]
ang [ɑŋ]		eng [əŋ]
i [i]	u [u]	ü [y]

简化了的韵母系统将 8 个有韵尾的韵母归纳成 a 系和 e 系两大系统，这是王力先生的意见。[①] 这里把 ei 描写成音近的[əi]，把 ou 描写成音近的[əu]，从音位学上看是有道理的。这样，两系 8 个韵母就形成两两配对的整齐局面，学生学起来相当便利。

此外，还有一种影响较大的对《汉语拼音方案》的教学处理，那就是李培元先生等编写的《基础汉语课本》，书中基本按照《汉语拼音方案》的声韵系统排列，只是稍做改动。[②] 其中第 4 课声母为 j、q、x、sh，这可能是考虑到发 sh 较容易些，先行引导。在第 6 课学完 z、c、s 之后，第 7 课出 zh、ch、r。这些都是教学上变通的顺序。《基础汉语课本》使用的时间很长，比《汉语教科书》影响要大些。

至于语流中学语音，是我们所不赞成的。这种随"文"出"音"

[①] 王力《汉语语音的系统性及其发展变化》，载《王力论学新著》，广西人民出版社，1983 年。

[②] 李培元等《基础汉语课本》，外文出版社，1980 年。

的办法，学习者很难感受到汉语语音的系统性。如学"谢谢"，出声母 x 和韵母 ie，学"再见"，出声母 z 和 j，韵母 ai 和 ian。我们建议，即使是语流中学语音，在学到一定数量的声韵母后，应予以归并，使其以类相从，让学习者了解并掌握汉语语音系统。

（四）声调教学，以类相从

在对外汉语声调教学中，只要求音高基本准确、类不相混就行了。赵元任先生说："声调区别的要求，从声音上讲起来，是很宽很宽的，是不严格的，只要类不混就是了。"[①] 教学中为了引起学生的兴趣，用"妈妈骂马""汤糖躺烫""我在看书，不是砍树"教四声，是可以的。又如用四字格"经常考试、非常感谢"等也可练习四声，也有效果。但是，更应该给学生讲清楚声调的原理，声调本质上是音高的问题。王力先生说："语言和音乐的关系十分密切。汉语的声调是可以用五线谱描写出来的，研究汉语的人应该懂得音乐。"[②] 其实，音乐在各民族中是相通的，因此，我们可以用音乐的道理讲解声调，可以用唱歌的办法把四声哼出来。关键是学习者要记住字、词的声调，保持相对稳定的音高，调类不相混淆就可以了。学习者的声调是其自身的相对音高问题。我们设计的声调教学的顺序是：阴平—半上（如"老师"的"老"，"好吃"的"好"）—去声—阳平—上声。这个顺序可描写为：一高一低，一抑一扬，最后是一个短抑长扬。示意图如下：

―   ―   ＼   ／   ✓
阴平　半上　去声　阳平　上声

---

① 赵元任《语言问题》，商务印书馆，1980 年。
② 王力《语言研究的八条经验》，《光明日报》1982 年 5 月 1 日。

五　培养学习者掌握汉语语音格局

在学习汉语的初始阶段，全面掌握汉语语音系统是十分必要的。赵元任先生说："最初对于音的本身的学习，是一个很费劲、很难的、对于以后学习影响非常大的一个工作。"① 在最初的两个星期，能基本掌握就够了。因为语音的学习是伴随着整个学习过程的。

对开始阶段的音系教学，不必太苛求，采取粗线条的办法较为妥当。林焘先生在谈到字音教学时说："就以 zh、ch、sh、r 这一套音为例，在汉族人当中，究竟有多少人在说普通话时说得和北京人一样呢？我们似乎也不必对外国朋友要求过高，把有限的语音教学时间都用在纠正个别声母和韵母发音不够准确上，使得他们望而生畏。"②

在语音教学中，最重要的是学习者要对汉语语音形成一个基本的"语音格局"。什么是语音格局？吴宗济先生说："人与人之间的对话，正如古语所说'言出于我口，入于尔耳'。尽管言者所说的每个音节和声调并不那么'到位'或规范，但由于人的听觉系统可以对听到的语音进行加工处理，通过大脑的分析、记忆、比较等功能的综合处理，只要听来的语音'框架'不差，语境相近，就能被理解。这个'框架'就称为'格局'。"③

帮助学习者形成汉语语音格局的观点，可以作为我们对初学汉语者进行《汉语拼音方案》教学的基本出发点。这个语音格局

---

① 赵元任《语言问题》，商务印书馆，1980 年。
② 林焘《语音教学和字音教学》，《语言教学与研究》1979 年第 4 期。
③ 吴宗济《语音格局——语音学与音系学的交汇点》，商务印书馆，2008 年。

（或称语音框架）的归纳既要言简意赅，又要有一个容许度。《汉语拼音方案》是国际汉语教学的基石，我们在运用这块基石进行教学时，一定要把握住它的基本框架。

第二节　对外汉语语音教学基本问题研究[①]

语音教学在目前的对外汉语教学中是非常重要的一个部分，目前已有很多的教学经验和相关的研究论文，如《留学生入门阶段语音教学研究》《对外汉语语音研究与语音教学研究综述》《语音教学的现状与对策》等都进行了很好的总结。[②] 笔者结合自己多年来的对外汉语教学实践，对目前对外汉语教学中语音教学的一些基本问题提出自己的看法，加以重新认识、探讨。

一　辩证地认识语音教学的地位

对于语音教学的地位，我们做如下的概括：
语音跟语言能力的发展有着极为密切的关系，最直接的是听

[①] 本节摘自鲁健骥《对外汉语语音教学几个基本问题的再认识》，原载《大理学院学报》2010 年第 5 期。

[②] 顾筝、吴中伟《留学生入门阶段语音教学研究》，《云南师范大学学报》（对外汉语教学与研究版）2005 年第 3 期；周芳《对外汉语语音研究与语音教学研究综述》，《云南师范大学学报》（对外汉语教学与研究版）2006 年第 4 期；张宝林《语音教学的现状与对策》，《云南师范大学学报》（对外汉语教学与研究版）2005 年第 3 期。

说能力，一个人只有能够正确识别语音，才能听懂别人的话。学生只有掌握了正确的语音，才能正确表达自己的思想，才能使听话的一方正确理解他的意思，才能完成交际。

语音还跟一个人的总体语言掌握有着密切的关系。比如，语言的学习在很大程度上是依靠记忆的，但如果没有语音的配合，记忆的效果就会大大受到影响。心理学和外语教学的经验告诉我们，在语言学习中，凡是能够正确读出来的词语、句子，就容易记住，就记得牢，否则就记不牢。因此，语音是关系语言学习全局的。

但是，我们也不赞成夸大语音的作用，不赞成把语音的作用绝对化，认为语音不好就学不好语言。这样讲也是片面的。因为不管是中国人学外语，还是外国人学汉语，都有一些语言水平很高的人语音并不太好的实例。因此，还是要把语言能力看成一个整体，片面强调语音的重要性，可能反而会影响整体语言能力的发展。当然我们不能因此得出可以忽视语音的结论，恰恰相反，应该重视语音的训练，特别是对于将来准备从事汉语教学和口头翻译的学生来说，应该提出更高的语音要求。

二 语音教学的首要目标：用正确的语音说话

外国人学习汉语，首先是要学会用正确的语音说话，因此，语音教学的首要目标也应该是教会他们用正确的语音说话。这跟对本族学生语音教学的目标是不同的。对本族学生，特别是对方言地区的学生，除了要求他们发音纯正之外，是要教他们朗读，通过朗读体会文意，把文意充分地表达出来。显然这不是我们教外国人语音的首要目标（不是说朗读完全不能作为一个目标）。

如此定位语音教学的首要目标，牵涉到教学中的一系列做法，主要是要在说话中教语音，而不是在朗读中教语音。这是对我们传统语音教学的一个重大改变。只有这样教出来的学生说话时发音才会自然、才能为本族人所接受，而不至于使他们用一副读书腔、朗读腔说话。试想，假如学生模仿广播电视中的腔调说话，岂不是很可笑吗？

三　语音理论的作用

对于多数学习汉语的外国人来说，语音是一种基本熟巧，所谓"口耳之学"，要通过口来实践、模仿，通过耳来辨识，而不是靠语音知识。这跟其他要素的学习性质是一致的。我们的教学对象多数没有语言学背景，特别是没有语音学背景，企图通过讲解发音部位、发音方法等理论教会他们语音，收效肯定不大。只能靠适当的教学方法，通过实践让他们学会。

但要把语音教好，对于教师，掌握语音学的基本理论是必要的，不管是普通语音学的理论，还是实验语音学的理论，其研究成果，对语音教学都是有指导作用的。教师一要运用语音学的理论辨别学生的正误；二要善于把语音学所讲的发音知识转化为教学的手段，使学生正确地、方便地掌握语音。有经验的教师常常会想出一些行之有效的"土办法"帮助学生克服发音的困难。如教送气音，用纸条、蜡烛检验；教舌尖后音 zh、ch、sh、r 时为了使学生能够将舌尖上卷，用手指或笔杆顶住舌尖以帮助发音。

这里要注意的是，教师要随时掌握最新的语音学研究的成果，否则就会把陈旧的知识、不准确的知识传来传去，影响教学。举一个例子，第三声调值 214 的表现。现在用得最多的是采用刘复 1924 年的《四声实验录》的声调曲线，把第三声的前一部分（21）画得很短，而上扬的后一部分画得很长。可是这个图中的第三声曲线跟后来的研究不符，第三声的实际调值恰恰相反，即前一部分长，上扬部分短，有时（在口语中）甚至可以忽略不计，使整个第三声成为一个低平调。徐世荣对第三声的描写是："起头比阳平的起头还低些，略微下降，拖长，然后快速升高，终点接近于阴平起点。前半下降，拖长阶段实际长于后半上升阶段，上升阶段相当短促……"[①] 可惜到目前为止，许多教材还没有吸收新的研究成果。声调图是直观的，如果不准确，给学生的印象就更深刻，对他们的学习会产生误导。

总之，语音理论对语音教学是有指导作用的。很难设想，教语音的教师，对发音原理毫无所知，还能够教好语音。

四　汉语语音教学必须包括轻重音和语调

在对外汉语教学中，过去曾把《汉语拼音方案》作为汉语语音教学的全部内容，即只限于教声母、韵母、声调。现在仍然有不少新编的教材这样做，这对正规的教学是不够的。对外汉语语音教学，应该把轻重音和语调纳入教学内容。

我们知道，外国人学汉语，语音的最大问题是"洋腔洋调"。对于"洋腔洋调"的形成，有各种不同解释。但归根结底在于学生没有掌握汉语轻重音的规律和语调特点。如果学生有一个或几

---

① 徐世荣《普通话语音知识》，文字改革出版社，1980 年。

个声母、韵母发得不准确，是不能形成"洋腔洋调"的，因为一个音既构不成"腔"，也成不了"调"，何况汉语普通话的声母、韵母对多数外国人来说难点并不多。声调有一点儿难度，声调之难，主要不在单个声调。就单个声调来说，多数学生都可以发出来，难在声调的连读，一连起来，"洋调"就出现了，主要是学生往往把汉语的声调跟他们母语的语调混起来了。

至于轻重音和语调，也不能说有多么难，主要是在一个相当长的时期内，我们没有对汉语的语调进行准确的描写，更没有作为教学内容。再容易的东西，不教给学生，他们也是不能自动掌握的，他们会用自己母语的语调代替汉语的语调，于是就出现了"洋腔洋调"。

从总体上说，在完成了《汉语拼音方案》的教学后，对外汉语的语音教学要把重点放在轻重音和语调的训练上。

（一）关于词重音和轻声音节

汉语词重音规律性比较强。"不带轻声的词，双音节词是后一个字重读，前一个字稍轻"[①]，也就是说重音多在后一音节上，假如学生没有掌握这一规律，就会出"洋腔"，如：

教室——*教室（说明：用下加点表示词重音）
水平——*水平

三音节词以上的多音节词/词组的重音多落在最后一个音节上，如：

图书馆　　语言大学　　时势造英雄

掌握汉语词重音的规律，有助于克服"洋腔洋调"，使得学

[①] 罗常培、王均《普通语音学纲要》（修订本），商务印书馆，2002年。

生的语音纯正,虽然汉语的词重音没有区别意义的作用。教学中要注意的是,不能只说汉语有词重音,而不解释词重音的规律。

有关轻声音节的词语在各种对外汉语的教学中,一般都作为重点进行教学,大多不会出现问题,此处不再赘述。

(二)关于汉语普通话的语调

徐世荣先生认为普通话语调有四种:升调、降调、平调、曲调。① 后两种语调主要表现某种感情色彩,外国人不大用得着,所以本节只讲升调和降调两种。汉语的升调和降调主要表现为最后一个重读音节的直升(升调)或直降(降调),与印欧语升调和降调的渐升、渐降截然不同。笔者曾经把汉语语调的升降比作电梯(lift, elevator)的升降,英语语调的升降比作滚梯(escalator)的升降。② 因此我们主张用↑和↓表示汉语的升调和降调,而不用↗和↘。

学生更大的困难一是混淆声调和语调,二是处理不好声调和语调的结合,一进入句子,就把声调完全忘记了。为了使学生比较容易地理解这个问题,笔者有一个比喻,用来说明声调和语调的关系:汉语一个带声调的音节的升降就像坐上电梯一样,无论是升高或是降低,并不能改变其声调。③ 图示如下:

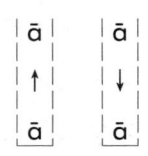

|ā| |ā|
|↑| |↓|
|ā| |ā|

---

① 徐世荣《普通话语音知识》,文字改革出版社,1980 年。
② 北京语言文化大学汉语学院《语言文化教学与研究》(2001 年卷),人民教育出版社,2001 年。
③ 同②。

五 使用《汉语拼音方案》教语音可能存在的问题与对策

（一）语音教学离不开《汉语拼音方案》

《汉语拼音方案》无疑是历史上各种为汉语设计的拼音系统中的最佳者，同时也是教外国人汉语语音的最佳工具。关于《汉语拼音方案》本身和在教学中的优越性，从20世纪60年代至今论述不断，其集大成者，是张清常先生的《比比看》[①]一文。

（二）《汉语拼音方案》的重要功能

《汉语拼音方案》在对外汉语教学中的重要功能，一是用来进行语音教学，二是为汉字注音，因此，教学生拼写也是教学的一项内容。但人们在使用《汉语拼音方案》进行教学时，往往只看到它方便教学的一面，而没有注意到它对学习可能有的不便之处。笔者注意到两个方面：首先，《汉语拼音方案》中y和w是隔音字母，于是就出现了加y和w跟改y和w的规则，使得拼写复杂化了。这无疑是不必要地增加了学习的难度。在教学上，只要学着方便、教着方便，应该而且可以根据外国人的学习特点做一些变通，使拼写简化。可把y和w处理成半元音做声母，那么所有的声母（包括半元音）和韵母都是拼合关系，加y和w跟改y和w的规则就自动消失，从而大大简化了拼写规则。其次，在语音教学中，《汉语拼音方案》有的拼音跟实际的读音有一定的差距，因而影响了学习。最突出的是：（1）bo、po、mo、fo这4个音节的拼法与实际读音不太一致，即在声母与韵母之间有一个过渡的w，拼写中没有反映出来,如果学生完全按照拼写去发音，

---

① 张清常《语言学论文集》，语文出版社，2001年。

肯定是不对的。（2）-ui、-iu、-un 这 3 个韵母，原形是 uei、uen、iou。值得注意的是，这 3 个韵母在读不同声调时，读音有变化：读第一声、第二声时，中间的 e 和 o 就几乎隐匿了；读第三声、第四声时，e 和 o 就又显现了，实际的读音是 uei、uen、iou，假如都照 -ui、-iu、-un 读，听起来就很失真，因此不能不在教学中注意。（3）后鼻音 ng 是用两个字母表示一个音。这对欧美学生学习不成问题，而对拉美、非洲、南亚一些国家的学生却有问题，他们受母语的影响，常常把 ng 分成 /n/ 和 /g/ 来读。

以上所说用《汉语拼音方案》教语音可能出现的问题，都是在对外汉语教学的环境下出现的，并不是《汉语拼音方案》本身的问题，《汉语拼音方案》主要还是为中国人设计的，作为为汉字注音和推广普通话的工具，中国人用起来是得心应手的，所以把它拿来教外国人汉语，遇到一些问题，是很自然的。作为对外汉语教师，应该对这些可能出现的问题有所了解，并能找出应对的措施。

六　语音教学的原则和方法

语音教学中需要注意的原则和方法有以下几点：（1）抓住重点。重点主要指学生的难点。总体上，对外国学生来说，在声母、韵母、轻重音、语调四者之中，形成"洋腔洋调"的主要原因在轻重音和语调，因此，应把轻重音、语调的训练作为教学的重点，这是教师应该把握的全局情况。（2）先易后难，以易带难。汉语的大部分声母、韵母对多数外国学生而言并不难，因此从安排上应该利用非难音来训练声调，然后再突破难点。再如轻声的练习，可以从重读音节后面带一个轻声音节开始，进而带两个、三个，这样才能使学生逐步获得轻声的熟巧。如：你们、你们的、你们的呢？看过、看过了、看过了吧？（3）前面要为后面做铺垫。练习发音节时就要考虑到声调、语调。汉语声调的调值，从低到高相差较大，外国学生不容易适应，如韩国语语音的音高范围较小，韩国学生学汉语的声调以至语调都有困难。解决的办法是从练习读音节时就要用各种音高，使学生能够习惯于调节声带的紧张程度，这样到了学习声调和语调时，声带就可以调节自如。这种训练方法对其他国家的学生也是必要的。（4）语音教学与词汇和语法教学相结合。如有些虚词（如"就""才"）的轻读与重读意义不同，各种句子成分的轻读和重读也与语义以及语篇的连贯相关（如问答），语调与句子类型更是直接相关（陈述句用降调，疑问句用升调等）。（5）练习应尽量避免用无意义的音节，最好使用学生学过的词语、词组、短句等。（6）教学中要尽量排除学生可能发生的误解。如在教声调的变化时，就不能只用词来教，而要有短语和短句，以避免学生误解为只有在词里才有声调变化。（7）语音学习是一个较长时期的事，因此至少在一个学期中每一课都应安排语音练习的内容，而不能只有一两个星期的所谓语音阶段。（8）教学要有针对性。要针对语音的重点、难点，要研究各种学生受其母语语音的影响可能发生的偏误（就语音来说，母语干扰是主要的偏误来源，找出纠正的方法与对策，防患于未然。（9）语音教学中要启发学生的学习积极性，引导他们自己去发现规律，自觉地学习。因此，要有些任务性的练习，例如学习声调时，可以利用中国人的姓作为练习：您贵姓？我姓张。给学生留的作业是去问中国人姓什么，并按一、二、三、四声的顺序，用拼音记下来，下一次上课时口头（这是语音的要求）向全班报告。

语音教学涉及的面很多，以上所列举的只是其中的几个基本方面，是笔者学习与教学中的思考所得。这只是从教学的角度提出问题，许多问题都有待实证性的研究才能得出结论。

第三节　汉语朗读教学的必要性与教学策略[①]

外国人要想学好汉语语音，打好语音基础十分重要。刘珣指出："语音基础没有打好，一旦形成了习惯，错误的语音最容易'化石化'，以后就很难纠正。"[②] 赵元任曾说过"一失音成千古恨"。何平也曾用过一个比喻："语音教学的效果犹如一枚印章深深地刻印在学生身上，跟随并影响着学生使用汉语的今天和明天。"[③]

语音教学分为音素、音节、音节组合、语句、语段、语篇几个层面。在我们现有的教学课程体系中，初级阶段先是语音教学阶段，而后依次进入词汇—语法教学阶段（句式教学阶段）和短文教学阶段。语音教学的主要内容是声母、韵母、声调的教学，

[①] 本节摘自赵菁《汉语朗读教学的必要性与教学策略》，原载《国际汉语教学研究》2015 年第 3 期。

[②] 刘珣《对外汉语教育学引论》，北京语言文化大学出版社，2000 年。

[③] 何平《谈对日本学生的初级汉语语音教学》，《语言教学与研究》1997 年第 3 期。

常止步于单音教学。而涉及语调、语流的朗读教学,无论是在国内高校的"综合+分技能"教学模式中,还是在国外采用的"讲练+复练"教学模式中,都不再加以系统训练,有的将其纳入口语教学,有的归入阅读教学。口语教学的主要任务是句式操练、表达训练,朗读只被当作一项辅助的发音练习;阅读教学则是以识记汉字、拆分结构、浏览默读为主,朗读难以获得足够的重视。朗读这一重要的语音教学环节的缺失直接动摇了学生的语音根基。

本节就外国学生在语音层面所存在的上述问题谈一谈开展朗读教学的必要性及策略。

一 学生在语音层面所存在的一些问题

我们知道,字音并不等同于语音。有的学生发单音个个准确,字音对他们来说并不是难点,但他们说出来的整个句子的腔调却让人感觉不自然。林焘说过:"洋腔洋调形成的关键并不在声母和韵母,而在声调和比声调更高的语音层次。"[1]

学生在由字音层面进入到语音层面时,常会出现一些问题:

(一)调值的偏离

汉语声调与声调的组合形式十分丰富,母语为非声调语言国家的学生在习得音节组合的过程中,受连读、变调、母语干扰等因素的影响,调值极易发生偏离。

英美国家的学生虽然能够掌握汉语单字或词组的声调,但一

---

[1] 林焘《语音研究和对外汉语教学》,《世界汉语教学》1996年第3期。

进入句子，受前后音节的影响，声调调型发生了改变，就会不知所从。王韫佳指出，美国学生常把阳平和上声发成介于两个声调之间的 324 调；阳平和阴平或者阳平和去声相连时，学生会把阳平念成低平调。① 冯丽萍和胡秀梅认为，阳平是一个终点很高的声调，学生在发阳平音时不能确定终点在哪儿，因此会发生错误。而上声的发音难度也很大，上声实际上是一个半上音，半上只有一个低的特征，它曲直后音升到哪里学生无法确定，因此会发生错误。②

（二）调类的混淆

王韫佳认为，当去声和阴平相连时，美国学生常把去声读为调值与阴平相同的高平调或调值与阳平相同的中升调。两个去声相连，容易把第一个去声读成 55 调。③

王安红发现，进入多音节阶段，外国学生仍会在发上声和去声时出错，这反映在两类声调的混淆上，一是阳平和上声的混淆，二是阴平和去声的混淆。④

（三）调域的偏差

调域错误表现在音高曲线虽然基本正确，但声调的整个音区太高或太低，如将高平调读成低平调、将全降调读成半降调等。如泰国学生常把普通话阴平调 55 发成 33，越南学生的阴平调调值只到 44，比普通话调值低一度或两度。

---

① 王韫佳《也谈美国人学习汉语声调》，《语言教学与研究》1995 年第 3 期。
② 冯丽萍、胡秀梅《零起点韩国学生阳平二字组声调格局研究》，《汉语学习》2005 年第 4 期。
③ 同①。
④ 王安红《汉语声调特征教学探讨》，《语言教学与研究》2006 年第 3 期。

（四）轻重音把握不准确

不同的语言轻重音的表现形式不同，汉语的重音是靠音长来表现的，而英语的重音常常通过提高频率的方式来表现。如果用英语读重音的方法来读汉语的重音，势必会造成"洋腔洋调"。

沈晓楠指出，汉语中的高声调会被操英语者理解为重音，低声调上声易被操英语者理解为轻读。当美国学生听到一些音节声调比较高时，立即将这些音节理解为重读音节。①

（五）声调和句调的混淆

以英语为母语的学生受母语的影响，常常用改变句子最后一个字的调值的方法来区分陈述句和疑问句，简单地将疑问句的末字改为升调，陈述句的末字改为降调，让人感觉腔调很奇怪，这是由于句调与声调的音高变化并非只是两个单字调的简单改变。

在汉语中，句调的高低升降主要是由各音节调域整体的高低升降变化决定的，一句话中各个音节的调域逐步下降变低，就形成陈述句调；若逐步上升变高，就形成疑问句调，但音节内部仍然保持着自己的调值。② 也就是说，汉语的字调和句调是同时在发生作用的。赵元任将字调和语调的整体关系描述为小波浪与大波浪的"代数和"。③ 吴宗济解释为"字调的平均音高跟语调的

---

① 沈晓楠《关于美国人学习汉语声调》，《世界汉语教学》1989 年第 3 期。
② 林焘《汉语韵律特征和语音教学》，世界华文教学研讨会论文，1989 年，又载《林焘语言学论文集》，商务印书馆，2001 年。
③ CHAO Y. R. (1932). *A preliminary study of English intonation and its Chinese equivalents*. 载《中研院史语所集刊·外编（蔡元培先生六十五岁庆祝论文选）》。吴宗济节译，见吴宗济、赵新那编《赵元任语言学论文集》，商务印书馆，2002 年。

平均音高的代数和","而字调调型基本上没有什么变化"。[①]吴宗济、曹剑芬进一步证明"汉语的语调跟声调的确表现为两种不同的音高运动方式",认为接近语调大波浪浪峰的音节,其音阶被抬高,而接近大波浪浪谷的音节会被压低。[②]

(六) 缺乏对节律的认识

汉语是有声调的语言,在朗读时,一个句子会按照意群大小分为几个音步,会在语流中形成一个一个的自然的语言节拍,每个节拍一般都有一个重音,使得整个句子乃至篇章听起来抑扬顿挫,具有节奏感和乐感。一些汉语学习者学习汉语的动因,正是受汉语语音魅力吸引。

吴洁敏分析了汉语的七种节奏形式,指出在七种节奏形式中,音步、长短、声韵、平仄为主旋律。"具有汉语节奏主旋律的语音链一定是优美的,违背了节奏主旋律会使语音链读来生涩。"[③]

有的学生由于缺乏对汉语节律的认识,在朗读句子及篇章的时候,一字一拍。这在日本学生中特别明显。还有的学生对语句的逻辑关系不清楚,造成了轻重音错读、停延不当、语气不连贯、语调平直、缺少抑扬顿挫、节奏不均匀等现象。

综上所述,汉语的字音在进入语流后读音本身会发生一定的

[①] 吴宗济《从声调与乐律的关系提出普通话语调处理的新方法》,载《庆祝中国社会科学院语言研究所建所 45 周年学术论文集》,商务印书馆,1997 年。

[②] 吴宗济《赵元任先生在汉语声调研究上的贡献》,《清华大学学报》(哲学社会科学版) 1996 年第 3 期;曹剑芬《汉语声调与语调的关系》,《中国语文》2002 年第 3 期。

[③] 吴洁敏《汉语节奏的形式——音律特征研究之二》,第三届国际汉语教学讨论会论文,1990 年;吴洁敏《停延节奏和朗读》,《语文建设》1992 年第 11 期;吴洁敏《论汉语节奏规律》,《广播电视大学学报》(哲学社会科学版) 1998 年第 1 期。

变化，单字调会受到语调多层级的影响，而汉语语流中字音的变化规律与学生的母语变化规律不同，只有在语流中去感知，才能更好地把握。而汉语朗读教学这一重要教学环节的缺失，使得学生无法领略到汉语的字音在语流中的读音变化以及语调、语篇的基调等特征，认识不足和训练缺乏，必然会导致"洋腔洋调"的产生。

二 开展朗读教学的必要性

朗读的意义不仅在"读"，还表现在以下三方面：

（一）朗读可以使学生把握音节在语流中的正确发音

我们认为，一个音节在真实交际的语流中的发音才是学习者所要习得的正确发音。朗读时多种感官相互协调所产生的"场"效应不仅强化了学生脑中的音义对应模型，并且使声调不同的音节间的多种组合形式以及跌宕有致、波澜起伏的语音流也同时储存在了记忆当中。因此，强化朗读教学有着不容忽视的作用。

（二）朗读可以使学生更直接地感受到汉语的节奏韵律，对培养汉语语感至关重要

停延、重音、语调、节奏等因素在朗读过程中并不是独立的，而是互相联系、互相影响的。停延、重音是基础，而单纯依靠停延、重音又毫无意义，语调往往要通过停延、重音、节奏的综合运用来体现，而节奏韵律也要借助于停延、重音等技巧，把握好内在语气的变化才能习得，形成语感。

清代学者崔学古在《幼训》中提出对诵读的要求：毋增、毋减、

毋高、毋低、毋疾、毋迟，强调高低快慢要与文章的情境相符合。

宋代理学家朱熹在《童蒙须知》中说："凡读书……须要读得字字响亮，不可误一字，不可少一字，不可多一字，不可倒一字，不可牵强暗记，只是要多诵遍数，自然上口，久远不忘。"他认为多读数遍，文章的气韵、节奏自然就能把握，语感也就自然会形成。

（三）朗读可以促进听力、口语、阅读能力的发展，加深对作品的理解

朗读的过程是眼观、耳听、口诵的过程，在捕捉话语信息的同时，还要用心感受行文的基调、潜在的韵味、深远的意境及作者的真情实感，因而，它也是一个思维的过程。

朱熹在《童蒙须知》里也谈到了心、眼、口的协调问题，他说："余尝谓，读书有三到，谓心到、眼到、口到。心不在此，则眼不看仔细，心眼既不专一，却只漫浪诵读，决不能记，记亦不能久也。三到之中，心到最急。心既到矣，眼口岂不到乎？"

清代政治家、文学家曾国藩在《家书》中，强调"凡精读之书，要高声诵读，要'密咏恬吟'……李杜韩苏之诗，韩欧王之文，非高声朗诵则不能得其雄伟之概，非密咏恬吟则不能探其深远之韵"。

在朗读的过程中，不仅是语音链在发生作用，语言各要素组成的组合与协调也在同时进行，并伴随着多感官互动与情感体验，形成了对语言的整体理解和深层感悟。因此，朗读是一个复合的认知过程，也是一项十分重要的教学内容，要专门加以系统、专业的训练。

三 朗读教学策略研究

赵金铭曾提出过语流教学与音素教学相结合、针对不同学习者的特点进行教学、不同的教学阶段与不同的教学目标相互适应的原则。[①]

在教学中，我们可以采取一些相应的策略：

（一）模拟仿读法

在课堂上，教师发音、示范的语音、唇形、语调、语气、表情都是学生直接学习模仿的对象。教师要通过带读、引读、听读、讲读等不同的训练方式，引导学生注意重音、句逗停顿、语调抑扬，从而把握基本的语调。如，汉语中有几种不同的句调调型，可以进行句调特征的练习：

1. 平调的练习。

今天下午到明天，南风2—3级。

2. 扬调的练习。

问苍茫大地，谁主沉浮？

3. 抑调的练习。

多么壮观的景象啊！

4. 曲折调的练习。

你可把我急死了！（凸曲调）
我哪还吃得下？（凹曲调）

[①] 赵金铭主编《语音研究与对外汉语教学》，北京语言文化大学出版社，1997年。

（二）听辨对比法

语音学习离不开听辨能力的培养。要学会发音，首先要学会听音。在实际教学中，可以采用听辨双音节和多音节变调、听辨易混淆调型以及各种音节组合的方法，让学习者在语流中掌握各种调型的调值和声调特征。

（三）知觉训练法

近年来，通过语音合成和计算机技术等高科技手段进行语音感知、识别、矫正的知觉训练法在第二语言的语音习得和教学领域逐渐得到重视。

曹文和张劲松提出了面向计算机辅助正音的汉语中介语语音语料库的创制思路与标注方法。[1] 张林军从范畴化知觉的角度探讨了不同水平的日本留学生对汉语声调的感知。[2] 张林军介绍了知觉训练的一些方法：高变异语音训练法、适应性知觉训练法、视听知觉训练法和知觉衰减训练法等，认为"知觉训练的效果可以长期保持，而且知觉能力提高的同时还可以改善发音，从而能够有效克服语音习得过程中的化石化现象"[3]。

（四）跟读记录法

教师可将朗读的材料用跟读方式播放，学生跟读的同时做数字化录音记录，随时复听对比。教师找出带有国别化、个性化特

---

[1] 曹文、张劲松《面向计算机辅助正音的汉语中介语语音语料库的创制与标注》，《语言文字应用》2009 年第 4 期。

[2] 张林军《知觉训练和日本留学生汉语辅音送气/不送气特征的习得》，《语言教学与研究》2009 年第 4 期。

[3] 张林军《知觉训练在第二语言语音习得中的作用——兼论对外汉语的语音习得和教学研究》，《云南师范大学学报》（对外汉语教学与研究版）2010 年第 1 期。

征的偏误，花时间去帮助学生纠正。

此外，可以利用 Praat（荷兰阿姆斯特丹大学语音科学研究所开发）等语音软件进行记录分析。这些软件可以提供音高的变化模式，并同时生成各种语图。学生通过对比可以非常直观地看到自己的错误，并能及时纠正。

（五）节律操练法

周有光先生说过"找到节奏规律，也就是找到了汉语音乐性的规律"[①]。

郭沫若说过"如果说艺术家的任务是要在一切死的东西里面看出生命来，在一切平板的东西里面看出节奏来；那么，语言学家的一个任务就是要在语言艺术中看出生命来，在散文和口语中看出节奏来"[②]。

吴洁敏认为，汉语节奏周期（包括准周期）模式有三种：往复型、对立型、回环型。[③]

在教学中，可利用音节组合、楹联、词曲、诗歌、散文等材料，在课堂上反复操练，以习得汉语的节律。

1. 音节组合操练。

体会字音中四声的高扬起降与音节组合中声韵调的往复、对立、回环和轻重音节的交替，感受双声、叠韵、叠字和押韵所产生的音色的和谐美。如四声诵读法：通过对比找到每一个音节高低升降的变化和不同，形成对四个声调的感悟能力。有的教师还

---

① 转引自吴洁敏、朱宏达《汉语节律学》，语文出版社，2001年。
② 郭沫若《论节奏》，《创造月刊》1926年第11期。
③ 吴洁敏《论汉语节奏规律》，《广播电视大学学报》（哲学社会科学版）1998年第1期。

将四声的音高用五度标记法标出来,用手势法演示,并通过不同序列的组合对比来进行操练,让学生体会汉语声调的乐感。例如:

高高大大　　年年岁岁　　口口声声　　是是非非

2. 句式操练。

有喜有忧,有笑有泪,有花有实,有香有色,……

既为往复模式,每两句又是对立模式,构成了优美的节奏。

3. 诗歌操练。

把握音步的划分、节律的停延、词语的押韵和语调的抑扬。例如:

小时候,（平）
乡愁（长）
是一枚 / 小小的 / 邮票:（抑）
我（顿）/ 在这头,（扬）
母亲（顿）/ 在那头。（长）

长大后,（平）
乡愁（长）
是一张 / 窄窄的 / 船票:（抑）
我（顿）/ 在这头,（扬）
新娘（顿）/ 在那头。（长,余音缭绕）
……

（六）标记法

将重音、停顿、语调的升降等发音的要领用图示法（如：停延"/",重音"·",升调"↗",降调"↘",拖音"～"等）呈现给学生,让学生学会运用标记符号来识别语音朗读材料,增强学生对汉语语调、重音、语气等问题的敏感度。例如：

轻轻的/我走了，正如/我轻轻的来；↗
我/轻轻的/招手，作别/西天的/云彩。↘

在朗读中，有时可用拖音来表示领悟、回忆、激奋、强调以及诗歌的节奏。例如：

天寒水鸟自～相依，十百为群戏～落晖。
过尽行人都～不起，忽闻水响一～齐飞。

（七）情境创设法

教师的范读是否成功可直接影响学生对朗读的看法，好的范读能打动学生、激发学生诵读的欲望。

1. 气氛渲染。

通过背景介绍、课堂示范、配乐朗读、图画展示、视频欣赏、实物展示等方法来巧妙地导入，渲染作品创作的氛围。通过对类似经验的唤醒，让学生去感受行文的基调、速度，感受长句中和段落间的停顿、朗读的层次，感受语言的力度、气势、韵味和意境，感受作者当时的情感和心理变化，在思想上产生共鸣。

2. 任务设置。

教师可将学生分为几个小组，让学习者模拟角色扮演，模仿电影对白、台词，尝试电影配音，训练表达特定人物性格的朗读技巧。既要把握角色在不同语境中的语气，也要读出不同角色的不同语气，使学生能够在真实的情境中将语言学以致用。

3. 竞技比赛。

采用诸如朗读比赛、背诵接龙、抢背比赛、辩论赛等课堂活动，活跃课堂气氛，激发学生朗读的兴趣。

4. 变换组合模式。

根据文章的特点选择不同的组合模式：教师领读、一人读、两人读、学生轮流读、分角色朗读、单独示范、小组示范、集体诵读等，多种方式不断变换。感情奔放的地方，全班一起读；感情细腻的地方，学生范读、听读、领读、分组读，"分—合—分"或"合—分—合"，此起彼伏，跌宕有致，一呼百应，形成热烈的诵读气氛。

（八）艺术性朗读

朗读可以分为普通朗读和艺术性朗读。艺术性朗读是带有表演性的朗读，有着更强的情感表现力，需要运用夸张的语气和腔调等艺术性手法，进行声情并茂的表演。通过艺术性朗读，可以更深地体会和感悟作品的含义。

钱向民从时间构造、振幅构造、基频构造、共振峰构造特征方面分析总结了欢快、愤怒、惊奇、悲伤四种语音信号情感特征的分布规律，为识别语音信号提供了理论数据。[①]

艺术性朗读的过程，是对作品的不断剖析、领悟的过程，也是对作品进行个人加工和诠释的过程。

第一步，让学生带着情感、"字正腔圆"地去读，边读边体会、领悟文中的爱恨情仇、真情实感。

第二步，让学生将作品背诵下来。在我们现今的汉语教学中，背诵的方法一直没有得到提倡，原因是怕学生产生畏难情绪。其实，中国自古以来就有背诵的传统。从识字教学到蒙学读经，由

---

① 钱向民《包含在语音信号中情感特征的分析》，《电子技术应用》2000年第5期。

简单的机械的读到深层的品味的诵,"熟读成诵"是传统阅读教学的主要方法,也是一种非常有效的记忆方法。当学生大声地朗读时,注意力高度集中,思维与视、听、读紧密结合,从而达到了快速理解与记忆。因此,背诵对提高理解力、记忆力、表达力都有巨大的作用,应该提倡。

第三步,让学生带着自己的理解进行表演。从个人的角度来诠释作品,并在全班示范,不仅可以观察到每个朗读者对作品的理解程度,同时,也为学生提供了一个发挥想象力和展现创意的空间。

综上所述,朗读教学通过各种有针对性的训练,不仅可以使学生掌握汉语的语调模式和语流音变模式,还可以综合训练听、说、读各项语言能力,并加深对作品的理解和感悟,是一项极具创造力的活动。

第二章

声韵母及声韵母教学研究

第一节　日本学习者对汉语普通话不送气、送气辅音的加工①

汉语普通话中存在6对以是否送气相区别的辅音音位，即b[p]：p[pʰ]、d[t]：t[tʰ]、g[k]：k[kʰ]、z[ts]：c[tsʰ]、zh[tʂ]：ch[tʂʰ]、j[tɕ]：q[tɕʰ]，从音系地位来看，普通话的送气特征是区别性特征。根据吴宗济的测量，普通话送气辅音的平均长度在100ms以上，②从送气类型上来说，达到这个长度的送气辅音应当属于强送气类型。③日语中存在以清浊特征相区别的辅音，清塞音处在词首时通常送气，不在词首时不送气。④从音系角度看，日语清辅音的送气不是区别性特征，而是语音性特征（phonetic feature）；从类型学上看，日语清辅音的送气段

---

　　① 本节摘自王韫佳、上官雪娜《日本学习者对汉语普通话不送气/送气辅音的加工》，原载《世界汉语教学》2004年第3期。
　　② 吴宗济主编《普通话单音节语图册》，中国社会科学出版社，1986年。
　　③ Cho, T., & Ladefoged, P. (1999). Variations and universals in VOT: Evidence from 18 languages. *Journal of Phonetics*, 27, 207–229.
　　④ 李怀塘《日语语音答问》，商务印书馆，1996年；Okada, H. (1999). Japanese. In *Handbook of the International Phonetic Association*. Cambridge: Cambridge University Press, 117–119.

比汉语普通话短，属于弱送气。① 由于送气特征在汉、日两种语言中的音系地位和语音表现均不相同，因此，普通话的送气辅音自然成为日本学习者的困难之一，这也是对外汉语教学界的一个共识。② 需要深入调查的是，日本学习者是怎样对送气这一似乎熟悉实则陌生的特征进行加工的。

Best 的 PAM（Perceptual Assimilation Model）理论提出了成人在知觉中对于非母语语音的多种同化方式，③ 尽管这一模型是针对成人对于未知语言的语音知觉的，但是，已有实验研究的结果表明，PAM 可以推广到 L2 的语音知觉中。④ 在 PAM 的框架中，成人对于非母语语音的三种感知同化方式都有可能成为日本学习者感知普通话送气和不送气辅音的模式，这三种模式分别是：

（1）TC 型（Two Categories），将非母语的两个语音范畴感知为

---

① Vance, T. J. (1987). *An Introduction to Japanese Phonology*. New York: State University of New York Press. 关于日语中清辅音的送气问题，学术界存在争议，尽管 Vance 认为日语中的清塞音 /p, t, k/ 是不送气的，但是他也指出这些辅音的 VOT 问题是一个值得深入研究的问题。从他所引的多数实验研究的结果看，/p, t, k/ 在重读音节词首位置的 VOT 明显比典型的不送气塞音的 VOT 长。因此从语音学层面看，日语中的清塞音和清塞擦音尽管在词首位置不一定总是送气，但是弱送气至少是它们的常见变体之一。

② 朱川《汉日语音对比实验研究》，《语言教学与研究》1981 年第 4 期；陈亚川《送气音在对外汉语教学中的地位及识记》，《语言教学与研究》1983 年第 3 期；李明《对外汉语教学中的难音辨析》，载赵金铭主编《语音研究与对外汉语教学》，北京语言文化大学出版社，1997 年。

③ Best, C. T. (1999). Development of language-specific influences on speech perception and production in pre-verbal infancy. In *The Proceedings of ICPhS99*, 1261-1263.

④ Guion, S. G., Flege, J. E., Akahane-Yamada, R., & Pruitt, J. C. (2000). An investigation of current models of second language speech perception: The case of Japanese adults' perception of English consonants. *J. Acoust. Soc. Am*, 107 (5), 2711-2724.

母语中的两个语音范畴，因此能够很好地区分非母语的两个语音范畴；（2）SC 型（Single Category），将非母语中的两个语音范畴感知为母语中的一个范畴，因此对非母语两个范畴的区分能力较低；（3）CG 型（Category Goodness），将非母语中的两个语音范畴感知为母语中的一个范畴，但是非母语中的两个范畴与母语中这个范畴的相似程度不同，因此能够对这两个范畴进行一定程度的区分，不过区分的正确率不如 TC 型。

  基于 Best 的理论，Polka 对于 L2 语音知觉的模型选择问题进行了进一步的研究。[①] 她的实验结果表明，语音经验可以使学习者更好地感知非母语的范畴，"具有语音经验"是指 L2 的某个音系特征在 L1 中不是区别性特征，但这个特征存在于 L1 某个音位的音位变体中。根据 PAM，日本学习者对于普通话不送气/送气范畴的最差区分模式应该属于 SC 型，但是，由于送气特征存在于日语清塞音和清塞擦音的音位变体中，即学习者有送气的语音经验，因此他们可能会选择日语清音中的送气音变体而不是不送气音来对应普通话的送气音，这就意味着日本学习者对于不送气音和送气音具有一定的区分能力。

  Flege 将 L2 的音素分为两类，一类是在 L1 中找不到相似对应物的 L2 语音单位，即"新音素（new phone）"；另一类是在 L1 中存在相似的对应物的语音单位，即"相似音素（similar phone）"。他从认知机制的角度对 L2 中这两类音素获得的难度问题提出了假设：等值归类（equivalence classification）这个基本的认知机制使学习者将相似音素归入到 L1 的某个范畴中，因而

[①] Polka, L. (1991). Cross-language speech perception in adults: phonemic, phonetic, and acoustic contributions. *J. Acoust. Soc. Am.* 89 (6), 2961-2977.

使学习者的发音始终带有 L1 的口音；而等值归类的机制不能使学习者将新音素归入 L1 的任何范畴，因而这些音素最终能够被获得。① 我们认为，所谓"相似音素"在某些条件之下就是具有语音经验的音素。如果认为普通话的送气辅音在日语中存在相似的对应物，即清、弱送气辅音的话，那么，日本学习者是难以发出在声学表现上与汉语母语者一样的送气音的。

表面上看来，Polka 和 Flege 的假设似乎存在冲突，但实际上他们是站在不同的角度探讨语音经验在 L2 的语音习得中所起的作用。Polka 关心的是积极作用，Flege 讨论的则是消极影响。Bohn 和 Flege 的实验结果表明，"相似音素"在学习初始阶段的准确度要大于"新音素"，但在长期学习中，"相似音素"的发音较早地出现了化石化现象，而新音素的发音最终则有可能与母语者完全一致，这说明语音经验对 L2 语音习得的作用是双重的。②

L2 的语音知觉与产生的关系问题是 Flege 所提出 SLM（Speech Learning Model）理论中的核心问题，他认为，对 L2 语音知觉的准确程度制约了 L2 语音产生的准确程度，③ 尽管知觉的学习并不

---

① Flege, J. E. (1987) The production of "new" and "similar" phones in a foreign language: evidence for the effect of equivalence classification. *Journal of Phonetics*, 15, 47–65; Bohn, O., & Flege, J. E. (1992). The production of new and similar vowels by adult German learners of English. *Studies on Second Language Acquisition*, 14, 131–158.

② Bohn, O., & Flege, J. E. (1992). The production of new and similar vowels by adult German learners of English. *Studies on Second Language Acquisition*, 14, 131–158.

③ Flege, J. E. (1993). Production and perception of a novel, second-language phonetic contrast. *J. Acoust. Soc. Am.* 93(3), 1589–1608; Flege, J. E. (1999). The relation between L2 production and perception. In *The Proceedings of ICPhS99*, San Francisco, 1273–1276.

一定全面地与产生的学习相契合。SLM 的理论框架是针对经验丰富的学习者提出的，但是 Guion *et al.* 的实验结果表明，它可以推广到经验较少的学习者。[①] 按照 Flege 的假设，日本学习者在感知中对普通话送气对立的加工错误很可能导致在产生中出现相应的错误形式。

从现有的理论模型中我们可以对日本学习者对于普通话送气辅音的加工模式进行初步的预测，即日本学习者可以较好地在感知和发音中区分普通话的不送气/送气辅音，但是，由于普通话送气音与日语送气音的语音特征不完全相同，学习者对于这一对立的感知正确率受到一定程度的影响，在产生中也很难发出与母语者完全相同的送气辅音。同时，感知中的错误会映射到产生之中。但是，这个预测没有考虑到与这个问题有密切关系的另一些因素。首先，汉语是声调语言，而已有的研究结果表明，辅音之后元音起始处 F0 的高低是清浊辅音的声学区别之一，[②] 日语中恰好有辅音的清浊对立，那么，声调是否会对学习者区分普通话的不送气和送气音造成影响？其次，日语中的清辅音只在词首送气，那么，辅音在词里的位置是否会对学习者的加工产生影响？本节旨在从感知和发音两个角度对日本学生在感知和发音中区分普通话不送气音和送气音的情况进行考察，除了回答以上两个问题外，

[①] Guion, S. G., Flege, J. E., Akahane-Yamada, R., & Pruitt, J. C. (2000). An investigation of current models of second language speech perception: The case of Japanese adults' perception of English consonants. *J. Acoust. Soc. Am*, 107 (5), 2711-2724.

[②] Maddieson, I. (1997). Phonetic universals. In Hardcastle, W. J., & Laver, J. (Eds), *The Handbook of Phonetic Sciences*. Oxford: Blackwell Publishers Ltd, 619-639.

还要对上面最初的预测进行检验,即日本学习者到底能够在多大程度上区分普通话的送气和不送气辅音,学习者在感知中出现的加工错误是否会在产生中也有所反映。

本节包括四个实验,其中感知实验两个,分别是对自然语音和对合成语音的感知实验;发音实验两个,分别为基于语音语料库的发音实验和基于实验室语料的发音实验。

一 感知研究

(一)实验1

目的在于调查日本学习者对于普通话自然语音中的送气辅音与不送气辅音的感知情况,同时观察辅音所在音节的声调和辅音在词里的位置对于感知的影响。

1. 方法。

被试:30名北京语言大学汉语学院一年级日本留学生,其中男生11人,女生19人,平均年龄为23.2岁,在中国居住的平均时间为3个月,学习汉语的平均时间为6个月。

语料:为了排除词频因素的干扰,所有语料均采用无意义的假词,镶嵌在负载句"我听到的是X妈(mā)"和"我听到的是妈(mā)X"中。音节X均为单元音韵母,声母b/p和d/t后接韵母a,g/k后接韵母u,j/q后接韵母i,z/c和zh/ch后接舌尖元音韵母 –i。每个辅音所在的音节分别配阴平和阳平/上声两种声调,阳平/上声的选择由普通话的声、韵、调配合规律决定,阳平作为第一选择,没有阳平的选上声,具体的音节见表1。一共形成24对以X的声母是否送气相区别的双音节词。

第一节 日本学习者对汉语普通话不送气、送气辅音的加工

表1 双音节假词中 X 的声、韵、调搭配情况

声母	韵母									
	ā	á	ǎ	ī	í	ì	ū	ǔ	-ī	-í	-ǐ
b/p	+	+									
d/t	+		+								
g/k							+	+			
z/c										+	+
zh/ch										+	+
j/q				+	+						

实验材料通过两位普通话标准的男女发音人的录音获得，两位发音人均为北京语言大学对外汉语系的本科学生，北京人，口齿清楚，他们以朗读语速各念一遍被随机排列的实验语句。对录音得到的声音文件以 44.1kHz 的采样频率、16bit 的分辨率进行模数转换，对数字文件进行编辑，取男发音人的奇数项和女发音人的偶数项，所有项目之间的时间间隔为 4 秒，形成用于听辨任务的语音语料。

任务：采用二择一强迫选择，要求被试判断听到的是含不送气声母音节的二字组，还是含送气声母音节的二字组，所有备选项以拼音和汉字形式同时呈现给被试。例如，两个选项为"A. 妈（mā）八（bā）；B. 妈（mā）趴（pā）"，当被试听到"妈（mā）八（bā）"时，若选择 A，就是一个正确的听辨结果；若选择 B，则是一个错误的听辨结果。

2. 结果。

1440 个听辨结果中，总的错误个数为 174，总的错误率为 12.1%（174/1440）。下面分别从辅音是否送气、辅音所在音节

的声调以及辅音在词里的位置三个角度对错误率进行分析；由于这三个因素对于听辨错误率可能存在交互影响，因此需要对所有语境下的错误率进行观察。一共应有 2（送气与否）×3（声调）×2（位置）=12 种语境。图 1 显示了对错误率进行进一步分析的结果，其中 U 和 A 分别代表不送气音和送气音，1、2、3 分别代表阴平、阳平和上声音节，I 和 F 代表前字和后字。

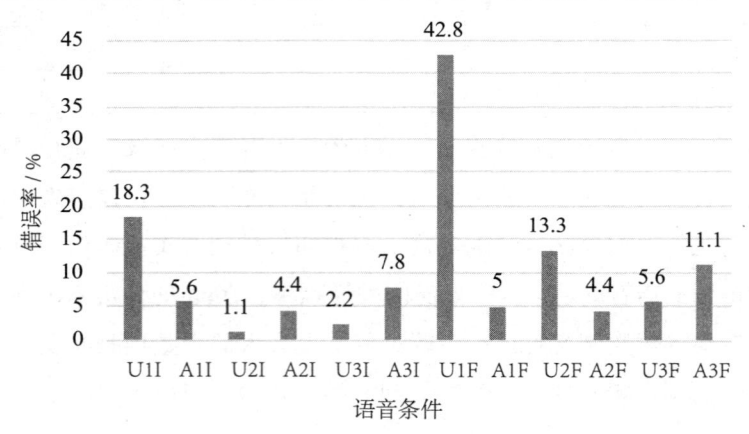

语音条件	错误率/%
U1I	18.3
A1I	5.6
U2I	1.1
A2I	4.4
U3I	2.2
A3I	7.8
U1F	42.8
A1F	5
U2F	13.3
A2F	4.4
U3F	5.6
A3F	11.1

图 1　12 种语境中的感知错误率

从发音方法的角度看，阴平音节中不送气声母的错误率远远高于同等条件下的送气声母，除了阳平后字音节外，其余声调条件下送气声母的错误率均高于不送气声母，说明声调和发音方法对于错误率有交互影响。从声调的角度看，阴平音节在不送气条件下的错误率远远高于同等条件下其他声调的音节，但在送气条件下与阳平音节的错误率接近，说明送气条件下声调的作用没有不送气条件下显著，这也体现了声调与发音方法的交互作用；阳平音节的错误率有低于上声音节的倾向，但在后字不送气条件下是例外。从位置的角度看，不送气声母在后字位置上的错误率一律高于在同等条件下前字位置上的错误率，但位置对送气声母错误率的作用不明显，说明发音方法对位置的作用有所制约。

（二）实验2

目的在于了解日本学习者和汉语母语者对［送气］特征范畴感知的异同，并观察音节声调对范畴感知的影响。

1. 方法。

被试：实验组由参加了实验1的30名日本学习者组成；对照组包括20名汉语母语者，他们都是来自北京语言大学对外汉语系的本科生，北京人，其中男生5名，女生15名，平均年龄为20岁。

语料：用Klatt合成器合成两组感知刺激，一组刺激为阴平音节，包括/pa^{55}/到/p^ha^{55}/的连续体20个；另一组为阳平音节，包括/pa^{35}/到/p^ha^{35}/的连续体20个。一个连续体内不同的刺激之间只有VOT值存在差异，VOT值差值的步长为3ms，最短的为3ms，最长的为60ms。每组刺激都经过4次随机排列，各得到4种排列次序，从两组刺激中各任意抽取一种排序，将不同声调的项目放在一起并交替排列，相邻项目之间的时间间隔为3秒，这样形成1个刺激组块，最终共形成4个刺激组块。

过程：4个刺激组块被逐个播放，被试需要对听到的每个刺激进行二择一的强迫选择，即所听到的音节的声母是不送气的还是送气的。备选项目在答卷纸上以拼音的形式呈现给被试，例如"A.ba；B.pa"。

数据计算：由于每个刺激实际上被每个被试进行了4次辨认，因此每个刺激被辨认的总人次为4（次）×30（人）=120，一个刺激被辨认为ba/pa的百分比=（判断为ba/pa的人次）/120。

2. 结果。

理想的范畴感知有两个特点：一是在辨认函数中，某两个连续的刺激声之间辨认百分比出现突变，函数曲线表现为陡峭的上升或下降。二是区分函数出现能精确区分的高峰以及区分百分比只比机遇稍好的低槽，不同音位的范畴边界就在辨认函数曲线的突变处或区分函数的高峰处。也有研究者只利用辨认函数来确定范畴边界，中岛鸿毅在研究塞音的清浊边界时，取辨认函数浊音判断率为 50% 处的 VOT 值为清浊边界。[①] 在本实验中，对于送气范畴界限的确定，参考后一种方法，取送气音的辨认百分比达到 50% 时的 VOT 值为不送气音与送气音的边界。

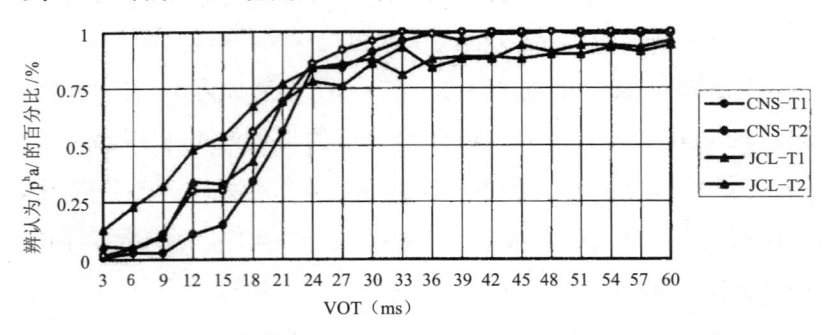

图 2　学习者和母语者的范畴辨认函数

图 2 显示了两组被试在两种声调条件下对于送气音的辨认函数，CNS 和 JCL 分别表示汉语母语者和日本学习者，T1 和 T2 分别表示阴平和阳平两种声调条件。首先观察阴平条件下的辨认情况。VOT 在前 24ms 时，母语者的辨认函数表现为阶段性的突变，

---

① 转引自吴宗济、林茂灿主编《实验语音学概要》，高等教育出版社，1989 年。

而学习者的则表现为渐变的过程,在此区间内,学习者选择 /pʰa/ 的百分比一直高于母语者;VOT 为 24ms—30ms 时,两条曲线接近重叠;从 33ms 开始,两条曲线均在较小范围内有所波动而没有大的变化,但学习者选择 /pʰa/ 的百分比一直低于母语者,前者在 90% 左右徘徊,后者则在接近 100% 的位置波动。以 /pʰa/ 的辨认百分比达到 50% 为标志,日本学习者的范畴边界处 VOT 约为 13ms,汉语母语者的约为 20ms。

再看阳平条件下的辨认情况。VOT 在前 24ms 时,学习者和母语者的曲线几乎是重叠的;从 24ms 到 33ms,当母语者的曲线攀升至 100% 时,学习者的却只上升至 90% 左右;33ms 以后,两条曲线的表现与阴平条件下的表现接近。日本学习者范畴边界处的 VOT 约为 19ms,汉语母语者的约为 17ms。图中另一个值得注意的现象是,无论在哪种声调条件下,当 VOT 较长时,日本学习者对于 /pʰa/ 的选择率虽然都高于 80%,但还是明显低于汉语母语者。这说明仍然有少数学习者不能依赖较长的 VOT 确认[送气]特征。

(三)讨论

在基于自然语音的听辨实验(实验 1)中,学习者总的错误率只有 12%,不送气音和送气音的错误率分别为 18.1% 和 6.1%。如果以正确率 80% 作为范畴获得的标准,那么实验 1 的结果说明日本学习者在感知中已经建立了汉语的不送气音和送气音两个范畴。但是,日本学习者在实验 1 中的错误率分布和在实验 2 中表现出的与母语者范畴辨认函数的差异表明,学习者在感知中对于送气与不送气两种范畴的加工明显受到母语中清音和浊音范畴的迁移作用。

在实验1中，阴平音节中不送气音的错误率远高于送气音的错误率，而阳平、上声音节不送气音和送气音的错误率都很低，这说明当音节后接元音起始点的f_0较高时，不送气音容易被判断为送气音。日语中的浊辅音都是不送气的，清辅音有送气的变体，而清浊差异的普遍特征之一恰好是清音后接元音的f_0较高，浊音后接元音的f_0较低。汉语的送气音VOT相当长，已经很清楚地表征了［送气］特征，因此f_0的差异不会影响学习者对于［送气］特征的判断；汉语不送气音的VOT较短，学习者如果未能通过它来确定［送气］特征的有无，便很有可能依赖f_0的差异。当不送气音后接元音的f_0较高时，学习者便把它与母语的清音范畴相混淆，而日语的清音是有弱送气特征的，在汉语拼音和日语的拉丁转写系统中，汉语送气音的符号又与日语的清音符号相对应，这样，一旦学习者将阴平音节中的不送气辅音与母语中的清辅音范畴相混，在拼音符号的再干扰下，便将阴平音节中的不送气音误判为送气音。阳平和上声音节中后接元音起始点f_0较低，由于汉语中并不存在浊音，即使学习者把它们和母语的浊音范畴相混淆，也不会影响他们的判断，而且在汉语拼音和日语的拉丁转写系统中，汉语不送气音的符号和日语的浊音符号相对应，这就进一步使学习者能够正确地判断阳平和上声音节的不送气音。简言之，在VOT的长度不足以让日本学习者轻松地判断［送气］特征的有无时，学习者会调用f_0信息来帮助判断。

实验2的结果进一步证明了以上推断。如果学习者将较高的f_0作为送气音的征兆，那么在VOT较短时，他们在阴平条件下的送气音辨认率应当高于母语者，同理，学习者在阴平条件下送气范畴边界处的VOT也应该短于母语者，而在阳平条件下应该没有这些特点。实验 2 的结果完全符合这个推断。我们还可以换一个角度观察图 2 中的 4 条辨认函数曲线：在 VOT 小于 30ms 时，日本学习者在阴平条件下的送气音辨认率一直高于他们自己在阳平条件下的辨认率；而在 VOT 小于 24ms 时，母语者在阴平条件下送气音的辨认率有低于阳平条件的辨认率的倾向。这个结果也说明较高的 f_0 使得学习者倾向于将辅音判断为送气音。

值得注意的还有实验 1 中辅音在词里的位置和发音方法对于听辨错误率存在交互影响，所有不送气音在后字位置的错误率都超过了前字位置，这个现象也与日语辅音的音位系统有关。日语清辅音的弱送气变体只在词首出现，在词中则只出现不送气变体，因此，如果学习者将词中的不送气音归入母语中的清辅音音位，再加上《汉语拼音方案》中的送气音符号与日语中清辅音的拉丁转写字母相同，那么就容易被他们将处于后字的不送气音认定为送气音。实验 1 中后字不送气声母阴平音节的错误率高达 40% 以上正是较高的 f_0、较短的 VOT 和后字位置三种因素在感知中综合作用的结果。

这里还有必要分析一下实验 1 中的任务效应是否对实验结果产生影响。由于实验 1 的任务是要求被试对听辨刺激进行送气 / 不送气的二择一强迫性选择，对于日本学习者来说，送气音的难度要大于不送气音，因此他们在完成任务时很可能倾向于将没有把握的项目都选为送气，这就造成不送气音的错误率高于送气音。但是，图 1 数据表明，不送气音只在阴平条件下和部分的阳平条件下（后字）高于相对应的送气音的错误率，在其他条件下送气音的错误率反而高于不送气音，由此可见任务效应并未对实验 1 的结果带来显著影响。

二 发音研究

（一）实验3

目的在于考察：（1）日本学习者所发的不送气和送气辅音的 VOT 值是否存在显著差异？（2）日本学习者的发音与汉语母语者之间在 VOT 值上是否存在显著差异？

1. 方法。

被试和语料：日本学习者的语料采自北京语言大学汉语中介语语音语料库，[①] 为 20 人所发的单音节。其中男生 5 名，女生 15 名，均为北京语言大学的日本留学生，平均年龄为 23.4 岁，在中国生活的平均时间为 8 个月。测量项目包括声母分别为清塞音 b[p]、p[pʰ]、d[t]、t[tʰ]、g[k]、k[kʰ] 和清塞擦音 z[ts]、c[tsʰ]、zh[tʂ]、ch[tʂʰ]、j[tɕ]、q[tɕʰ] 的单音节共 50 个，每个声母后都包括了不同类型的韵母，形成 25 对以声母是否送气相区别的音节，共 1000 个语音样品（50 个项目，20 个发音人），具体的声、韵搭配情况参见表 2。20 名参加了实验 2 的汉语母语者作为对照组参与本研究。对照组的发音项目与选自语料库的项目完全相同。

表 2 取自语料库的单音节的声、韵搭配

声母	韵母						
	a	an	i	ia	ian	u	uan	-i
b/p	+	+	+		+	+		
d/t	+	+	+		+	+		

[①] 王韫佳、李吉梅《建立汉语中介语语音语料库的基本设想》，《世界汉语教学》2001 年第 1 期。

第一节 日本学习者对汉语普通话不送气、送气辅音的加工 51

（续表）

声母	韵母							
	a	an	i	ia	ian	u	uan	-i
g/k	+	+				+	+	
z/c	+	+				+		+
zh/ch	+	+				+		+
j/q			+	+	+			

汉语母语者的录音工作在录音间进行。50个用于研究的项目被随机排列，在项目之间穿插了20个干扰项，每个被试以朗读语速念一遍被随机排列后的70个项目。将录音以44.1kHz的采样频率、16bit的分辨率进行模数转换，得到可用于声学测量的声音文件。

数据测量：用语音分析软件Pratt对所有语音样品中（包括采自语料库的1000个语音样品和对照组的1000个语音样品）辅音声母的VOT进行测量。

数据处理：在测得的数据中，日本学习者的VOT出现了16例负值，根据本研究的需要，这16例的数据将被排除在统计之外；由于统计学的需要，与它们的声母形成最小对立的音节也被剔除，例如，如果有某一被试所发的音节ba因声母VOT值小于零而被排除在统计之外，那么，这一被试所发的pa也将被剔除。

将一个辅音声母在所有语境中的VOT值进行平均，得到最终用于统计的数值，例如，声母b和p的后接韵母有a、an、i、ian和u 5种，那么，一个发音人b或p的VOT值就是它们在5个韵母中的均值。

2. 结果。

首先对日本学习者所发的不送气音与送气音的VOT值进行

比较。分别对 6 对音节的不送气音和送气音 VOT 值进行单因素方差分析（重复测量），结果表明，所有不送气音与相应的送气音均存在显著的 VOT 值差异，送气音的 VOT 长于不送气音，统计检验结果见表 3。

表 3　对日本学习者单音节中不送气音和送气音 VOT 值差异的统计检验

辅音对	b–p	d–t	g–k	z–c	zh–ch	j–q
$F(1, 19)$	50.24	36.81	79.14	42.90	44.66	105.76
P	0.00	0.00	0.00	0.00	0.00	0.00

以上结果说明，日本学习者能够通过 VOT 的差异来表征汉语辅音声母［送气］特征的有无，我们需要进一步了解的是，日本学习者与汉语母语者的辅音声母 VOT 之间是否存在差异。分别对两组被试的 6 对共 12 个辅音的 VOT 值进行了单因素方差分析，具体统计结果见表 4。统计结果表明，学习者和母语者所有送气音的 VOT 差异均是显著的，学习者的 VOT 短于母语者。不送气音的结果稍显凌乱，b、zh 和 j 的差异均不显著；d 的差异边缘显著，学习者的 VOT 稍长于母语者；g 和 z 的差异显著，母语者的 VOT 长于学习者。

表 4　对两组被试的 12 个辅音在单音节中 VOT 值差异的统计检验

辅音	b	p	d	t	g	k	z	c	zh	ch	j	q
$F(1, 38)$	0.12	14.31	3.14	14.85	5.15	10.02	13.07	85.01	0.74	8.06	0.18	6.04
P	0.73	0.00	0.09	0.00	0.03	0.00	0.00	0.00	0.40	0.01	0.68	0.02

（二）实验 4

目的在于考察辅音所在音节的声调及其在词里的位置两个因素是否对日本学习者的发音有所影响。分为声学分析（实验 4A）和主观评判（实验 4B）两个子实验。

第一节　日本学习者对汉语普通话不送气、送气辅音的加工

1. 方法。

被试：参加了实验 2 的 30 名日本学习者（实验组）和 20 名汉语母语者（对照组）。

语料：考虑到词频干扰的问题，用于考察的均为无意义双音节词，这些音节镶嵌在负载句"我说的是 X 妈（ma）"和"我说的是妈（ma）X"中，音节 X 的设计与实验 1 完全相同，一共形成 24 对共 48 个以 X 的声母是否送气相区别的双音节词。所有语句被随机排列，在实验语句之间穿插了 30 个干扰句。

过程：录音工作在录音间进行，每个被试以朗读语速念一遍语料中的所有项目。用实验 2 中的方法将录音进行模数转换，得到用于声学测量的声音文件。

声学测量应得到 2400 个 VOT 值（48 个项目，50 个被试），由于日本被试有 35 个丢失值，中国被试有 5 个丢失值，因此实际得到 2360 个 VOT 值的原始数据。对于丢失值的处理与对 VOT 负值的处理方法相同，即一个词（例如"mābā"）丢失后，与之形成最小对立的词（"māpā"）也被剔除，因此用于最后统计的为 2320 个 VOT 值。

用 Pratt 语音分析软件对发音实验中得到的 1405 个日本学习者语音样本的音强进行了归一，所有项目的音强在 70dB 左右（±0.5dB）。对处理过的声音文件进行了随机排列，由三位在语言教学及研究中有经验的人员对这些语音样本进行二择一评判，判断镶嵌在负载句中的二字组的前字或后字的声母是否送气。例如，发音目标（即呈现给学习者的发音语料）为"妈（mā）八（bā）"时，评判人的备选项目即为"A. 妈八；B. 妈趴"。如果三人中两人或三人一致的评判结果与发音目标一致，则学习者的发音为正

确，否则即为错误。

2. 结果。

（1）实验 4A 的结果。

与实验 3 相同，首先对日本学习者所发的不送气音与送气音的 VOT 值进行比较。这里用于统计的 VOT 值是某个辅音在所有音节中 VOT 的平均值。分别对 6 对辅音的 VOT 进行了单因素方差分析（重复测量），结果表明，学习者不送气音和送气音的 VOT 差异显著，6 个送气音的 VOT 值均大于各自所对应的不送气音，统计检验的结果见表 5。

表 5　对日本学习者双音节中不送气音和送气音 VOT 值差异的统计检验

辅音对	b–p	d–t	g–k	z–c	zh–ch	j–q
F	64.32	62.7	259.63	169.20	64.48	221.34
df	1, 28	1, 29	1, 29	1, 29	1, 29	1, 29
p	0.00	0.00	0.00	0.00	0.00	0.00

与实验 3 相似，我们同样需要了解日本学习者与汉语母语者辅音声母的 VOT 值之间是否存在差异。对两组被试 12 个辅音声母的 VOT 值分别进行了单因素方差分析，统计结果（见表 6）表明，两组被试所有送气音的 VOT 差异均是显著的，学习者的 VOT 短于母语者，这个结果与实验 3 完全一致。不送气音中，b、d 和 zh 的差异是显著的，学习者的 VOT 长于母语者；g、z 和 j 的差异则不显著。不送气音的结果与实验 3 有一定差距。

表 6　对两组被试的 12 个辅音在双音节中 VOT 值差异的统计检验

辅音	F	df	p
b	6.97	1, 48	0.01
p	149.64	1, 48	0.00

第一节 日本学习者对汉语普通话不送气、送气辅音的加工 55

（续表）

辅音	F	df	p
d	6.78	1，49	0.01
t	101.12	1，49	0.00
g	0.77	1，49	0.39
k	27.86	1，49	0.00
z	1.76	1，49	0.19
c	41.90	1，49	0.00
zh	5.76	1，49	0.02
ch	23.58	1，49	0.00
j	0.00	1，49	0.96
q	46.62	1，49	0.00

由于实验样本中有若干丢失值，丢失值的分布不规律，因此不宜使用 VOT 对音节声调和位置两个因素对于 VOT 值的影响进行统计分析。对于这两个因素与发音之间关系的分析将利用感知评判的结果进行。

（2）实验 4B 的结果。

在参加评判的 1405 个项目中，被判断为发音错误的项目有 263 个，总错误率为 18.7%，高于实验 1 中同一组被试对于普通话母语者发音的听辨错误率。与对实验 1 的结果分析相似，分别从发音方法、辅音所在音节的声调和音节在词里的位置这三个角度对错误率进行观察。12 种语境中的错误率见图 3。

从发音方法的角度看，送气声母的错误率都大大超过了同等条件下的不送气声母。从声调的角度看，在送气条件下阴平音节的错误率高于同等条件下其他两种音节的错误率，在不送气条件下前字阴平音节的错误率也高于同等条件下的阳平和上声音节，但后字的情况恰好相反,说明不送气音中声调的作用不够显著,即声调对于错误率的影响受到了发音方法的制约。从位置的角度看,在送气条件下,后字的错误率都高于同等条件下的前字,但不送气条件下除上声音节外,则是前字的错误率高于后字,说明不送气声母的错误率受位置的作用不够明显,即位置对错误率的作用受到发音方法的制约。

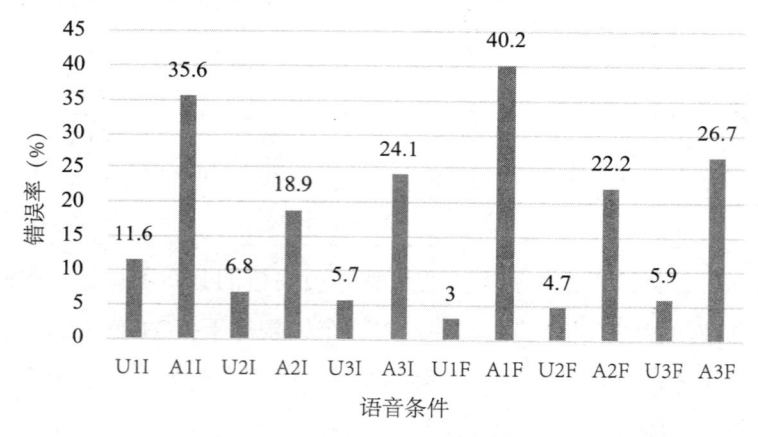

图3 12种语境中的发音错误率

(三) 讨论

通过实验3和实验4中对日本学习者所发的不送气音和送气音的声学分析,可以认为日本学习者能够在发音中区分不送气音和送气音两个音位范畴,这和感知实验的结果是一致的。但是,两个实验的结果也表明,日本学习者基本上能够准确地产生汉语的不送气音,却不能准确地产生汉语的送气音,他们所发送气音的VOT值都显著地小于汉语母语者的值。显然,这是由于在习得过程中,日本学习者把日语的轻送气音和汉语的送气音相对应,因此把汉语的送气音也处理成了轻送气音。这个结果证明了语音

第一节 日本学习者对汉语普通话不送气、送气辅音的加工

经验对 L2 中"相似音素"的习得产生双重影响。

在感知评判结果中，学习者发音总的错误率不高，但是送气音的平均错误率达到了 30% 以上，如果比照感知研究中以 80% 的正确率作为范畴获得标准的话，那么学习者还没有在发音中成功地建立能够被母语者接受的送气范畴，这与声学分析的结果也是一致的。

实验 4 最值得注意的结果是，在阴平条件下日本学习者容易把送气音发成不送气音，这个结果与实验 1 中学习者容易把阴平音节中的不送气音听成送气音的错误结果正好相反，这个有趣的现象恰好与我们在对感知实验的结果进行分析时提出的假设相契合，即日本学习者在对汉语送气范畴的加工中调用了 f_0 信息。如果在发音中学习者依然调用较高的 f_0 作为［送气］特征的声学关联物而削弱对 VOT 的使用，那么，他们所发的阴平音节中送气音的 VOT 将会相对缩短；而阳平和上声音节由于起始点 f_0 较低，学习者必须依赖对 VOT 的使用，因此不容易出现 VOT 缩短的现象。实验的结果恰好是，阴平条件下送气音的错误率高于阳平和上声条件下的错误率。不过，在发音过程中因为对 f_0 的依赖而对 VOT 使用程度的削弱只是造成发音错误的原因之一，不能产生足够长的 VOT 来表达［送气］特征也是导致发音错误的一个重要因素，从阳平和上声音节中送气音的错误率也高于不送气音的现象可以看到后一个因素造成的影响。

实验 4 第二个值得注意的结果就是在送气条件下后字位置的错误率超过了前字，这个结果与实验 1 中不送气条件下后字位置的感知错误率超过前字的结果也恰好相反。这个现象也证明了我们在对感知实验的结果进行分析时提出的另一假设，即日语中清

辅音音位变体的分布模式影响了学习者对不同位置上普通话辅音的送气特征的加工。由于日语中的清辅音在词中位置不送气，在词首位置常常送气，因此如果学习者用母语中的清辅音替代目标语中的送气辅音，那么在词首位置出现的辅音送气特征就会比较明显，而在词中位置的辅音就容易不送气，实验 4 的结果与这个推断是一致的。不过，送气音在后字位置的错误率与前字位置的错误率差别不是很大，而实验 1 中不送气音在后字位置的感知错误率是在前字位置的两倍以上，这主要是因为前字位置上送气音的错误率也较高，即送气强度不够所导致的。

　　实验 4 中还有另外一个容易被忽视的结果，即不送气音在阴平音节、前字位置时的错误率达到了 10% 以上，是在相同条件下后字位置时的错误率的近 4 倍，我们认为这是被试将处于词首的后接元音 f_0 起点较高的辅音处理为母语中的清辅音，从而使其具有弱送气的特征所导致的。这个解释似乎与上文阴平条件下削弱对 VOT 的使用的假设相冲突，但实际上并不矛盾，因为"削弱"对 VOT 的使用并不意味着完全不送气，而很可能是弱送气，也就是说在这种基频和位置条件下学习者更容易将送气音和不送气音互相混淆而不是单向混同，因而在词首位置将二者都处理为弱送气，而这种弱送气在母语者的知觉范畴中是介于送气和不送气之间的，因此造成两种辅音的错误率都较高。

三　一般性讨论与结论

　　综合以上感知和发音研究的结果，可以比较清晰地看到日本学习者对于普通话中不送气音 / 送气音的错误加工方式是用母语中的清/浊特征替代普通话中的送气/不送气特征，本节对具体的替代模式进行了进一步的考察。首先，学习者能够在发音中区分送气/不送气辅音，但是由于母语中的清辅音送气较弱，因此造成学习者所发的送气音的 VOT 过短。其次，由于清/浊区别的重要声学关联物是辅音之后元音的 f_0 差别，因此，学习者对于送气特征的加工错误之一是以母语中清音的标志——辅音之后元音较高的 f_0 作为普通话中送气辅音的标志，这就造成在感知中将普通话阴平音节中的不送气音辨认为送气音，在发音中于阴平条件之下弱化了对 VOT 的使用，从而导致了汉语母语者将这些送气强度不够的送气音判断为不送气音。最后，由于日语清辅音的音位变体与音位在词里的位置有关，因此日本学习者将普通话辅音的送气特征与辅音的位置进行了关联，在感知中将处于词中位置的不送气辅音认作送气辅音，在发音中将处于词首位置的阴平音节中的不送气辅音处理为弱送气，将词中位置的送气辅音处理为不送气。

这里有必要对语音经验和母语的音系特征两种因素在第二语言语音习得中的关系进行讨论。从本节的结果看，至少在实验室语料的条件下，日本学习者能够在感知和发音中区分普通话不送气和送气两个范畴，尽管从母语者的接受度看，他们还没有在发音中真正掌握送气特征。实验 1、2 和 4 中招募的日本被试在中国居住的平均时间较短（平均只有 3 个月），由此可见，送气特征尽管在日语中不是区别性特征，但它的获得并不像我们想象的那么困难，显然，这是母语的语音经验在起积极作用，即由于日语中的清辅音在词首位置的变体具有送气的语音特征，因此日本学习者对于送气特征并不是完全陌生的。但是，语音经验所起的作用在不同的语音条件下并不完全相同，例如在发音中，阴平音节中送气音的错误率高于阳平和上声音节中的送气音，词中位置送气音的错误率高于词首位置，而这些制约语音经验积极作用的因素正是来自日语辅音的音系特征。概括地说，在新的音系范畴［送气］的获得中，语音经验在日本学习者学习汉语普通话的送气特征时所起的作用无疑是强大的，但是母语的音系特征对这个作用的制约也是明显的。

感知中的主要错误表现是将阴平条件下的不送气音辨认为送气音和将词中的不送气音辨认为送气音，而产生中的错误表现却是将阴平或词中条件下的送气音发成不送气音，这个结果似乎否定了 SLM，但是，导致感知错误和产生错误的根源却是相同的，即将阴平条件下较高的 f_0 而不是较长的 VOT 作为辨认或产生送气音的参数，将辅音在词里的位置作为判断是否送气的条件。因此，本节的结果在实质上是支持 SLM 的。当然，正如 Flege 本人所指出的那样，感知的学习与发音的学习并不一定完全对应。在本节的感知实验中，不送气音和送气音的错误率差别只在阴平条件下有突出的表现，在其他条件下，两种辅音的平均错误率是接近的；而在发音中，不送气音被母语者所接受的程度在一切条件下都远远高于送气音。也就是说，除却声调的作用，日本学习者对于普通话不送气音/送气音的感知错误是对称的，将两种范畴同化为其中任意一种的机会接近相等；而在发音中的错误则是不对称的，多数情况是将两种范畴同化为不送气音。

通过上述 4 个实验研究，我们得到以下结论：（1）日本学习者基本上能够在感知中建立汉语不送气音和送气音两个音位范畴，听辨的多数错误发生于阴平音节中的不送气声母。以 VOT 为参量，日本学习者感知［送气］的范畴边界在阴平条件下比汉语母语者靠前（即较小的 VOT 值），在阳平条件下与母语者一致。（2）日本学习者基本上能够在发音中区分汉语不送气音和送气音两个音位范畴；从语音的层面看，他们能够准确地产生汉语的不送气音，却不能够准确地产生送气音。（3）日本学习者在感知和产生送气对立音中的错误加工模式是一致的，错误加工方式之一是采用以 f_0 为条件来判断送气特征的有无或决定对 VOT 的使用程度，错误方式之二是以辅音在词里的位置为条件判断送气特征的有无或是否使用。（4）语音经验在日本学习者对汉语送气辅音的加工中起到了十分重要的作用，但这个作用仍然受到了日语音系特征的显著制约。

第二节　跨语言语音相似度与日本学习者辅音感知和产出研究[①]

一　引言

（一）跨语言语音相似度

学习者第一语言（简称为 L1）的语音会对第二语言（简称为 L2）的语音学习产生影响，因此可以通过对比 L1 与 L2 音段的语音相似度来预测 L2 音段的相对学习难度。Best 的感知同化模型（Perceptual Assimilation Model，简称为 PAM）研究了 L2 语音

---

① 本节摘自邓丹《跨语言语音相似度与日本学习者对汉语 /ts//tʂ//tɕ/ 三组辅音的感知和产出研究》，原载《世界汉语教学》2014 年第 3 期。

感知同化到L1语音范畴的方式。她指出，那些与L1音段相似的L2音段，可以作为"好的"或者"不太好"的语音范例同化到学习者L1的语音范畴中，而那些与L1不同的L2音段，则不可能同化到L1的语音系统中，甚至还会被感知为"非语言"的声音。在此基础上，她还预测了学习者对L2语音的感知情况。Best指出，学习者能较好地分辨那些不能同化到L1范畴中的L2音段和被单独同化为一个L1范畴的L2音段，而那些被合并同化到同一个L1范畴中的L2音段则不能被L2学习者正确地区分。[1]Flege的语音学习模型（Speech Learning Model，简称为SLM）指出，通过"等值归类"的原则，那些与L1相同或相似的L2音段可以被感知到L1语音范畴中去，而那些与L1不同的L2音段则不能归入L1的范畴中。Flege也对L2音段的产出进行了研究，他指出对长时的语音学习来说，陌生音素的产出要好于相似音素。[2] 在这两个模型中，判断L2学习者能否在感知上区分非母语的语音音段时，L1和L2的语音相似度起了重要的作用。Best和Flege都认为在判断L1和L2的语音相似度时，抽象的音系对比或者是区别特征的对比是没有意义的，跨语言音段的对比应该在实现这

---

[1] Best, Catherine T. (1995). A direct realist view of cross-language speech. In Winifred Strange (Ed.), *Speech Perception and Linguistic Experience: Issues in Cross-language Research*, Timonium, MD: York Press, 171-204; Best, Catherine T., Gerald McRoberts, & Elizabeth Goodell (2001). Discrimination of non-native consonant contrasts varying in perceptual assimilation to the listener's native phonological system. *Journal of the Acoustical Society of America*, 109, 775-794.

[2] Flege, James E., & Wieke Eefting (1987). Production and perception of English stops by native Spanish speakers. *Journal of Phonetics*, 15, 67-83; Flege, James E., Ian R. A. MacKay, & Diane Meador (1999). Native Italian speakers' production and perception of English vowels. *Journal of the Acoustical Society of America*, 106, 2973-2987.

些抽象音系范畴的语音实体的层面进行。研究者们通常从声学和感知两个层面对跨语言语音的相似度进行研究。

对两个语音范畴的声学特征的对比，可以从多个角度提供一种更客观的量化标准。语音的声学参数通常能反映出发音时的部分生理状态。例如，元音的共振峰可以反映元音发音时的舌位变化，辅音的 VOT 值反映了发音时声带振动和辅音除阻的情况。因此对两种语言音段的声学相似度的研究也能反映出发音的相似度。相比于分析发音时各发音器官的运动状态，语音的声学特征更容易观察和测量，因此目前对跨语言语音声学相似性的研究较多。进行元音分析时，常常对比元音的共振峰结构或者时长结构。[①]辅音不像元音一样可以用同一个声学参数来描述，对辅音声学相似性的研究可能会涉及 VOT、频谱特征、时长、音强和元音过渡段等信息。[②]

因为跨语言语音在感知上的相似度是 SLM 和 PAM 模型中预测感知和产出困难的重要因素，因此他们设计出了一些评价感知相似度的实验方法。Best *et al.* 在研究祖鲁语的辅音与英语辅音的感知相似度时，是通过转写的方法来进行的。[③] 该文把 L2 的语音

---

① Bohn, Ockc-Schwen, & James E. Flege (1992). The production of new and similar vowels by adult German learners of English. *Studies in Second Language Acquisition*, 14, 131-158.

② Flege, James E., & Wieke Eefting (1986). Linguistic and developmental effects on the production and perception of stop consonants. *Phonetica*, 43, 155-171; Chen, Sang Yee (2005). Production and perception of phonological contrasts in second language acquisition: Korean and English fricativcs, Hawaii University Dissertation.

③ Best, Catherine T., Gerald McRoberts, & Elizabeth Goodell (2001). Discrimination of non-native consonant contrasts varying in perceptual assimilation to the listener's native phonological system. *Journal of the Acoustical Society of America*, 109, 775-794.

呈现给那些没有 L2 经验的听音人，然后要求听音人写出自己母语中最相似的音，并且允许听音人增加一些区分标记或语言说明，以表示二者的不同。Fox *et al.* 在考察西班牙语和英语元音的感知相似度时使用了 9 度相似量表，请听音人对经过配对的语音对的相似程度进行评判。[1] 而 Guion *et al.* 则首先要求母语者判断听到的 L2 音素属于哪个 L1 语音范畴，然后再对 L2 语音与其相似的 L1 范畴的相似度进行等级评价。[2]

Best 的 PAM 对两种语言的语音相似度的研究主要是从主观感知的角度进行的，而 Flege 的 SLM 对语音相似度的研究有时是从声学层面进行的，[3] 有时又是从感知层面进行的。[4] 声学相似度和感知相似度分别表征了两种语言的语音在发音特征和听音人主观感知上的相似程度。对同样的音段既可以从声学层面也可以从感知层面来判定它们的相似程度。一般来说，从声学层面得到的相似度和从感知层面得到的相似度是大致吻合的。也就是说，发音特征上相差较大的两个音段，在感知上的距离较远，而发音特征相差较小的两个音段，在感知上的距离较近。但在实际的研

---

[1] Fox, Robert Allen, James E. Flege, & Murray J. Munro (1995). The perception of English and Spanish vowels by native English and Spanish listeners: A multidimensional scaling analysis. *Journal of the Acoustical Society of America*, 97, 2540−2551.

[2] Guion, Susan G., James E. Flege, Reiko Akahane-Yamada, & Jesica C. Pruitt (2000). An investigation of current models of second language speech perception: The case of Japanese adults' perception of English consonants. *Journal of the Acoustical Society of America*, 107, 2711−2724.

[3] Bohn, Ockc-Schwen, & James E. Flege (1992). The production of new and similar vowels by adult German learners of English. *Studies in Second Language Acquisition*, 14, 131−158.

[4] 同[2]。

究中我们发现，感知相似度和声学相似度有时会出现不一致的现象。例如王韫佳和邓丹在研究汉语单元音与日语元音的相似性时发现，汉语［u］与日语［ɯ］在声学空间上相距较远，但在感知中的相似度却非常高。而汉语［ɣ］和日语［e］在声学空间上的距离相对较近一些，但它们在感知中的相似度却非常低。①

两种语言间语音的相似度会对 L2 语音习得产生影响。L2 学习者是否能够成功习得 L2 语音范畴，应该从发音和感知两个层面加以考察。两种语言间音段的声学相似度和感知相似度是如何影响 L2 音段的产出和感知的？当这两个层面的相似程度不一致时，声学相似度与感知相似度对 L2 语音感知与产出的作用如何？这些都是需要进一步探讨的问题。

（二）汉语 /ts//tʂ//tɕ/ 组与日语 /ts//tɕ/ 组辅音的发音特征

汉语普通话从发音部位上区分 /ts, tsʰ, s//tʂ, tʂʰ, ʂ//tɕ, tɕʰ, ɕ/ 三组辅音。其中，每组包含塞擦音、塞擦送气音和擦音三种发音方法。Ladefoged 和 Wu 运用 X 光照相研究了汉语的三组擦音，② 发现 /s/ 发音时是舌尖靠近齿背到龈脊的位置，/ʂ/ 发音时舌尖上部靠近龈脊的中间。/s//ʂ/ 最大的区别是 /ʂ/ 发音时形成的通道的高度和宽度要大于 /s/。/ɕ/ 发音时的声道收紧点介于 /s//ʂ/ 之间，不同主要在于 /ɕ/ 发音时舌头抬得更高，舌头与硬腭形成了一个狭长的平的通道。因此，汉语 /ɕ/ 在舌头形状上不同于

---

① 王韫佳、邓丹《日本学习者对汉语普通话"相似元音"和"陌生元音"的习得》，《世界汉语教学》2009 年第 2 期。

② Ladefoged, Peter, & Zongji Wu (1984). Places of articulation: An investigation of Pekingese fricatives and affricates. *Journal of Phonetics*, 12(3), 267-278.

/s/ /ʂ/，而 /s/ /ʂ/ 主要区别在于声道收紧的位置。麦耘也认为 /ɕ/ 发音时收紧点在龈后和硬腭之间，主动发音器官自舌叶到舌面前部都抬高，收紧面较大，是一种腭化的龈后音。①

日语在相似部位存在 /ts, dz, s/ 和 /tɕ, dʑ, ɕ/ 两组塞擦音和擦音。从发音方法上看，日语的塞擦音存在清浊对立，不存在送气的对立。有的研究者把日语的 /tɕ, ɕ/ 描述为 /tʃ, ʃ/。Akamatsu 指出日语的 /ɕ/ 和英语的 /ʃ/ 不同。② 二者的差异表现在：英语的 /ʃ/ 发音时伴随圆唇，而日语没有；日语 /ɕ/ 发音时舌前部向硬腭靠拢，形成了一个狭长的通道，这个通道在发英语的 /ʃ/ 时则没有。也有不少研究者认为日语 /s/ 和 /ɕ/ 的对比主要是腭化。③ 因此，本研究对日语的塞擦音和擦音采用 /tɕ//ɕ/ 的标音符号。

汉语的这三组辅音往往是外国学习者的难点。如在对日本学习者汉语语音偏误的研究中，不少研究者都指出，日本学习者容易混淆汉语的这三组辅音，但他们的研究都是基于研究者的主观感受进行的。④ 也有些研究者运用实验的方法研究了泰国学习者对汉语三组塞擦音的感知同化与区分，⑤ 这一研究主要是

---

① 麦耘《对国际音标理解和使用的几个问题》，《方言》2005 年第 2 期。

② Akamatsu, Tsutomu (2005). *Japanese Phonetics: Theory and Practice*. München, Newcastle: Lincom Europa.

③ Toda, Martine, & Kiyoshi Honda, An MRI-based cross-linguistic study of sibilant fricatives. *The 6th International Seminar on Speech Production*. Manly, Australia.

④ 朱川《汉日语音对比实验研究》，《语言教学与研究》1981 年第 1 期；余维《日、汉语音对比分析与汉语语音教学》，《语言教学与研究》1995 年第 4 期；何平《谈对日本学生的初级阶段汉语语音教学》，《世界汉语教学》1997 年第 3 期；王志芳《日本学生汉语学习中的语音问题》，《汉语学习》1999 年第 2 期。

⑤ 梅丽《泰国学习者汉语塞擦音的知觉同化与区分》，《世界汉语教学》2011 年第 2 期。

从感知层面进行的。本节拟从声学特征和主观感知两个层面出发，以汉日辅音相似度的研究为基础，考察初级水平日本学习者对汉语普通话 /ts，tsʰ，s//tʂ，tʂʰ，ʂ//tɕ，tɕʰ，ɕ/ 三组辅音的产出和感知情况。

二 塞擦音、擦音声学参数的选择及汉日辅音声学特征

（一）塞擦音、擦音声学参数的选择

瞬时频谱分析在擦音的声学分析中被广泛运用。频谱测量可以反映声音频谱的总体形状，并由此判断口腔前部发音收紧点（上腭与舌背形成的最狭窄点）的位置。Jongman et al. 考察了不同声学参数与英语中擦音位置的关联，发现频谱峰的位置、瞬时频谱、归一振幅和相对振幅这四个声学参数可以区分英语 8 个擦音的 4 种发音部位。[1] Jongman et al.、Nissen 和 Fox 均发现频谱峰值和擦音发音时前面声腔的长度成负相关。[2] 前腔越长，谱峰值越低。也就是说，随着发音收紧点的后移，擦音的频谱峰值会降低。除了频谱的特征外，辅音和元音相接的过渡段对于辅音的辨认也具有重要的参考价值，过渡音段反映发音器官从辅音转移到元音的运动过程。因此可以通过过渡段的特征观察辅音的情况。元音起始点

---

[1] Jongman, Allard, Ratree Wayland, & Serena Wong (2000). Acoustic charaecteristics of English fricatives. *The Journal of the Acoustical Society of America*, 108, 1252-1263.

[2] Jongman, Allard, Ratree Wayland, & Serena Wong (2000). Acoustic charaecteristics of English fricatives. *The Journal of the Acoustical Society of America*, 108, 1252-1263; Nissen, Shawn L., & Robert A. Fox (2005). Acoustic and spectral characteristics of young children's fricative production: A developmental perspective. *The Journal of the Acoustical Society of America*, 118, 2570-2578.

的 F2 和发音时的后共鸣腔的长度呈现负相关。[①]Stevens *et al.* 指出辅音和元音过渡段的特征可以分辨擦音发音时舌头的姿势，汉语普通话的 /s/ /ʂ/ 与 /ɕ/ 发音时舌头姿势不同，/ɕ/ 发音时由于腭化出现的狭长的通道缩短了后腔的长度，因此 /ɕ/ 的 F2 就比 /s/ /ʂ/ 要高。[②]

对于辅音的描述一般从发音方法和发音部位两个方面进行。在对声学参数选择时，也应该尽可能反映出这些方面的特征。本研究主要考察辅音在发音部位上的差异，不同部位的擦音在声学上主要表现为强频集中区下限的不同，而辅音与元音过渡段共振峰的走向对判断元音前塞音的发音部位也有一定的参考。[③] 因此，本研究主要通过测量频谱特征与元音过渡段的特征来考察辅音的发音部位。在对频谱特征的测量中，主要测量了频谱峰的位置，频谱峰值指在某一时间点上声音振动的最高振幅所在位置的频率值。而对辅音和元音过渡段的测量中，主要测量了后接元音起始点的 F2（第二共振峰）。

（二）汉日辅音的声学特征

1. 实验介绍。

（1）发音语料。

本研究的日语语料是包含清塞擦音和擦音的 7 个日语假名

[①] Nittrouer, Susan, Michael Studdert-Kennedy, & Richard S. McGowan (1989). The emergence of phonetic segments: Evidence from the spectral structure of fricative-vowel syllables spoken by children and adults. *Journal of Speech and Hearing Research*, 32, 120–132.

[②] Stevens, Kenneth, Zhiqiang Li, Chao-Yang Lee, & Samuel Jay Keyser (2004). A note on mandarin fricatives and enhancement. In Jianfen Cao, Gunnar Fant, Hiroya Fujisaki, & Yi Xu (Eds.), *From Traditional Phonology to Modern Speech Processing*. Foreign Language Teaching and Research Press, 393–403.

[③] 吴宗济、林茂灿主编《实验语音学概要》，高等教育出版社，1989 年。

第二节 跨语言语音相似度与日本学习者辅音感知和产出研究

［sa］、［ɕi］、［sɯ］、［se］、［so］、［tɕi］、［tsɯ］。朗读时以日语假名的形式呈现给发音人，每个项目重复两遍。

汉语发音语料是由 z［ts］、c［tsʰ］、s［s］、zh［tʂ］、ch［tʂʰ］、sh［ʂ］、j［tɕ］、q［tɕʰ］、x［ɕ］9 个辅音后接主要元音为 a［a］、e［ɛ，ɤ］、i［i，ɿ，ʅ］、o［o］、u［u，y］的音节组合构成的，共计 45 个音节。其中 z［ts］、c［tsʰ］、s［s］后接元音 i［ɿ］，zh［tʂ］、ch［tʂʰ］、sh［ʂ］后接元音［ʅ］，j［tɕ］、q［tɕʰ］、x［ɕ］后接元音 ia［ia］、ie［iɛ］、iu［iou］、u［y］。所有音节的声调均为阴平调，如果实际读音中不存在阴平调，则取发音中的常见调类。

在实际的录音过程中，还在发音字表中混入若干干扰项，所有项目均随机排列。本实验用 Adobe Audition 软件进行录音，采样率为 16bit，44kHz。录音在安静的教室进行，要求发音人用正常的语速朗读音节。

（2）发音人。

本研究的发音人包括母语为日语的发音人 11 位（6 男 5 女）和母语为汉语的发音人 8 位（4 男 4 女），共计 19 位发音人。母语为日语的 11 位发音人均为北京大学对外汉语教育学院日本留学生，平均年龄 21 岁，学习汉语时间平均为 1 年，在中国居住时间平均为 4 个月。其中有 8 位发音人同时作为汉语语料和日语语料的发音人，其他 3 位只朗读了日语的语料。母语为汉语的发音人均是北京人，在校大学生，平均年龄 19 岁。

（3）声学参数的测量。

在对频谱峰进行测量时，首先运用 Praat 软件进行频谱分析，选取辅音中点位置进行了 FFT 转换，Hamming 窗宽 40ms，然后测量最高峰所在位置的频率值。在测量中 FFT 不能确定的数据，又对其进行了 LPC 分析。选择辅音的中点位置进行测量，是因为这部分辅音的特征相对稳定，而且较少受到后接元音的影响。

在对元音起始点 F2 测量时，首先用 Praat 软件进行共振峰分析，然后测量了辅音结束处即元音起始处的 F2 值。辅音结束点以波形图上辅音噪声结束、出现第一个周期性的元音的声门脉冲为准。波形图中难以确定辅音结尾处时，参考语图中的共振峰，以出现明显的元音共振峰的位置为准。

由于性别不同可能对频谱峰和 F2 的频率值产生影响，本研究在对频谱峰值和元音 F2 进行分析时男女被试分别进行。

2. 实验结果。

（1）汉语塞擦音、擦音的声学分析。

首先对汉语母语者所发的普通话辅音的频谱峰值进行了一元方差分析，结果表明，CFS（母语为汉语的女发音人）发音部位的差异显著，$F(2, 177)=90.082$，$p=0.000$，多重比较发现，不同发音部位两两之间的差异均显著（$p < 0.01$）。CMS（母语为汉语的男发音人）发音部位的差异显著，$F(2, 177)=147.544$，$p=0.000$，多重比较发现，不同发音部位两两之间的差异均显著（$p=0.000$）。统计结果说明，汉语母语者的三组辅音在发音收紧点位置上有明显差异。

图 1 是汉语母语者发的三组辅音的频谱峰值。从图 1 可以看出，根据三组辅音发音部位的不同，汉语母语者三组辅音的频谱峰值存在较明显的不同，/tʂ, tʂʰ, ʂ/（简称为 C-zh）组的频谱峰值最低，其次是 /tɕ, tɕʰ, ɕ/（简称为 C-j）组，/ts, tsʰ, s/（简称

为 C-z）组的频谱峰值最高，而且任意两组之间的差距都比较大。对英语擦音的研究发现，频谱峰值主要和发音时前共鸣腔的大小有关，前腔越大频谱峰值越小，反之，前腔越小频谱峰值越大。发音时的前后共鸣腔主要由发音的收紧点区分，也就是说，发音收紧点越靠后，发音时的前共鸣腔就越大。Ladefoged 和 Wu 的研究指出汉语普通话的三组辅音，C-z 组的发音收紧点位于齿背，C-zh 组的发音收紧点位于齿龈后，C-j 组的发音收紧点比 C-zh 组的靠前，其分布较广，位于齿龈到硬腭之间。[①] 本研究对汉语三组辅音的频谱分析表明，频谱峰值和辅音前共鸣腔的反向相关关系在汉语辅音中同样存在。C-z 组前腔最小，频谱峰值最大，C-zh 组前腔最大，频谱峰值最小。C-j 组发音的收紧点介于 C-zh 组和 C-z 组之间。

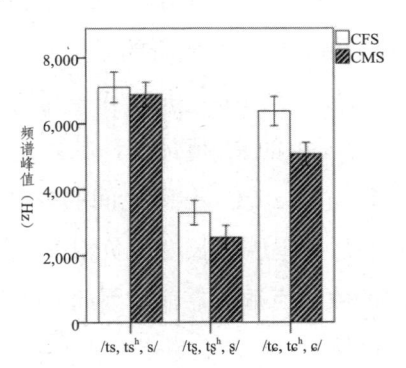

图 1　汉语塞擦音、擦音的频谱峰值

对元音起始点 F2 值的一元方差分析也表明，CFS 发音部位的差异显著，$F(2, 177)=175.695$，$p=0.000$，多重比较发现，不同

---

① Ladefoged, Peter, & Zongji Wu (1984). Places of articulation: An investigation of Pekingese fricatives and affricatives. *Journal of Phonetics*, 12(3), 267-278.

发音部位两两之间的差异均显著（p=0.000）。CMS 发音部位的差异显著，$F(2, 177)$=248.742，p=0.000，多重比较发现，不同发音部位两两之间的差异均显著（$p < 0.01$）。统计结果说明，汉语普通话发音部位不同的三组辅音后接元音起始点的 F2 值不同。

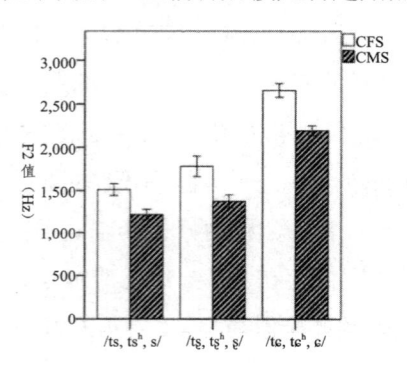

图 2 汉语塞擦音、擦音后元音起始点 F2

图 2 是汉语母语者发的三组辅音的后接元音起始点 F2。可以看出，根据三组辅音发音部位的不同，汉语母语者三组辅音的 F2 值存在明显差异，C-z 组的 F2 值最低，其次是 C-zh 组。C-j 组的 F2 值最高，并且与 C-z、C-zh 组之间的差异较大。元音起始点的 F2 和发音时的后共鸣腔的长度呈负相关。[①]C-z 组发音收紧点齿背比 C-zh 组的收紧点龈后靠前，因此 C-z 组的后接元音 F2 值比 C-zh 组小。虽然 C-j 组的收紧点介于 C-z 和 C-zh 组之间，但是由于 C-j 组发音时舌面隆起与上腭之间形成一个狭长的通道，这个由于"腭化"而形成的通道导致其后共鸣腔变短，因此出现

[①] Nittrouer, Susan, Michael Studdert-Kennedy, & Richard S. McGowan (1989). The emergence of phonetic segments: Evidence from the spectral structure of fricative-vowel syllables spoken by children and adults. *Journal of Speech and Hearing Research*, 32, 120–132.

第二节 跨语言语音相似度与日本学习者辅音感知和产出研究

了 C-j 组的后接元音 F2 值明显高于 C-z 组和 C-zh 组的情况。

从以上结果我们可以看出，由于汉语中三组塞擦音和擦音需要从两个方面加以区分，即声道收紧的位置和舌头的姿势（腭化），在进行声学分析时，一个声学参数难以涵盖这两方面的内容，因此我们选择频谱峰值和元音起始点 F2 值进行考察，频谱峰的位置可以反映不同辅音收紧点的不同，后接元音起始点 F2 则能反映出发音时是否存在"腭化"。

（2）日语塞擦音、擦音的声学分析。

首先对日语母语者所发的日语辅音 /ts，s/（简称为 J-z）、/tɕ，ɕ/（简称为 J-j）的频谱峰值进行了独立样本 t 检验，结果表明，JFS（母语为日语的女发音人）发音部位的差异不显著，$t(68)=0.69$，$p=0.493$；JMS（母语为日语的男发音人）发音部位的差异不显著，$t(82)=-1.008$，$p=0.316$。由于频谱峰值主要反应辅音发音时声道收紧点位置的差异，因此这些统计结果说明，日语中两组辅音在声道收紧点上的差异不显著。对元音起始点 F2 值的 t 检验表明，JFS 发音部位的差异显著，$t(68)=-10.251$，$p=0.000$；JMS 发音部位的差异显著，$t(82)=-8.976$，$p=0.000$。元音起始点F2值主要反映发音时舌头的姿势，即是否存在"腭化"。对 F2 值的统计结果表明，日语两组辅音发音时舌头的姿势明显不同。图 3 和图 4 分别是日语两组辅音的频谱峰值和元音起始点 F2 值。从图 4 可以看出，J-j 组的 F2 明显高于 J-z 组，说明 J-j 组发音时存在腭化。

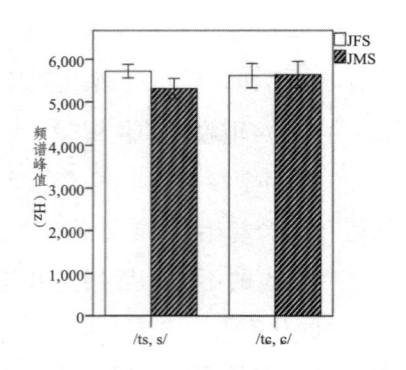

图 3 日语塞擦音、擦音的频谱峰值

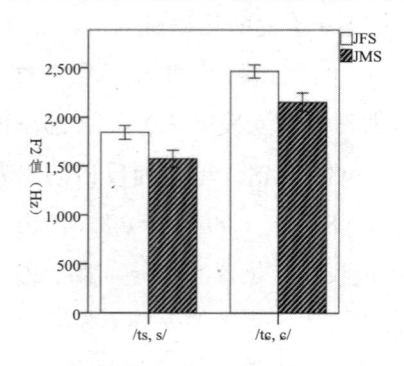

图 4 日语塞擦音、擦音后元音起始点 F2

这些结果表明，与汉语需要从发音部位和舌头姿势两个维度来区分塞擦音和擦音不同，日语中两组塞擦音和擦音仅仅需要一个维度就可以区别开来。日语两组辅音在发音部位上的区别不大，主要的区别在于发音时舌头的姿势，J-j 发音时存在明显的"腭化"现象，类似于 C-j 组的发音，发音时舌头向上隆起和硬腭之间形成了狭长的通道。

三 汉日辅音相似度研究

(一) 汉日辅音的声学相似度

在第二部分我们分别考察了汉语和日语的塞擦音和擦音的声学特征,结果发现汉语和日语的塞擦音和擦音都需要从发音时的舌头姿势来加以区别,C-j 组和 J-j 组发音时都存在明显的腭化现象。这是两种语言的相似之处。接下来我们需要对比汉日两种语言中不同的塞擦音和擦音在发音部位上是否存在差异。

首先对汉日 5 组辅音的频谱峰值进行了一元方差分析。结果表明,FS(女发音人)发音部位的差异显著,$F(4, 245)=59.709$,$p=0.000$,多重比较发现,J-z 与 C-z、C-zh、C-j 组间的差异均显著($p<0.05$),J-j 与 C-z、C-zh、C-j 组间的差异也均显著($p<0.05$)。MS(男发音人)发音部位的差异显著,$F(4, 259)=98.767$,$p=0.000$,多重比较发现,J-z 与 C-z、C-zh 组间差异显著($p=0.000$),J-z 与 C-j 组间的差异不显著($p>0.05$);J-j 与 C-z、C-zh 组间差异显著($p=0.000$),J-j 与 C-j 组间的差异不显著($p>0.05$)。这些结果说明,日语两组辅音的频谱峰值和汉语 C-z 组和 C-zh 组的明显不同,而和汉语 C-j 组的接近,男发音人的频谱峰值相似,女发音人则存在一些差异。

图 5 是汉日两种语言中塞擦音和擦音的频谱峰值的均值比较。从图中可以看出,汉语 C-z 组的频谱峰值最高,C-zh 组的最低,C-j 组和日语 J-z、J-j 两组辅音的频谱峰值介于 C-zh 组和 C-z 组之间。这说明汉语 C-j 组和日语 J-z、J-j 两组辅音的收紧点介于汉语 C-zh 组和 C-z 组中间。汉语男发音人 C-j 组的声道收紧点与日语 J-z、J-j 的收紧点接近,汉语女发音人 C-j 组的收紧点较前。

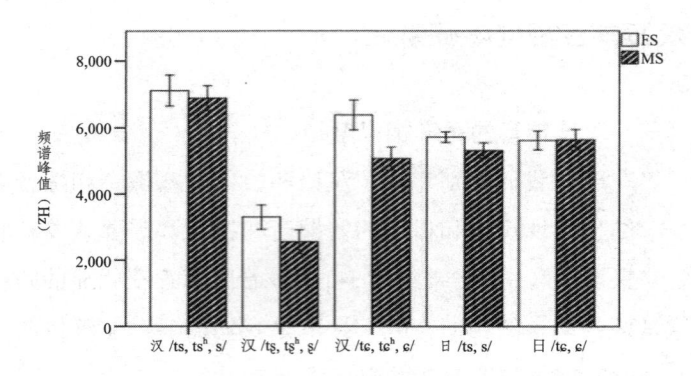

图 5　汉日塞擦音、擦音的频谱峰值比较

从汉日两种语言辅音的声学分析可以看出，从发音时声道的收紧点来看，日语两组辅音的声道收紧点和汉语 C-j 组辅音相似。从发音时舌头形状来看，日语 J-j 和汉语 C-j 组辅音发音时都存在"腭化"现象。汉语 C-z 组和日语 J-z 组发音时舌头均未发生"腭化"，但是他们的声道收紧点位置不同，汉语发音时声道收紧点靠前。汉语 C-zh 组发音时也没有"腭化"出现，在声道收紧点上与日语辅音也存在较大差异，C-zh 组发音的收紧点更靠后。

（二）汉日辅音的感知相似度

1. 感知实验介绍。

本实验的感知语料是由两名汉语母语者发音人（1 男 1 女）所发的 9 个汉语塞擦音和擦音后接韵腹为 a，i［i、ɿ、ʅ］，u［u、y］三类不同元音的单音节，总计 54 个感知样本。被试是 8 位日语母语者，3 男 5 女，学习汉语平均时间 1 年，在中国居住时间平均 2 个月。

实验时告诉被试他们听到的是一些中国人的日语发音，要求被试首先用日语记录听到的声音，然后对听到的声音与日语音符实际读音间的相似度进行 7 分制评价，其中 1 分表示非常不相似，7 分表示非常相似。每个项目播放之前有铃声提示，项目间的间隔为 5 秒。感知实验在语音实验室进行。正式开始之前，被试先完成 5 个测试项目以熟悉实验，这 5 个测试项目的结果不计入最后的统计。

2. 实验结果。

表 1 给出了日本学习者将汉语 9 个塞擦音和擦音感知为日语辅音的百分比和相似度分数。从表中可以看出，汉语 C-z、C-zh、C-j 发音部位不同的三组辅音主要同化到日语的 J-z 和 J-j 两组辅音当中。汉语 C-z 主要被感知为日语的 J-z，而汉语的 C-zh 和 C-j 则同时都被感知为日语的 J-j，其中 C-zh 的感知比例低于 C-j。汉语 C-j 完全被感知为日语 J-j 组，其比例高达 97%，而汉语 C-zh 组虽然大部分被感知为日语的 J-j 组，但是仍然有 10% 的比例被感知为日语的 J-z 组。以上结果说明，从感知的角度来看，汉语 C-z 组和日语 J-z 组、汉语 C-j 组和日语 J-j 组都高度相似，而汉语 C-zh 组和日语 J-j 也相似，但相似度不及 C-j 与 J-j 组高。

从相似度分数来看，汉语辅音被感知为日语辅音的相似度分数最高为 5.1（C-s 与 J-s），感知比例较高的辅音对之间的相似度分数大多集中在 3—5 分之间。由于本实验在进行相似度评价时采用的是 7 分制评分，因此从评分结果来看，汉语辅音和日语辅音之间只能达到中等相似。也就是说，从感知上来说，汉语辅音和日语辅音不存在非常相似的发音。而且本实验要求被试对汉语辅音与日语辅音进行强迫性归类，因此实验结果中也出现了虽然有些辅音间的感知比例非常高，但它们的相似度分数却不太高的现象。这也说明汉日相似辅音在听音人的感知中仍然存在差异。一般来说，感知比例最高的辅音对之间的相似度分数也最高，但是有时也会存在例外。例外可能由两种原因造成。一是个别听音人的感知判断不具有代表性，这种情况下虽然相似度分数最高但是其感知比例会很低，如 C-tɕʰ 与 J-ɕ。二是一个汉语辅音可能和两个或几个日语辅音均存在相似，但相似程度可能不同，如 C-ts 与 J-dz、J-s。

表1　汉日辅音的感知相似度

汉语		日语					
		J-z			J-j		
		ts	dz	s	tɕ	dʑ	ɕ
C-z	ts	6.25% (4)	60.41% (4.9)	27.08% (5)			2.08% (2)
	tsʰ	81.25% (4.3)	4.17% (1)	12.5% (3.8)	2.08% (1)		
	s	6.25% (4.3)		93.73% (5.1)			
C-zh	tʂ		10.42% (3)		12.5% (2.6)	75% (3.5)	
	tʂʰ	10.42% (3.2)			75% (3.2)	2.08% (1)	
	ʂ			10.42% (2.6)	4.17% (2.5)		83.33% (3.5)
C-j	tɕ				4.17% (4.5)	93.75% (4.5)	2.08% (1)
	tɕʰ				97.92% (4.6)		2.08% (5)
	ɕ				2.08% (3)		97.92% (4.6)

注：括号内的数字表示相似度分数。

第二节 跨语言语音相似度与日本学习者辅音感知和产出研究 79

从发音方法来看,汉语的擦音主要感知为日语的相似部位的擦音,汉语的不送气塞擦音主要感知为日语的浊塞擦音,而汉语的送气塞擦音则主要感知为日语的清塞擦音。因为在汉语的语音系统中存在送气和不送气的对立,日语则存在清浊对立。从感知范畴上看,日本学习者倾向于用日语的清/浊来代替汉语的送气/不送气的特征。

（三）以汉日辅音相似度为基础的理论预测

上文分别从声学层面和感知层面对比了汉日辅音的相似度。根据分析结果,我们绘制了汉日辅音声学相似度示意图(图6)和感知相似度示意图(图7)。

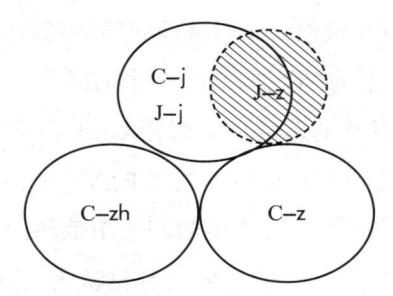

图6 汉日辅音声学相似度示意图

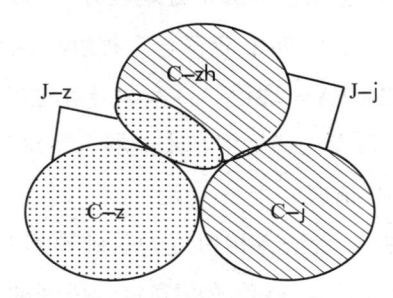

图7 汉日辅音感知相似度示意图

从声学空间上看,日语两组辅音的声学空间与汉语C-j组非常接近。日语 J-j 组和汉语 C-j 组的声学空间基本重合，它们在发音部位和舌头姿势两方面都高度相似。日语 J-z 组和汉语 C-j 组也存在部分相似，即它们发音时的发音部位接近，但是舌头姿势不同。汉语 C-z 组、C-zh 组辅音与日语的两组辅音在声学特征上差异较大，我们把汉语 C-z 组、C-zh 组看作和日语辅音不存在相似性的两组独立的声学范畴。从感知空间上看，汉语 C-z 组完全被感知到日语 J-z 组的范畴中，汉语 C-j 组完全被感知到日语 J-j 组的范畴中，汉语 C-zh 组大部分被感知到日语 J-j 组的范畴中，但仍有少量的 C-zh 组被归入到日语 J-z 组的范畴中。

PAM 理论主要以感知相似度为基础预测 L2 语音的感知情况。按照 PAM 理论来看，汉语 C-z 组被独立感知到日语的一个范畴中，感知模式为 PAM 中的 TC 型，即 L2 中的两个语音范畴被感知到母语中两个相互对立的范畴中。汉语 C-zh 组和 C-j 组都被感知到日语的同一个范畴中，感知模式为 PAM 中的 CG 型，即 L2 中的两个范畴同时被感知为母语中的同一个范畴，但是二者与母语范畴的相似度并不完全一样。PAM 理论认为，TC 型感知模式的音段，在 L2 语音的感知中能够很好地区分，CG 型感知模式的两个音段，在 L2 语音的感知中能有一定程度的区分，但是区分程度不及 TC 型。根据 PAM 理论对日本学习者对汉语三组辅音的感知结果预测为，学习者在感知中基本能够分辨这三组辅音的不同，对 z-zh、z-j 的区分情况好于 zh-j 组。

SLM 理论以跨语言语音相似度为基础预测 L2 语音的习得情况（包括感知和产出）。该理论在确定音段间的相似度时，有时以声学相似度为基础,[①] 有时以感知相似度为基础。[②] 按照 SLM 理论来看,在声学层面汉语 C-j 组辅音的声学特征和日语两组辅音都存在相似性,因此我们可以把汉语 C-j 组看成日语辅音的相似音素。而汉语 C-z 组和 C-zh 组辅音的声学特征和日语辅音的差异较大,因此汉语 C-z 组和 C-zh 组辅音对日语来说是陌生音素。在感知层面汉语三组辅音均与日语辅音存在相似性。其中,汉语 C-z 组和 C-j 组辅音分别与日语 J-z 组和 J-j 组辅音高度相似,因此我们也可以把汉语 C-z 组、C-j 组辅音分别看成日语 J-z 组和 J-j 组的相同音素,而把汉语 C-zh 组当作日语 J-j 组的相似音素。以声学相似度为基础,用 SLM 理论预测的结果为,汉语 C-z 组、C-zh 组的习得情况好于汉语 C-j 组。以感知相似度预测的结果为,汉语 C-z、C-j 组的习得好于 C-zh 组辅音。

以上我们以汉日两种语言辅音的语音相似度为基础,运用 SLM、PAM 两种理论对日本学习者对汉语 L2 辅音的产出和感知情况进行了预测,接下来我们分别考察学习者对这些 L2 辅音的感知和产出情况。

[①] Bohn, Ockc-Schwen, & James E. Flege (1992). The production of new and similar vowels by adult German learners of English. *Studies in Second Language Acquisition*, 14, 131-158.

[②] Guion, Susan G., James E. Flege, Reiko Akahane-Yamada, & Jesica C. Pruitt (2000). An investigation of current models of second language speech perception: The case of Japanese adults' perception of English consonants. *Journal of the Acoustical Society of America*, 107, 2711-2724.

四 日本学习者汉语塞擦音、擦音的产出研究

（一）实验介绍

发音人：包括母语为日语的发音人 8 位（4 男 4 女）和母语为汉语的发音人 8 位（4 男 4 女），共计 16 位发音人。这些发音人同时也都参加了声学相似度实验的发音。

发音语料：同第二部分中的汉语发音语料。

（二）实验结果

1. 频谱峰的比较。

首先对 CFS 和 JFS 的频谱峰值进行了两因素（3×2）重复测量方差分析，自变量为发音部位和母语背景。结果表明，发音部位的差异显著，$F(2, 236)=131.486$，$p=0.000$。母语背景的差异显著，$F(1, 118)=9.222$，$p=0.003$。母语背景和发音部位的交互作用显著，$F(2, 236)=43.286$，$p=0.000$。对交互作用的简单效应分析显示，JFS 不同发音部位的差异显著，$F(2, 177)=13.029$，$p=0.000$，多重比较发现，C-z 组和 C-j 组之间的差异不显著（$p=0.887$），另外两组间的差异显著（$p=0.000$）。母语背景在发音部位上的简单效应分析发现，C-z 组的差异显著，$F(1, 118)=41.967$，$p=0.000$；C-zh 组的差异显著，$F(1, 118)=18.407$，$p=0.000$；C-j 组的差异显著，$F(1, 118)=14.67$，$p=0.000$。

对 CMS 和 JMS 频谱峰值的两因素（3×2）重复测量方差分析结果表明，不同发音部位的差异显著，$F(2, 236)=216.877$，$p=0.000$。母语背景的差异显著，$F(1, 118)=18.802$，$p=0.000$。母语背景和发音部位的交互作用显著，$F(2, 236)=33.345$，$p=0.000$。对交互作用的简单效应分析显示，JMS 发音部位的差异

显著，$F(2, 177)=55.406$，$p=0.000$，多重比较发现，不同发音部位两两之间的差异均显著（$p < 0.05$）。母语背景在发音部位上的简单效应分析发现，C-z 组的差异显著，$F(1, 118)=64.317$，$p=0.000$；C-zh 组的差异显著，$F(1, 118)=6.048$，$p=0.015$；C-j 组的差异显著，$F(1, 118)=4.609$，$p=0.034$。

综合男女被试的方差分析结果可以看出，发音部位的不同对 C-z、C-zh、C-j 三组辅音频谱峰值会产生影响。汉语母语者和日本学习者所发的三组辅音的频谱峰值不同。汉语母语者的频谱峰值根据辅音发音部位的不同而不同，C-z、C-zh、C-j 三组辅音频谱峰值互相区别。而女性日本学习者 C-z 组和 C-j 组的频谱峰值不能很好地区分，男性学习者这三组辅音的频谱峰值则有所区别。母语背景对各组辅音频谱峰值的影响的对比也显示，虽然日本学习者大部分情况下三组辅音的频谱峰值不同，但是他们和相应的母语者的频谱峰值相比均存在差异。这也说明日本学习者 C-z、C-zh、C-j 的发音虽然从发音范畴上来说可以相互区别，但是和汉语母语者的发音范畴还存在显著的不同。

图 8 是汉语母语者和日本学习者三组辅音发音的频谱峰值，左边是女发音人的数据图，右边是男发音人的数据图。从图中可以看出，根据三组辅音发音部位的不同，汉语母语者三组辅音的频谱峰值存在较明显的不同，C-zh 组的频谱峰值最低，其次是 C-j 组，C-z 组的频谱峰值最高，而且任意两组之间的差距都比较大。日本学习者尤其是 JMS 的频谱峰值也大体表现出 C-zh 组最低，C-z 组最高，C-j 组居中的倾向，但是 C-z 组和 C-j 组的差距不大。JFS 的 C-z 组和 C-j 组的频谱峰值则基本相同。对比学习者和母语者的数据，学习者 C-z 组和 C-j 组的频谱峰值均比相应的母语

者的偏低，而学习者 C-zh 组的频谱峰值却高于母语者。

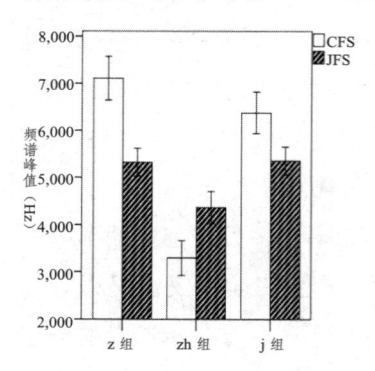

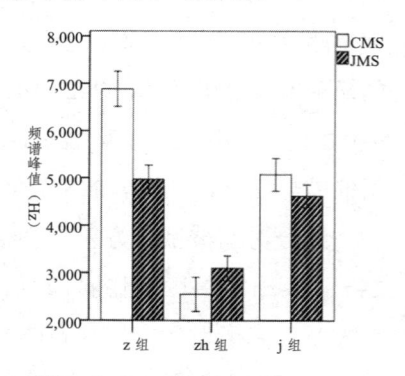

图 8　母语者和学习者汉语辅音频谱峰值对比

学习者的发音中，男发音人三组辅音的频谱峰值有所不同，说明日本男性学习者在其汉语的发音中已经有意识地区分三组辅音的发音部位，但是女发音人 C-z 组和 C-j 组的频谱峰值比较接近，这和日语中两组辅音的频谱峰的模式相似。我们又对日本学习者发的汉语 C-z 组和 C-j 组辅音的频谱峰值分别与日语 J-z 组和 J-j 组的频谱峰值进行了一元方差分析，结果表明，汉语 C-z 组与日语 J-z 组女发音人差异显著，$F(1, 108)=4.897$，$p=0.029$；男发音人差异显著，$F(1, 118)=5.987$，$p=0.016$。汉语 C-j 组与日语 J-j 组女发音人差异不显著，$F(1, 78)=0.939$，$p=0.335$；男发音人差异显著，$F(1, 82)=22.451$，$p=0.000$。统计结果说明，大部分学习者的汉语发音和其母语的发音有所区别，但是仍然有些学习者倾向于完全用母语的发音去代替汉语 C-j 组的发音。

从统计结果我们也看到，学习者三组辅音发音均与母语者存在明显的差异，学习者 C-z 组和 C-j 组的频谱峰值均明显小于汉语母语者，说明学习者在发这两组音时的声道收紧点比母语者靠

第二节　跨语言语音相似度与日本学习者辅音感知和产出研究

后。学习者 C-zh 组的频谱峰值大于母语者，说明学习者在发这组音时的声道收紧点比母语者靠前。这些结果进一步说明学习者虽然已经能够在其发音中有意识地区分汉语发音部位不同的三组辅音，但是其发音的偏误还比较大，发音部位与汉语母语者有所不同。跟母语者相比，学习者这三组辅音的发音部位都比较接近，尤其是 C-z 组和 C-j 组的发音部位有的时候还不能加以区别。

2. 元音起始点 F2 比较。

首先对 CFS 和 JFS 的元音起始点 F2 值进行了两因素（3×2）重复测量方差分析，自变量为发音部位和母语背景。结果表明，发音部位的差异显著，$F(2, 236)=394.721$，$p=0.000$。母语背景的差异不显著，$F(1, 118)=0.195$，$p=0.660$。母语背景和发音部位的交互作用显著，$F(2, 236)=21.67$，$p=0.000$。对交互作用的简单效应分析显示，JFS 不同发音部位的差异显著，$F(2, 177)=72.985$，$p=0.000$，多重比较发现，任意两组间的差异均显著（$p=0.000$）。

对 CMS 和 JMS 的 F2 值的两因素（3×2）重复测量方差分析结果表明，不同发音部位的差异显著，$F(2, 236)=402.770$，$p=0.000$。母语背景的差异不显著，$F(1, 118)=1.104$，$p=0.295$。母语背景和发音部位的交互作用显著，$F(2, 236)=36.043$，$p=0.000$。对交互作用的简单效应分析显示，JMS 发音部位的差异显著，$F(2, 177)=91.547$，$p=0.000$，多重比较发现，不同发音部位两两之间的差异也均显著（$p=0.000$）。

对汉语和日语母语者的统计分析结果说明，C-j、C-z、C-zh 三组辅音后元音起始点 F2 值不同，而且汉语母语者和日本学习者所发的三组辅音后元音起始点的 F2 值也存在差异。上文的分析表明，由于汉语母语者 C-j 组发音时舌面隆起与上腭之间形成一个狭长的通道，这个通道导致其后共鸣腔变短，因此出现了 C-j 组的后接元音 F2 值明显高于 C-z 组和 C-zh 组的情况。这也表明，元音起始点 F2 值主要反映发音时舌头的姿势，即是否存在"腭化"。由此我们可以推测，如果学习者发音时和母语者一样舌面抬高，存在"腭化"现象，那么他们 C-j 组的元音 F2 值就会明显高于 C-z 组和 C-zh 组，反之则说明学习者发 C-j 组的辅音时舌面没有抬起，没有"腭化"现象。图 9 是汉语母语者和日本学习者三组辅音后元音起始点的 F2 值对比，左边的是女发音人的数据图，右边是男发音人的数据图。从图中可以看出，不论是汉语母语者还是日本学习者，所发的汉语三组辅音后元音的 F2 值均存在差异，C-j 组的 F2 都明显高于 C-z 组和 C-zh 组。这些结果说明，日本学习者发 C-j 组辅音时，舌头的姿势和汉语母语者类似，均出现了"腭化"现象。

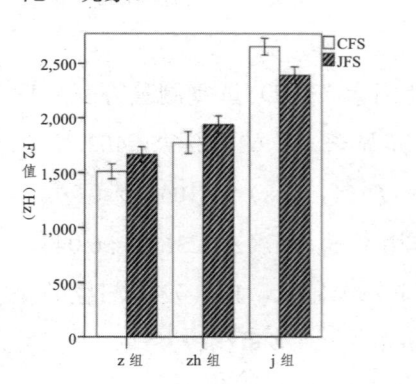

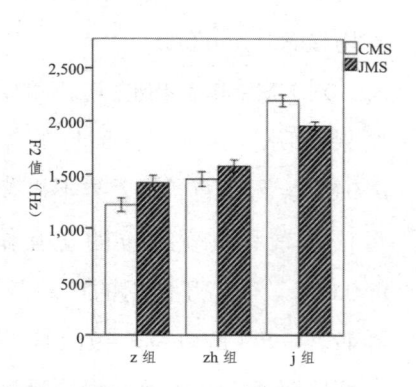

图 9　母语者和学习者汉语辅音后接元音起始点 F2 值对比

统计结果还表明，母语者和学习者两组发音人的 C-z 组和 C-zh 组后的元音起始点 F2 值也存在差异。这和对频谱峰值的考察结果类似。频谱峰值主要和发音时前共鸣腔相关，而元音起始点 F2 则和后共鸣腔相关。C-z 组和 C-zh 组的 F2 不同，表明两组发音人 C-z 组和 C-zh 组发音时声道收紧点的位置有所不同。C-z 组的后腔大，收紧点位置靠前，C-zh 组的后腔小，收紧点位置靠后。从这一结果我们也可以看出，学习者在自己的发音系统中能够对 C-z 组和 C-zh 组的发音加以区别。

综合频谱峰值和元音 F2 的结果我们可以看出，日本学习者在其中介语发音系统中已经初步建立了汉语三组辅音的发音范畴，但其三组辅音的发音均和汉语母语者存在差异。日本学习者 C-z 组的声道收紧点比母语者靠后，类似于日语 J-z 组的发音。日本学习者 C-zh 组的收紧点比母语者靠前，学习者 C-j 组发音时的舌头姿势和母语者类似，均有"腭化"出现，但是其收紧点比母语者略靠后。对于汉语 C-z 组和 C-j 组辅音的区别，日本学习者采用了类似于自己母语中 J-z 组和 J-j 组的区别方式，主要依靠发音时舌头是否有"腭化"来加以区分，在收紧点位置上的区分不明显。

五 日本学习者汉语塞擦音、擦音的感知研究

（一）感知实验介绍

1. 实验过程。

本实验包含两个相对独立的感知实验，即分辨实验和区分实验。

分辨实验的感知项目同声学分析中的发音语料，每个项目重复两遍，所以一共有 90 个感知项目。实验时每个感知项目给出

三个候选项，要求被试听完之后对该音节的声母进行强迫性选择。每个项目的备选项均为与该辅音发音方法相同、发音部位不同的三个辅音。如 za 的备选项为：za，zha，jia。实验时插入若干干扰项，所有项目均随机排列。

　　区分实验中的感知项目只包括塞擦音和擦音后接韵腹为 a、i、u 三类不同元音的单音节，本实验采用范畴区分的方法，将发音部位不同的两个辅音编为一对刺激对，共有 27 个刺激对。每个刺激对包含两种排列方式 AB、BA。实验时在刺激对之后被试会听到第三个刺激，要求被试判断第三个刺激和第一个相同还是和第二个相同。第三个刺激分别重复第一刺激和第二个刺激各一次，即每个刺激对会出现四种判断的机会：ABA、ABB、BAA、BAB，这样一共有 108 个用于区分的项目。为了在更广泛的意义上考察第二语言学习者对非母语语音范畴的区分能力，本实验在刺激播放时采用了 3 个不同发音人的录音，也就是说在一个感知项目中，被试听到的 3 个刺激分别来自 3 个发音人。全部感知材料均随机排列。

　　每个项目播放之前有铃声提示，一个项目播放结束之后有 3 秒的时间供被试进行选择。其中区分实验中每两个刺激之间相隔 1 秒播出。被试在语音实验室完成测试。正式开始之前，被试先完成 5 个测试项目以熟悉实验，这 5 个测试项目的结果不计入最后的统计。

　　2. 被试。

　　本研究的被试是 15 位母语为日语的汉语学习者（5 男 10 女），均为北京大学对外汉语教育学院日本留学生，平均年龄 21 岁，学习汉语时间平均为 1 年，在中国居住时间平均为 4 个月。他们中有 10 位被试同时也是本研究声学实验的发音人。

（二）感知实验结果

对分辨正确率进行多因素方差分析，结果表明，发音部位的差异显著，$F(2, 30)=8.850$，$p=0.001$；主要元音差异显著，$F(4, 30)=13.543$，$p=0.000$；发音部位和主要元音的交互作用显著，$F(8, 30)=2.770$，$p=0.020$。对不同部位的多重比较发现，C-zh 组与 C-j 组间的差异不显著（$p=1.00$），其他组间的差异显著（$p=0.001$）。对主要元音的多重比较发现，u 与 a、e、i、o，o 与 i、a 的差异显著（$p<0.05$），其他组间差异不显著（$p>0.05$）。

日本学习者对汉语三组辅音的分辨正确率均在 89% 以上（z 组 97.23%，zh 组 89.25%，j 组 89.25%），说明学习者已经能够比较好地区分汉语的这三组辅音。对比不同发音部位的分辨结果可以看出，C-z 组的正确率明显高于 C-zh 组和 C-j 组。考察不同偏误类型后发现，C-zh 组的偏误主要是误听为 C-j 组，而 C-j 组的主要偏误则是误听为 C-zh 组。主要元音对分辨正确率的影响显著，当主要元音为 e [ɛ、ɤ]、o [o] 时，分辨正确率较高，均在 95% 以上（元音为 e 时 96.3%，元音为 o 时 99.69%）。当主要元音为 a [a]、i [i、ɿ、ʅ]、u [u、y] 时分辨正确率较低（元音为 a 时 91.34%，元音为 i 时 91.98%，元音为 u 时 80.24%），尤其是主要元音为 u 时分辨正确率最低。

对区分正确率进行了多因素方差分析，统计结果表明，发音部位的差异显著，$F(2, 99)=6.311$，$p=0.003$。多重比较发现，zh-j 组与 z-zh 组，zh-j 组与 z-j 组的差异显著（$p<0.05$），z-j 组与 z-zh 组的差异不显著（$p>0.05$）。后接元音的差异显著，$F(2, 99)=6.652$，$p=0.002$，多重比较发现，i 与 a，i 与 u 的差异显著（$p < 0.05$），a 与 u 的差异不显著（$p > 0.05$）。发音部位和后接元音的交互作用显著，$F(4, 99)=2.592$，$p=0.041$。统计结果说明，感知刺激项目不同对区分正确率存在影响，z-j 组与 z-zh 组的区分正确率与 zh-j 组存在差异。后接元音的不同也会影响区分的正确率，后接元音为 i 时与后接元音为 a、u 时的区分正确率也存在差异。

学习者对汉语三组辅音区分的正确率为：z-j 组 90.93%，z-zh 组 86.11%，zh-j 组 79.07%。总体来看，学习者对汉语 z-j 组与 z-zh 组的区分正确率明显高于 zh-j 组。后接元音对区分正确率的影响主要表现在，学习者对后接元音为 i 的刺激对区分正确率最高（91.67%），对元音为 a 的刺激对的区分正确率最低（79.44%），元音为 u 时的正确率为 85%。

分辨实验和区分实验的结果均表明，学习者在感知汉语三组辅音时，对 C-z 组的感知正确率高于 C-zh 组和 C-j 组。而在区分这三组辅音时，对 z-j 组的区分最好，z-zh 次之，对 zh-j 组的区分最差。两个实验结果还存在一些不同之处，一是分辨的正确率普遍高于区分的正确率。因为在区分实验设计中我们采用了三个发音人的录音，目的是想考察被试感知范畴的建立是否稳定。完成这一实验任务要求被试能够从不同发音人的声音中捕捉相同的特征，这在一定程度上增加了感知的难度。因此出现了区分正确率比分辨正确率偏低的现象。分辨实验和区分实验的第二个不同之处是主要元音对感知正确率的影响。分辨实验中主要元音为 u 时正确率最低，而区分实验中则是元音为 a 时正确率最低。这是因为汉语 /y/ 对日本学习者来说是一个陌生的音素，初级阶段的学习者对陌生音素的产出和感知存在一些困难。王韫佳对日本学习者感知汉语高元音的研究发现，学习者在感知普通话高元音时 /y/ 的错误率最高。[1] 本研究中元音 u 包含 /u/、/y/ 两个音位，因此我们认为是由于学习者对陌生音素 /y/ 的感知困难造成了分辨结果中日本学习者在元音为 u 时对汉语三组塞擦音、擦音分辨的正确率最低的结果。在区分实验中，元音 u 的正确率高于元音 a，这一结果我们暂时还不能从理论上给出合理的解释。但是考虑到在此实验中我们采用了三位发音人的录音作为感知刺激，我们猜测可能是发音人的语音差异导致了这一结果。Lively、Logan 和 Pisoni 也发现知觉区分正确率受到发音人的影响。[2]

六 结论和讨论

　　汉语的塞擦音和擦音在发音部位上存在三组对立，而日语则只有两组对立。汉语的三组辅音需要通过声道收紧点（发音部位）和舌头姿势两个方面来加以区分，而日语的两组辅音只需要通过舌头姿势来区分。对日本学习者汉语发音的声学分析显示，学习者在其中介语发音系统中已经能够从发音部位上区别汉语三组辅音，但这三组辅音的发音均和汉语母语者存在差异。学习者 C-j 组辅音的发音可以表现出"腭化"的特征，但是从声道收紧点即发音部位来看，学习者的发音偏误较大。学习者 C-z 组和 C-j 组

---

　　[1] 王韫佳《韩国、日本学生感知汉语普通话高元音的初步考察》，《语言教学与研究》2001 年第 6 期。
　　[2] Lively, Scott E., John S. Logan, & David B. Pisoni (1993). Training Japanese listeners to identify English /r/ and /l/ Ⅱ: The role of phonetic environment and talker variability in learning new perceptual categories. *Journal of the Acoustical Society of America*, 94, 1242-1255.

的声道收紧点接近，均比母语者的靠后，C–zh 组的收紧点比母语者靠前。对于汉语 C–z 组和 C–j 组辅音的区别，日本学习者采用了类似于自己母语中 J–z 组和 J–j 组的区别方式，主要依靠发音时舌头是否有"腭化"来加以区分，在收紧点位置上的区分不明显。

对日本学习者汉语三组辅音产出情况的研究结论与 SLM 基于两种语言声学相似度的预测不完全一致。从声学相似度看，汉语 C–j 组对学习者来说是相似音素，而且汉语 C–j 组与日语 J–j 组高度相似，因此学习者在发音时往往会用自己母语的发音来代替。汉语 C–z 组和 C–zh 组是陌生音素。对于陌生音素，由于学习者在自己的母语中找不到对应物，应该能够建立起新的 L2 的范畴。对日本学习者汉语语音产出的考察表明，学习者 C–j 组的实际表现和预测一致，基本用母语的发音来代替。学习者 C–zh 组的表现也和预测基本一致，学习者初步建立起了汉语 C–zh 组的新语音范畴。但是汉语 C–z 组的表现则和预测不一致，学习者的发音范畴并没有建立，而是直接运用母语中 J–j 组的发音来代替。

日本学习者汉语三组辅音产出结果与 SLM 基于两种语言感知相似度的预测也不完全一致。从感知层面看，汉语 C–z、C–j 组是相同音素，汉语 C–zh 组是相似音素。根据 SLM 理论，因为汉语 C–zh 组和日语 J–j 组相似，学习者在发音时会用日语 J–j 组的发音代替汉语 C–zh 组的发音。但是实际的发音结果没有支持这一预测。汉语 C–z、C–j 组的实际表现和基于感知相似度的预测结果一致，学习者倾向于用母语中相应的 J–z 组和 J–j 组的发音代替 C–z、C–j 组。

王韫佳和邓丹指出，音系对比在跨语言语音相似度的确定中发挥着重要的作用，尤其是当从声学分析和主观感知两方面对语音相似度的分析得到的结论不一致时，需要借助音系对比来进行最终确定。① 本研究再次证明了音系对比在确定语音相似度中的作用。从音系上看，汉语 C-z、C-j、C-zh 在发音部位上存在三组对立，而日语则只有 J-z 和 J-j 两组对立。日语 J-j 和汉语 C-j 发音时在声道收紧点和舌头姿势两方面都相似。日语 J-z 虽然与汉语 C-z、C-zh 两组发音在声道收紧点位置上差异都较大，但是它的音标转写采用了和汉语 C-z 组一样的字母符号，因此学习者在音系归类时倾向于把日语 J-z 归入汉语 C-z 中。这样音系归类的最终结果是汉语 C-z、C-j 组分别作为日语 J-z、J-j 组的相似音素，汉语 C-zh 组被看作陌生音素。这一结果能很好地解释为什么日本学习者在汉语 C-z 组和 C-j 组发音时，采用了类似于自己母语中 J-z 组和 J-j 组的发音方式，二者只在舌头是否有"腭化"方面有所区别，在收紧点位置上的区别不明显。

学习者对汉语 C-zh 组辅音的产出表明，学习者掌握了 C-zh 组与其他两组辅音的区别主要表现在收紧点靠后这一特征上，因此学习者的发音表现出 C-zh 组辅音和 C-z、C-j 组在收紧点位置上有显著区别。但是对比母语者的发音，我们看到学习者的发音仍然与母语者存在较大偏差，收紧点位置比母语者偏前。因为本研究没有探讨语音经验对 L2 感知和产出的影响，因此对于学习者汉语 C-zh 组发音与母语者仍存在差异这一现象，我们推测可能是由于语音经验不够造成的。本研究的学习者在目的语国家居住时间较短，其发音还处于发展当中，没有完全范畴化。而 SLM 所认为的陌生音素可以完美地产出的前提是对长期学习者来说的。另一个可能的原因是，经过一段时间的学习，学习者建立起

---

① 王韫佳、邓丹《日本学习者对汉语普通话"相似元音"和"陌生元音"的习得》，《世界汉语教学》2009 年第 2 期。

了 L2 的语音范畴，但是这个新的语音范畴并不能和母语者完全匹配，而是 L1 与 L2 相互妥协的结果，即学习者建立的新的发音范畴可能既不同于母语也不同于目的语，而是介于二者之间的一种发音，也可以看作是一种带有"口音"的 L2 发音。

对汉语三组辅音发音的研究也表明，通过一段时间的学习，学习者在其中介语系统中同样可以从收紧点位置和舌头姿势两个方面区分汉语的三组辅音，建立起三个独立的音位范畴。但是学习者的音位范畴却和母语者不完全相同，学习者和母语者的相似之处是通过舌头姿势可以区分两类辅音，但是母语者在收紧点位置上存在 C-z 组、C-j 组、C-zh 组的三重对立，而学习者却只能区分出 C-z、C-j 组与 C-zh 组的两重对立。

对日本学习者感知情况的分析显示，日本学习者已在其感知系统中初步建立了汉语三组辅音的感知范畴。但是不同类别之间仍然存在一些差异。学习者对 C-z 组的感知正确率高于 C-zh 组和 C-j 组。而在区分这三组辅音时，对 z-j 组的区分最好，z-zh 次之，对 zh-j 组的区分最差。日本学习者汉语三组辅音的感知结果和基于感知相似度预测的结果大体一致。从感知层面看，汉语 C-z 组、C-j 组分别是日语 J-z 组、J-j 组的相同音素，汉语 C-zh 组与日语 J-j 是相似音素。SLM 理论预测的结果是，学习者在感知中基本能够分辨这三组辅音的不同，学习者对 C-z 组和 C-j 组的分辨情况要好于 C-zh 组。PAM 理论预测的结果是，学习者对 z-j 组、z-zh 的区分情况好于 zh-j 组。从对学习者感知研究的实际结果中我们看到，分辨实验中学习者对 C-j 组辅音的分辨正确率没有像 C-z 组那么高，而是和 C-zh 组相当。这一点和预测的结果略有不符。这是因为虽然汉语 C-z 组和 C-j 组一样都是被全部感知到日语的 J-z 组和 J-j 组中，但是二者与日语两组辅音的感知模式为，汉语 C-z 组和日语的 J-z 范畴是一对一的感知模式，汉语 C-j、C-zh 组和日语 J-j 范畴则是二对一的感知模式。这也出现了虽然在相似度感知时汉语 C-j 组完全归入日语 J-j 组，汉语 C-z 组完全归入日语 J-z 组，但是由于二对一的感知模式导致汉语 C-j 组的分辨正确率受到 C-zh 组的影响，其实际表现没有一对一模式主导下的汉语 C-z 组的分辨正确率高。汉语 C-j 组与 C-zh 组虽然被同时感知到学习者母语的同一个范畴之中，但由于它们在相似度上存在差异，因此学习者在感知上仍然能够有一定的区分。由此看来，L2 学习者对 L2 音段的感知主要受到两种语言间音段的感知相似度的影响，同时对 L2 音段的感知模式也会对 L2 语音的感知产生一定的影响。

第三节　日本学习者对汉语普通话"相似元音"和"陌生元音"的习得 [①]

一　引言

（一）母语和普遍语法对 L2 语音习得的影响

对比分析假设（Contrastive Analysis Hypothesis，下文简称为 CAH）在第二语言（以下简称为 L2）习得研究领域曾经占有重

[①] 本节摘自王韫佳、邓丹《日本学习者对汉语普通话"相似元音"和"陌生元音"的习得》，原载《世界汉语教学》2009 年第 2 期。

要的地位。传统的 CAH 认为，两种语言结构特征的相似导致正迁移，正迁移对于 L2 的学习是有帮助的；两种语言的差异导致负迁移，负迁移造成 L2 习得的困难和学习者的偏误。

从 20 世纪 60 年末开始，传统的 CAH 遭到了质疑和批评。但是，这并不意味着这一理论已经被人们彻底抛弃，相反，它在批评之中得到了新的发展，其中一个重要的发展就是，对于正、负迁移出现的条件，人们有了新的认识——L1 和 L2 之间的相似性也会导致负迁移，而 L1 和 L2 之间的相异性未必会导致负迁移。[1] 在 L2 语音习得研究领域，Flege 对相似性和相异性的作用进行过长时间的实证研究，[2] 他把 L2 中的音素分为"相同音素（identical phone）""相似音素（similar phone）"和"陌生音素（new phone）"三类。相同音素是指在 L1 中能够找到声学特征完全相同的对应物的 L2 音素。相似音素是指在 L1 中存在容易识别的对应物的 L2 音素，但 L2 音素与其 L1 对应物在声学上有着一定的差异。陌生音素是指在 L1 中很难找到对应物，并且与 L1 中所有音素的声学差别都较大的 L2 音素。显然，相同音

---

[1] Ellis, R. (1999). *The Study of Second Language Acquisition*（第二语言习得研究），上海外语教育出版社。

[2] Flege, J. E. (1987). The production of "new" and "similar" phones in a foreign language: Evidence for the effect of equivalence classification. *Journal of Phonetics*, 15, 47-65; Bohn, O. S., & Flege, J. E. (1990). Interlingual identification and the role of foreign language experience in L2 vowel perception. *Applied Psycholinguistics*, 11, 303-328; Bohn. O. S., & Flege, J. E. (1992). The production of new and similar vowels by adult German learners of English. *Studies in Second Language Acquisition*, 14, 131-158; Flege, J. E. (1993). Production and perception of a novel second-language phonetic contrast. *Journal of the Acoustical Society of America*, 93(3), 1589-1608.

素是最容易习得的，因为只需用 L1 中的对应音素来替代 L2 中的音素就可以了。因此，问题的焦点就在于相似音素和陌生音素孰难孰易。例如，Flege 发现，母语为英语的学习者在经历一定时间的学习之后能发出地道的法语元音 ü [y]，但他们所发的法语 u [u] 却仍然保留着英语 u 的特征，Flege 认为，这是因为法语中的后、高、圆唇元音 u 对于母语为英语的法语学习者来说是相似音素，而 ü 则是陌生音素。① 在这些实验研究的基础上，Flege 提出了"陌生音素比相似音素更容易习得"的假说。Flege 认为，这种现象是由等值归类（equivalence classification）的认知机制导致的，在这种认知机制的作用下，学习者会把在 L1 中存在相似对应物的 L2 中的某个音素等价于 L1 中的对应物，因此在整个学习过程中这个相似音素始终带有 L1 的口音；学习者无法把 L2 中的陌生音素对应到 L1 中的任何音素，因此最终反而能够发出与母语者相同的音质。尽管 Flege 本人是拒绝接受 CAH 的，但是，他的理论与 CAH 仍然有着共同之处，即，重视 L1 对 L2 语音习得的作用，在相当多的情况下，对 L2 习得情况的预测仍然建立在对 L1 和 L2 进行对比分析的基础上；而关于相似性与相异性对 L2 习得的影响，他的基本看法与新的 CAH 是接近的。在 L2 语音习得领域，Flege 的语音学习模型（Speech Learning Model，下文简称 SLM）具有比较大的学术影响，以上关于 L1 对和 L2 语音习得影响的假设，正是 SLM 重要内容。在跨语言语音感知研究领域，Best 的 Perceptual Assimilation Model

---

① Flege, J. E. (1987). The production of "new" and "similar" phones in a foreign language: Evidence for the effect of equivalence classification. *Journal of Phonetics*, 15, 47–65.

（PAM）[1]是与 SLM 齐名的另一个重要理论模型，关于 L1 和 L2 语音的相似性和相异性在建立 L2 语音范畴中的作用，PAM 与 SLM 有着相似的看法。

20 世纪 60 年代，Chomsky 提出了"普遍语法"的理论，这一理论在语言习得（包括 L1 习得和 L2 习得）研究领域产生了很大的影响，其中与语言习得最为相关的是语言中不同成分的"标记"（markedness）问题。语言中的标记现象是指一个范畴内部存在的某种不对称现象。[2] 标记理论认为，任何语言成分要么是"有标记的"，要么是"无标记的"，无标记的成分比有标记的成分更为基本，在所有语言中的普遍性也更强。一种得到许多研究者支持的假说是，有标记成分比无标记成分的习得难度大，标记性强的成分比标记性弱的成分习得难度大。[3] 在 L2 习得研究领域，一些实验研究的结果印证了这种假说。例如，Eckman 在研究 L2 学习者学习英语的复辅音时发现，汉语粤方言母语者、日语母语者和韩语母语者习得 3 个音素组成的复辅音的困难比习得 2 个音素组成的复辅音的困难大，Eckman 认为，这是因为 3 个音素组成的复辅音比 2 个音素组成的复辅音标记

---

[1] Best, C. T., & Tyler, M. D. (2007). Nonnative and second-language speech perception: Commonalities and complementarities. In Bohn, O., & Munro, M. J. (Eds), *Language Experience in Second Language Speech Learning*. John Benjamins Publishing Company, Amsterdam/Philadelphia, 3-13.

[2] 沈家煊《不对称与标记论》，江西教育出版社，1999 年。

[3] Ellis, R. (1999). *The Study of Second Language Acquisition*（第二语言习得研究），上海外语教育出版社；Ellis, R. (1999). *Understanding Second Language Acquisition*（第二语言习得概论），上海外语教育出版社。

第三节 日本学习者对汉语普通话"相似元音"和"陌生元音"的习得

性强。① 又如，Major 和 Faudree 的实验结果表明，对于母语为朝鲜语的学习者来说，英语中位于词首和词中位置的浊塞音比词尾的浊塞音容易习得，是因为词尾浊塞音的标记性比词首和词中的要强。②

如果分别从 L1 作用的角度或标记性的角度来预测 L2 的习得，预测结果有时会产生分歧。比如，关于英语学习者学习法语的元音 u 和 ü，如果用标记性理论来预测，由于 ü 的标记性比 u 强，因此学习者应该先习得 u 后习得 ü；如果用 Flege 的 SLM 来预测的话，结果应该恰好相反，而 Flege 本人的实验结果是支持他的假说的。由于这种复杂情况的出现，母语迁移因素和普遍语法因素在 L2 语音习得中的交互作用近年来成为 SLA 研究中的热门话题之一。③

（二）关于日本学习者对汉语普通话单元音习得的研究

汉语普通话中一共有 6 个可以做单韵母的舌面元音：ɑ[a]、o[o]④、e[ɣ]、i[i]、u[u]、ü[y]。日语中只有 5 个单

---

① Eckman, F. R. (1991). The structural conformity hypothesis and the acquisition of consonant clusters in the interlanguage of ESL learners. *Studies in Second Language Acquisition*, 13, 23-41.

② Major, R. C., & Faudree, M. C. (1996). Markedness universals and the acquisition of voicing contrasts by Korean speakers of English. *Studies in Second Language Acquisition*, 18, 69-90; Okada, H.(1999). Japanese. In *Handbook of the International Phonetic Association*. Cambridge University Press, 117-119.

③ 王韫佳《第二语言语音习得研究的基本方法和思路》，《汉语学习》2003 年第 2 期。

④ 关于普通话中是否存在单韵母 o 的问题，学术界存在不同看法，例如，赵元任在《中国话的文法》中就没有立单韵母 o。《汉语拼音方案》把韵母 o 和 uo 分列，并且把 o 列入单韵母一类，由于《方案》本身在普通话教学中的普遍运用，这种把 o 当作单韵母的做法在普通话教学领域产生了广泛的影响，这里讨论的是普通话语音的学习问题，因此暂且跟从《方案》把 o 看成单韵母；不过，关于这个韵母的音值和音韵地位，我们还有讨论。

元音，分别为ア［a］、イ［i］、ウ［ü］、エ［E］、オ［o］。关于日本学习者在学习汉语单元音时存在的问题，一些研究者从不同的角度进行了考察，他们的观点可以归纳为两点。首先，"陌生音素"（这些研究者并未使用Flege的理论和术语，这里的"陌生音素"和"相似音素"是本节作者的概括）是学习的难点。朱川、郭春贵、王彦承、杜君燕都认为，由于日语中没有e［ɤ］和ü［y］，所以这两个音对日本学习者来说最难掌握。[①] 其次，"相似音素"是难点。例如，李培元和杜君燕认为，普通话元音中的a、o、i、u分别近似于日语的元音ア、オ、イ、ウ，但普通话中的这四个音素的音质与日语中的对应物并不完全相同，日本学习者容易用母语的发音来代替汉语普通话的发音。[②] 何平、朱川认为，汉语普通话中的a和o比日语的ア和オ开口度大，学习者往往用日语中相似对应物代替汉语普通话的发音。[③] 但是，到底是陌生音素更难习得，还是相似因素更难习得，这些文献均未进行研究。

以上观点都是在研究日本学习者的发音中得到的。王韫佳从感知的角度考察了韩国、日本学习者学习汉语普通话高元音音素的情况，这个研究的结果表明，日本学习者对于普通话单元音i

---

① 朱川《汉日语音对比实验研究》，《语言教学与研究》1981年第1期；郭春贵《论对初级阶段日本学生的汉语教学》，《世界汉语教学》1987年第1期；王彦承《汉日语音对比与对日汉语语音教学》，《汉语学习》1990年第6期；杜君燕《对日本学生进行汉语语音教学的几个问题》，载《第四届国际汉语教学讨论会论文选》，北京语言学院出版社，1995年。

② 李培元《汉语语音教学的重点》，《世界汉语教学》1987年第3期；杜君燕《对日本学生进行汉语语音教学的几个问题》，载《第四届国际汉语教学讨论会论文选》，北京语言学院出版社，1995年。

③ 何平《谈对日本学生的初级阶段汉语语音教学》，《世界汉语教学》1997年第3期；朱川《外国学生汉语语音学习对策》，语文出版社，1997年。

第三节　日本学习者对汉语普通话"相似元音"和"陌生元音"的习得

和 ü 的区分、u 和 ü 的区分均有一定的困难。① 陈淑梅等考察过中国人对日语发音的认同感，该研究运用日语的假名来标记汉语音节的读音，并让日语单语者来发这些音，然后由中国人对他们的发音进行听辨，看他们的发音在多大程度上能被判断为汉语普通话的发音，结果发现，普通话母语者对日语 5 个单元音的认同率高低的次序为：イ（i，95%）＞ア（a，75%）＞ウ（ɯ̈，35%）＞オ（o，25%）＞エ（不像任何汉语元音，0），这个实验在一定程度上说明了日语的单元音与普通话单元音的相似性。②

（三）问题的提出

本节拟对日本学习者习得汉语普通话舌面单元音 a[a]、o[o]、e[ɣ]、i[i]、u[u]、ü[y] 的顺序进行研究。前人的研究结果表明，日本学习者在学习这些元音音素时均有一定的困难，但引起困难的原因不同。本节拟解决的具体问题有：（1）根据 Flege 的 SLM，对于日本学习者来说，以上 6 个元音音素属于"相同音素""相似音素"和"陌生音素"的分别有哪些？（2）日本学习者习得这 6 个元音的顺序；（3）日本学习者的习得顺序与母语迁移和元音标记性的强弱关系。

本研究包括四个部分：（1）通过感知评估、声学分析和音系对比，确立相同音素、相似音素和陌生音素。（2）比较学习者和母语者发音的声学参数，初步确定各元音是否被成功习得。（3）对学习者的发音进行主观的准确度评判，目的有两个，其

---

① 王韫佳《韩国、日本学生感知汉语普通话高元音的初步考察》，《语言教学与研究》2001 年第 6 期。

② 陈淑梅等《汉语音节表的日语标记法研究》，第七届国际汉语教学讨论会论文，2002 年。

一是通过母语者对学习者发音的评价，确定某一具体项目是否被成功地习得；其二是以本研究的结果与第二项研究的结果相比较，以使有关结论更为可靠。（4）以第二、三项研究结果为依据，得到日本学习者对汉语普通话6个舌面单元音的习得顺序。

二 相同元音、相似元音和陌生元音的确立

对于相同、相似和陌生音素的区分，Flege早期的研究虽然是从音系分析的角度确定的，但他后来的研究多凭借感知评估[1]和声学分析[2]。Strange认为，L1和L2语音结构相似性的确定可以从三个方面考虑：发音相似性，声学相似性，直接的感知评估相似性。[3]其中发音相似性确定方法由于技术难度和研究成本较高，在目前的跨语言语音研究中尚未得到广泛运用。根据Flege对三类音素的定义，相同音素的确立相对来说是比较容易的，只要声学特征完全相同就可以确定了。但相似音素和陌生音素的确定就要复杂一些，因为所谓"存在容易识别的对应物"或者"难以找到相似对应物"都是从感知的角度（即学习者主观的角度）

---

[1] Bohn, O. S., & Flege, J. E. (1990). Interlingual identification and the role of foreign language experience in L2 vowel perception. *Applied Psycholinguistics*, 11, 303-328.

[2] Bohn. O. S., & Flege, J. E. (1992). The production of new and similar vowels by adult German learners of English. *Studies in Second Language Acquisition*, 14, 131-158.

[3] Strange, W. (2007). Cross-language phonetic similarity of vowels: Theoretical and methodological issues. In Bohn, O., & Munro, M. J. (Eds), *Language Experience in Second Language Speech Learning*. John Benjamins Publishing Company, Amsterdam/Philadelphia, 35-55.

第三节　日本学习者对汉语普通话"相似元音"和"陌生元音"的习得　103

进行定义的,而声学特征差别的大小,则是从语音的客观属性上进行定义的。但是,从逻辑上来说,L2 某个音素在主观上的"容易识别"并不意味着它与 L1 中的对应物在客观属性上就一定距离较近。一旦出现主、客观结果的矛盾,就需要借助音系对比来进行最终的确认。因此,本节拟使用知觉实验、声学分析和音系对比三结合的方式来对 L2 的元音进行分类。音系对比是对比分析法所采用的分析跨语言语音相似性的方法,在对比分析法被 L2 语音习得领域逐渐摒弃之后,这种方法也很少被人使用。但是,我们认为,音系对比在跨语言语音相似性的分析中仍然具有其不可替代的价值,由于篇幅所限,我们在本节中不拟从理论层面详细讨论这个问题,我们已有另文[①]对音系对比法的作用进行了评价。不过,本节的结果和分析为音系对比在 L2 音素分类中的重要性提供一个证据。

(一)感知评估(实验Ⅰ)

单凭感知实验是无法对 L2 的音素进行分类的,因为三类音素的确认都与声学特征相关,其中相同音素的确定主要是依据声学参数,因此,感知评估的结果只能说明学习者对 L2 音素与 L1 音素认同感的大小,本实验的目的在于通过这种认同感的大小对普通话的 6 个单元音进行相似音素和陌生音素的初步分类,其中的相似音素应该包含三分法中的相同音素。我们借鉴了 Guion *et al.* 和 Strange 通过 L2 学习者的感知来确定相似音素和陌生音素的

[①] 王韫佳《跨语言语音对比与 L2 语音习得——CAH、PAM 和 SLM 述评》,第八届中国语音学学术会议暨庆祝吴宗济先生百岁华诞语音科学前沿问题学术研讨会论文,2008 年。

部分方法。[①] 他们的方法有两个步骤：首先要求 L2 学习者在 L1 的音素中辨认 L2 音素的相似对应物，然后要求对每一个相似对应物的相似度进行李克特等级评估。由于本节确定相似音素和陌生音素的依据并不仅仅是感知数据，因此在感知评估中只借鉴了他们的第一步。实际上，Strange 本人也认为辨认相似对应物这个步骤的结果似乎更为可靠，而李克特等级评估的结果则是次要的。

1. 方法。

发音人一共 12 名，其中汉语普通话母语者 6 人，男女各 3 人，日语标准语母语者 6 人，男女各 3 人。这些发音人分别发自己母语中的 6 个舌面单元音和 5 个舌面单元音，每个元音念两遍。这样一共得到 6×6×2=72 个汉语发音样本和 6×5×2=60 个日语发音样本。

听音人为 13 名日语母语者，他们均能说标准日本语，都有学习汉语的经历，在中国生活的平均时间约为 1 年。将总共 132 个发音样本以随机的次序给听音人播放，听音人被告知所听样本为中国人学习日语的发音，要求听音人判断这些样本是日语中的哪一个元音。在汉语样本中混入日语样本是为了增加这些样本是学习者所发日语的真实感。判断方式为五择一（判断所听样本是 5 个日语元音中的哪一个）的强迫性选择，但也有听音人在对个

[①] Guion, S. G., Flege, J. E., Akahane-Yamada, R., & Pruitt J. C. (2000). An investigation of current models of second language speech perception: the case of Japanese adults' perception of English consonants. *Journal of the Acoustical Society of America*, 107(5), 2711−2724; Strange, W. (2007). Cross-language phonetic similarity of vowels: Theoretical and methodological issues. In Bohn, O., & Munro, M. J. (Eds), *Language Experience in Second Language Speech Learning*. John Benjamins Publishing Company, Amsterdam/Philadelphia, 35−55.

别样本进行归类时没有完成实验任务的情况,我们认为这是由于他/她认为这个样本在日语中无相似对应物所致,由于本实验的目的正是要考察汉语的单元音与日语单元音之间的相似度,因此未完成实验任务的项目也将纳入数据统计。

因为每个元音在感知实验中都有五种归类选择,因此,每个元音都获得与 5 个日语单元音的相似度,相似度的计算方法为:

相似度 = 被选择为某个元音的人次 /(听音人数目 × 发音人数目 ×2)

相似度的理论最大值为 1,理论最小值为 0。

2. 结果。

表 1 列出了所有发音样本在日语母语者的知觉中与日语元音的相似度。理论上说来,一个元音与日语中 5 个元音的相似度之和应该为 1,但是,由于出现了少数样本未被归类的情况,因此,表 1 中有些元音与日语中 5 个元音的相似度之和略小于 1。为了便于比较,把混在知觉样本中的日语元音与听音人知觉中日语元音的相似度也一并列出。

表 1 感知实验中汉语和日语的元音相似度

归类项目	感知项目									
	普通话					日语				
	a [a]	o [o]	e [ɤ]	i [i]	u [u]	ü [y]	ア [a]	イ [i]	ウ [ɯ̈]	エ [E]	オ [o]
ア [a]	0.98	0.03	0.28	0	0.01	0.01	0.98	0	0	0	0
イ [i]	0	0	0	0.94	0.01	0.44	0.01	0.93	0.01	0	0.01
ウ [ɯ̈]	0.01	0.01	0.29	0.05	0.9	0.28	0	0.06	0.95	0.01	0.01
エ [E]	0	0.01	0.01	0	0.01	0.01	0	0	0.01	0.97	0.01
オ [o]	0.01	0.91	0.2	0.01	0.06	0	0	0	0	0.01	0.97

定义与日语的任意一个元音相似度大于或等于 0.50 的汉语元音为学习者知觉中的相似音素，其相似对应物就是与之相似度大于 0.50 的这个元音，否则则为陌生音素。根据这个定义，学习者知觉中的相似音素有 a、o、i 和 u，它们在日语中的相似对应物分别为ア、オ、イ和ウ，它们与各自对应物的相似度都超过了 0.90。学习者知觉中的陌生音素有 e 和 ü。其中 e 的最大相似度没有超过 0.30，但与日语中的ア、ウ和オ的相似度都超过了 0.20，说明这个元音跟这三个元音都有微弱的相似性。ü 与イ最为相似（相似度 0.44），与ウ也有一定程度的相似（0.28），这个结果与王韫佳[①]对日本学习者感知汉语普通话高元音的实验研究的结果相对应。

（二）普通话和标准日语元音声学对比（实验Ⅱ）

如前文所述，相同音素的确定主要依靠声学分析的结果，相似音素和陌生音素的最终确定要结合感知实验和音系对比的结果。因此，实验Ⅱ的目的一方面是确认普通话中是否存在与日语声学特征完全相同的元音，另一方面是得到两种语言元音音素之间的声学空间的距离，为最终确定相似音素和陌生音素提供客观依据。

1. 方法。

普通话母语者发音人男、女各 5 名（Chinese Native Speskers，下文简称 CNS）；日语母语者发音人男、女各 5 名（Japanese Native Speakers，简称 JNS）。

汉语普通话的发音语料是 a、o、e、i、u、ü 6 个单韵母和所有声母相匹配的 68 个音节，音节尽量选择阴平调，在该音节不

---

① 王韫佳《韩国、日本学生感知汉语普通话高元音的初步考察》，《语言教学与研究》2001 年第 6 期。

第三节 日本学习者对汉语普通话"相似元音"和"陌生元音"的习得

与阴平调相配时,取常见搭配调类。具体项目见表2。日语的发音语料为ア、イ、ウ、エ、オ5个单元音与10个清辅音组成的44个音节,具体项目见表3。

表2 汉语普通话的发音项目

声母	韵母					
	a	o	e	i	u	ü
b	ba	bo		bi	bu	
p	pa	po		pi	pu	
m	ma	mo		mi	mu	
f	fa	fo			fu	
d	da		de	di	du	
t	ta		te	ti	tu	
n	na		ne	ni	nu	nü
l	la		le	li	lu	lü
g	ga		ge		gu	
k	ka		ke		ku	
h	ha		he		hu	
j				ji		ju
q				qi		qu
x				xi		xu
z	za		ze		zu	
c	ca		ce		cu	
s	sa		se		su	
zh	zha		zhe		zhu	
ch	cha		che		chu	
sh	sha		she		shu	
r				re		ru

表 3　日语音节的发音项目

	ア行	カ行	サ行	タ行	ナ行	ハ行	マ行	ヤ行	ラ行	ワ行
ア段	ア	カ	サ	タ	ナ	ハ	マ	ヤ	ラ	ワ
イ段	イ	キ	シ	チ	ニ	ヒ	ミ		リ	
ウ段	ウ	ク	ス	ツ	ヌ	フ	ム	ユ	ル	
エ段	エ	ケ	セ	テ	ネ	ヘ	メ		レ	
オ段	オ	コ	ソ	ト	ノ	ホ	モ	ヨ	ロ	

在发音材料中所有项目均随机排列，汉语音节以拼音形式、日语音节以片假名形式呈现给被试。元音的音色主要取决于头三个共振峰的频率，其中的头两个共振峰 F1、F2 与本节所要研究的内容有关，所以本节只测量元音的 F1、F2，测量点为元音稳定段的中间点。

为消除性别差异对共振峰频率绝对数值的影响，使用 Bark 值作为共振峰频率标度，[①]并且用 B1-B0 替代 F1 来反映元音舌位在高度维上的变化，用 B2-B1 替代 F2 来反映元音舌位在前后维上的变化。[②]其中的 B0 为 F0（基频）的 Bark 值，B1 和 B2 分别为 F1 和 F2 的 Bark 值。为叙述方便，我们将 B1-B0 简称为 ΔB1，将 B2-B1 简称为 ΔB2。

对于元音 ΔB1 和 ΔB2 的统计分析采用被试分析，由于每个

[①] Zwicker, E., & Terhardt, E. (1980). Analytical expressions for critical-band rate and critical bandwidth as a function of frequence. *Journal of the Acoustical Society of America*, 68(5), 1523-1525.

[②] Syrdal, A. K., & Gopal, H. S. (1986). A Perceptual model of vowel recognition based on the auditory representation of American English vowels. *Journal of the Acoustical Society of America*, 79(4), 1086-1100.

元音都有若干个项目（即不同的声母条件），因此，每个元音用于统计的数据为这个元音所有项目的均值。

将汉语普通话的6个单元音分别与它们在日语中相似程度最高的单元音进行声学参数的对比。由于e与ア、ウ和オ的相似度比较接近，因此，它将分别与这三个元音进行对比；ü与イ和ウ的相似度都超过了0.20（如果一个普通话的元音与五个日语的元音相似度完全相同，那么理论上来说与每个元音的相似度都应该是0.20），因此ü将分别与イ和ウ对比。如此，参与对比的元音对为：a与ア，o与オ，i与イ，u与ウ，e分别与ア、ウ和オ，ü分别与イ和ウ。

2. 结果。

对所有对比元音的 $\Delta B1$ 和 $\Delta B2$ 分别进行了一元方差分析，具体统计结果见表4。日语标准语的5个元音和普通话6个元音的 $\Delta B1$、$\Delta B2$ 分布见图1。

表4　日、汉元音声学参数差异的统计结果

元音对比项	$\Delta B1$			$\Delta B2$		
	$F(1, 58)$	p	备注	$F(1, 58)$	p	备注
a—ア	2.34	0.143		0.53	0.478	
o—オ	0.11	0.744		9.95	0.005	o＜オ
i—イ	1.73	0.205		0.01	0.910	
u—ウ	6.15	0.023	u＜ウ	145.89	0.000	u＜ウ
e—ア	162.92	0.000	e＜ア	59.95	0.000	e＞ア
e—ウ	16.57	0.001	e＞ウ	15.45	0.001	e＜ウ
e—オ	2.62	0.123		92.83	0.000	e＞オ
ü—イ	1.60	0.222		34.12	0.000	ü＜イ
ü—ウ	1.56	0.228		156.71	0.000	ü＞ウ

ΔB1 和 ΔB2 均没有显著差异的元音对为 a 与ア、i 与イ，这说明汉语 a 和 i 的舌位分别与日语ア和イ的舌位接近。o 与オ的 ΔB1 差异不显著，o 的 ΔB2 小于オ，这说明 o 的舌位或圆唇度或者这两个生理参数都与オ存在差别。u 与ウ的 ΔB1 和 ΔB2 差异都显著，前者的 ΔB1 和 ΔB2 均小于后者。根据 Okada[1] 的描写，ウ的圆唇度较低，舌位偏央，因此这里 ΔB2 既表明了ウ与汉语普通话的 u 在圆唇程度上的差别，也在一定程度上表明了它们在舌位前度上的差别。e 与ア的 ΔB1 和 ΔB2 差异均显著，e 的 ΔB1 小于ア而 ΔB2 大于ア，这说明 e 的舌位比ア高且前。e 与オ的 ΔB1 差异不显著，e 的 ΔB2 大于オ。由于オ是圆唇元音，因此无法依据 ΔB2 的差别判断这两个元音是否有舌位前度上的差别（两个元音在各自的语言中都是后元音）。e 与ウ的 ΔB1 和 ΔB2 差异均显著，e 的 ΔB1 大于ウ，e 的 ΔB2 小于圆唇的ウ，说明 e 的舌位低且后于ウ。ü 与イ的 ΔB1 差异不显著，ü 的 ΔB2 小于イ。我们已知 i 与イ在舌位前度上无显著差异，而从理论上来说，普通话中 ü 的 i 在舌位前度上亦无差异，由此可以推断，ü 和イ的舌位前度应该也是没有显著差异的，因此，这里 ü 和イ的 ΔB2 的差别表征的应该是两个元音圆唇度的不同而不是舌位前后的不同。ü 与ウ的 ΔB1 差异不显著，ü 的 ΔB2 大于ウ，由于 ü 的圆唇度大而ウ的圆唇度不算很大，舌位也较靠前，因此，ü 与ウ的 ΔB2 的差别既表征了两个元音舌位前度的不同，也表征了圆唇度的不同。

---

[1] Okada, H. (1999). Japanese. In *Handbook of the International Phonetic Association*. Cambridge University Press, 117-119.

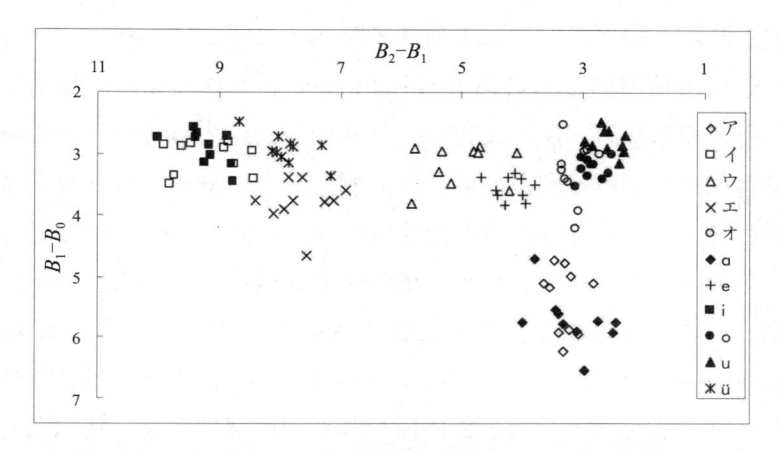

图 1 标准日本语和汉语普通话单元音的声学空间对比

（三）分类的最终确定

实验Ⅰ和Ⅱ的结果有着较好的对应性，但也存在一些相互矛盾之处，例如，u 与ウ在声学空间上相距较远（舌位高度和前度均有显著差异），但在感知中的相似度却达到了 0.90，而 e 和オ在声学空间上的距离相对较近一些（舌位高度无显著差异），但它们在感知中的相似度却只有 0.20。Strange[①] 在研究跨语言的元音相似度时也发现了声学测量与主观评判结果之间的不一致现象，他对之给出的解释是，学习者在对非母语的元音进行知觉归类时凭借的是母语元音范畴的全部声学变体经验，而声学测量的结果则受到了元音与特定辅音之间协同发音作用的影响。我们在声学对比中所使用的元音样本穷尽了它们与辅音的所有搭配，因

---

① Strange, W. (2007). Cross-language phonetic similarity of vowels: Theoretical and methodological issues. In Bohn, O., & Munro, M. J. (Eds), *Language Experience in Second Language Speech Learning*. John Benjamins Publishing Company, Amsterdam/Philadelphia, 35-55.

此协同发音的作用对实验结果的影响应该是很小的。尽管对比分析假设所使用的音系对比方式被 Strange 等人认为是与实证的声学研究和感知研究所不相容的，但我们依然认为这种对比对于解释客观的声学测量和主观的感知评判结果之间的不一致性有着重要意义，对于最终确定陌生音素和相似音素也有着重要意义。

　　u 与ウ虽然在声学空间上相差较远，但在各自语音系统中的地位有着相当高的相似性。u 是普通话中唯一的后、高、圆唇元音；从客观属性上看，ウ的舌位前度和圆唇度都比较中立，但在日语中，它与前元音イ形成了舌位前后和唇形圆展的对立，所以在音系特征上也可以认为它是具有 [＋圆] 和 [＋后] 的特征。既如此，普通话中 u 的舌位较后和唇形较圆就不会给日语母语者对它的认同感造成很大影响。e 在汉语普通话中是与 o 形成互补关系的不圆唇元音，而日语中并没有与 o 相对应的不圆唇变体，日语母语者将普通话的 o 认同为日语的オ之后，对 e 的认同感自然就比较差了。

　　既然客观的声学空间和主观的感知评估结果并不完全对应，而主客观证据的是否一致又与各个音素在两种语言中的音系地位有关，因此，在确定陌生音素和相似音素的时候，就必须将声学数据、感知数据和音系分析结合起来进行考量。

　　由于 a 和 i 与日语的ア和イ在声学空间上的高度重叠，在感知中也高度相似，因此我们认为 a 和 i 属于相同音素之类。o 与オ的 F2 有显著差异，但感知中的相似性较高，在各自语言都具有 [＋后] [＋圆] [－高] 和 [－低] 的音系特征，因此被确定为相似音素。u 与ウ虽然在声学上距离较远，但是，如上文所述，这两个元音在各自所属语言里的音系地位比较接近，在感知中的相似度也很高，因此仍然应该看成相似音素。

我们把 ü 和 e 确定为陌生音素。ü 与 イ 的在声学空间上距离较近，但是，从音系的角度看，ü 是与 i 相对应的高、前圆唇元音，日语中并没有与 イ 在圆唇特征形成对立的高前元音，ü 与日语元音音素的最高相似度也不到 0.50。e 的情况与 ü 相似，在日语中没有与其音系地位相似的对应物，与日语元音音素的最高相似度也很低，在声学空间上，日语中也没有与 e 完全重叠的音素。此外，ü 和 e 在日语母语者的语感中，都与母语中两个或两个以上的音素有着超过 0.20 的相似度，根据 Best 的 PAM–L2[①]，这种情况属于"无 L1–L2 音系类比"型的知觉模式，这种知觉模式意味着 L2 学习者无法将 L2 的音系范畴与母语中的任意一个进行类比。

根据对 6 个舌面元音的分类以及 Flege 的 SLM，我们可以对日本学习者的习得顺序进行假设，即，i 和 ɑ 最先被成功获得，其次是 ü 和 e，但这两个音素的成功获得需要相当长的学习时间；最后是 o 和 u，在经过长时间的学习后，这两个音素可能仍然带有一定的母语口音。

上述假设还建立在另一个理论假设的基础之上，即，当母语语法和普遍语法对 L2 的习得的作用正好相反时，母语语法的作用将超越普遍语法的作用。因此，尽管 u 的标记性（这是一个标准元音）比 e 和 ü 弱，但我们仍然假设它比 e 和 ü 更难成功获得。标准元音［o］的标记性也很弱，但汉语普通话中的 o 与标准元

---

① Best, C. T., & Tyler, M. D. (2007). Nonnative and second-language speech perception: Commonalities and complementarities. In Bohn, O., & Munro, M. J. (Eds), *Language Experience in Second Language Speech Learning*. John Benjamins Publishing Company, Amsterdam/Philadelphia, 3–13.

音的音色并不相同,因此我们这里暂时不从标记性的角度对它的习得情况进行预测,这个元音的具体音值我们将在第三部分中加以讨论。

三 对学习者发音的声学分析和主观评价

(一) 声学测量(实验Ⅲ)

本实验的目的在于对日本学习者和汉语普通话母语者所发的普通话单元音的声学参数进行对比分析,借以确定学习者的发音与母语者的发音有无显著差异。

1. 方法。

发音人包括三组:一组汉语普通话母语者和两组母语为日语的汉语学习者。第一组发音人即确定相似音素和陌生音素研究中所使用的发音人。第二组发音人为短时汉语学习者(简称为 JIL),平均年龄 22.3 岁,学习汉语平均时间为 16.8 个月,在中国平均居住时间为 8.3 个月,共 25 人。第三组为长时汉语学习者(简称为 JEL),共 5 人,平均年龄 28.4 岁,学习汉语平均时间为 7.2 年,在中国平均居住时间为 3.2 年。

本实验的语料与实验Ⅰ中研究汉语单元音的发音语料完全相同。对元音声学参数的测量、计算以及统计分析的方法同实验Ⅱ。

2. 结果。

对 JIL、JEL 和 CNS 三组发音人所发的所有普通话单元音的 $\Delta B1$ 和 $\Delta B2$ 分别进行了一元方差分析。下面分别汇报统计结果。

元音 ɑ 的 $\Delta B1$ 组间差异显著($F(2, 37)=18.34$, $p=0.000$),Post hoc 检验表明,JIL 和 JEL 组的差异不显著($p=0.886$),但

它们与 CNS 组的差异均是显著的（$p < 0.05$），学习者的 ΔB1 小于母语者。ΔB2（$F(2, 37)=2.18$, $p=0.127$）的组间差异不显著，Post hoc 检验表明，JIL 和 JEL 组之间的差异显著（$p=0.046$），JEL 组的 ΔB2 小于 JIL 组，其余两两之间的差异不显著。以上结果说明学习者 ɑ 的开口度比母语者小，但在舌位前度上与母语者没有差别。三组被试所发的 ɑ 的在声学元音图上的分布见图 2，图中的椭圆表示同一组被试发音的分布区域，下同。

元音 o 的 ΔB1（$F(2, 37)=0.59$, $p=0.557$）和 ΔB2（$F(2, 37)=0.96$, $p=0.392$）的组间差异均不显著，Post hoc 检验表明，所有两两之间的差异均不显著（$p > 0.10$）。这说明学习者 o 的舌位与母语者没有显著差异。图 3 显示了三组被试所发的 o 的稳定段在声学元音图上的分布，可以看到，虽然三组被试的发音在统计上没有显著差异，但学习者数据的离散度比母语者大。

仅仅从这里的统计数据尚不能得到学习者已经成功习得元音 o 的结论。这是因为，汉语普通话单韵母 o 的实际发音接近复合元音［uo］，[①] 这个韵母在频谱上表现为类似复合元音的动态的滑动过程，即 F1 和 F2 同时由低向高滑动，[②] 而本实验在测量 o 的 F1、F2 时，选取的是 o 在时间上的中间点。图 4 和图 5 分别是一位日本学习者和一位普通话母语者所发的 bō 的三维语图，从两幅图中可以看出，日本学习者的频谱图上元音段的 F1、F2 比较稳定，而普通话母语者则表现出显著的由低到高的变化。我们对实验中所有发音人的 o 的频谱逐个进行了观察，发现所有普

[①] 林焘、王理嘉《语音学教程》，北京大学出版社，1992 年。
[②] 吴宗济、林茂灿主编《实验语音学概要》，高等教育出版社，1989 年。

通话母语者所发的 o 的 F1 和 F2 均是动态的，JEL 组和 JEL 组的发音中分别有 12% 和的 60% 的样本出现了共振峰的变化，这说明 JEL 组的发音更加接近母语者，不过，学习者的样本中有些没有普通话母语者的共振峰变化幅度大。普通话母语者与两组学习者所发的 o 的差异将在第三部分实验Ⅳ的结果中得到体现。

元音 e 的 $\Delta B1$ 组间差异不显著（$F(2, 37)=2.09$，$p=0.138$），Post hoc 检验表明，JIL 组与 CNS 组之间的差异边缘显著（$p=0.065$），前者的 $\Delta B1$ 大于后者，其余两两之间的差异均不显著（$p>0.10$）。$\Delta B2$ 差异显著（$F(2, 37)=4.70$，$p=0.015$），Post hoc 检验表明，JIL 组与 CNS 组的组间差异显著（$p=0.004$），前者的 $\Delta B2$ 大于后者，其余两两之间的差异不显著（$p>0.10$）。统计结果说明，JIL 组所发的 e 比 CNS 组偏低偏前。三组被试所发的 e 在声学元音图上的分布见图 6。

元音 i 的 $\Delta B1$（$F(2, 37)=2.15$，$p=0.130$）和 $\Delta B2$（$F(2, 37)=0.83$，$p=0.443$）组间差异均不显著，Post hoc 检验表明，JIL 组的 $\Delta B1$ 与 JEL 组之间的差异边缘显著（$p=0.096$），其余两两之间的差异不显著（$p>0.10$），$\Delta B2$ 所有两两之间的差异均不显著（$p>0.10$）。统计结果说明两组学习者所发的 i 的舌位与母语者基本一致，三组被试所发的 i 在声学元音图上的分布见图 7。

元音 u 的 $\Delta B1$ 差异显著（$F(2, 37)=7.66$，$p=0.002$），Post hoc 检验表明，JIL 组与 CNS 组之间的差异显著（$p=0.001$），JIL 组的 $\Delta B1$ 大于母语者，其余两两之间的差异不显著，这说明 JIL 组所发的 u 比母语者的 u 舌位偏低。$\Delta B2$ 的组间差异显著（$F(2, 37)=28.05$，$p=0.000$），Post hoc 检验表明，两组学习

者与母语者之间的差异都是显著的（$p < 0.05$），学习者的 $\Delta B2$ 均大于母语者；两组学习者之间的差异也是显著的（$p=0.003$），JIL 组的 $\Delta B2$ 大于 JEL 组。$\Delta B2$ 同时负载了舌位和唇形的信息，无论这里母语者与学习者的 $\Delta B2$ 差别负载的是哪一方面的信息，都可以看出两组学习者的发音受到了母语中ウ的发音的影响，同时也可以看出 JEL 组的发音比 JIL 组有所进步。图 8 显示了三组被试所发的 u 在声学元音图上的分布。

元音 ü 的 $\Delta B1$ 差异边缘显著（$F(2, 37)=2.75$，$p=0.077$），Post hoc 检验表明，JIL 组与 JEL 组的差异显著（$p=0.047$），前者的 $\Delta B1$ 小于后者，其余两两之间的差异不显著。$\Delta B2$ 的组间差异边缘显著（$F(2, 37)=2.40$，$p=0.105$），Post hoc 检验表明，JIL 组与 JEL 组之间的差异显著（$p=0.035$），其余两两之间差异不显著（$p > 0.10$）。图 9 显示了三组被试的 ü 在声学元音图上的分布。从此处的统计数据看，似乎两组学习者已经比较成功地获得了元音 ü，但是，在观察语图时我们发现，一部分日本学习者发 ü 时，往往要以一个短暂的 i 起始，在频谱图上看，ü 的 F2 出现了类似复合元音的由高到低的滑动过程。JIL 组中有 23.2% 的音节出现了这种动态的发音特点，而 JEL 组则没有出现这种情况，这说明 JEL 组的发音更加接近母语者。图 10 和图 11 分别为一位不熟练的日本学习者和一位普通话母语者发的汉语音节 nǚ 的三维语图，从两幅图中可以看出，普通话母语者的语图上元音的 F2 比较稳定（起始处 F2 的变化属于辅音与元音之间的过渡音征），而不熟练的日本学习者的 F2 则表现出有高到低的滑动过程。

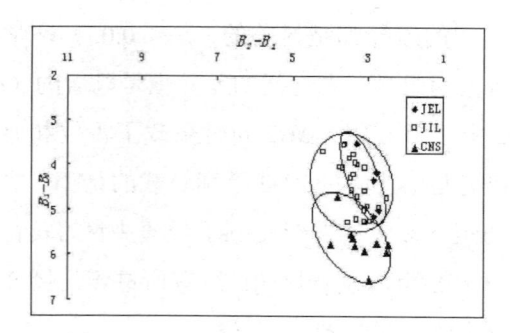

图 2 学习者与母语者 a 的声学空间对比

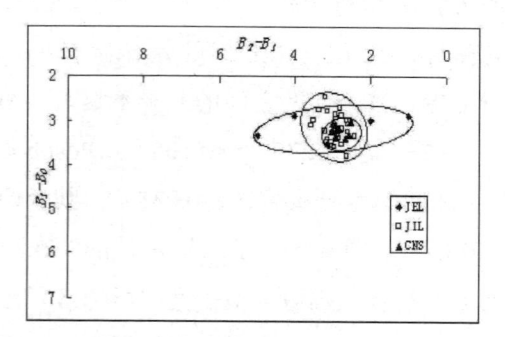

图 3 学习者与母语者 o 稳定段的声学空间对比

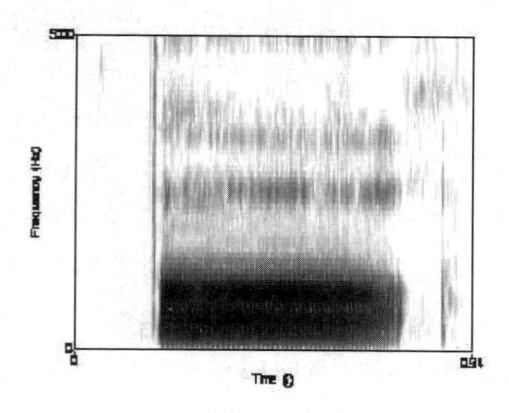

图 4 一位日本学习者的 bō

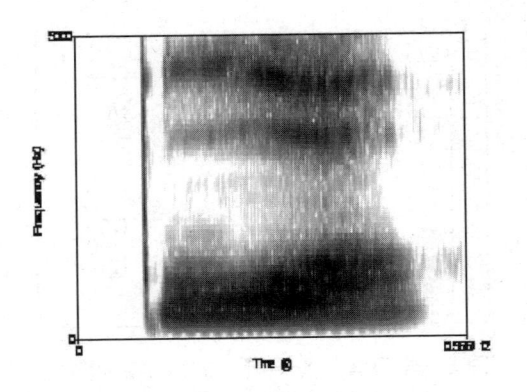

第三节 日本学习者对汉语普通话"相似元音"和"陌生元音"的习得 119

图5 一位普通话母语者的 bō

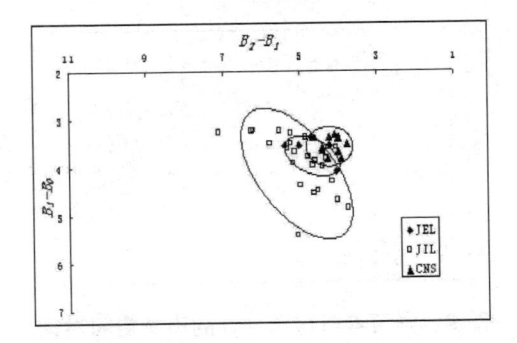

图6 学习者与母语者 e 的声学空间对比

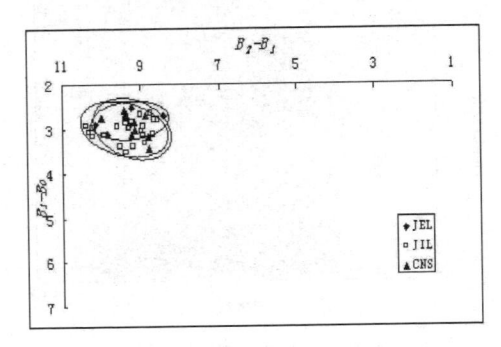

图7 学习者与母语者 i 的声学空间对比

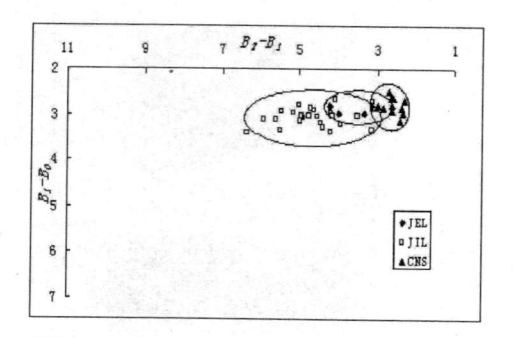

图 8　学习者与母语者 u 的声学空间对比

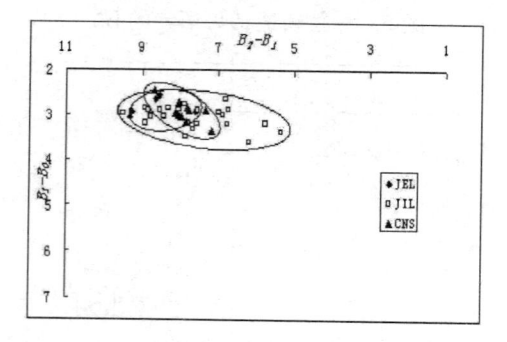

图 9　学习者与母语者 ü 的声学空间对比

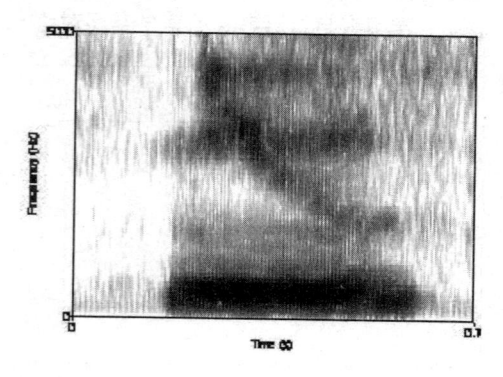

图 10　一个日本学习者的 nǚ

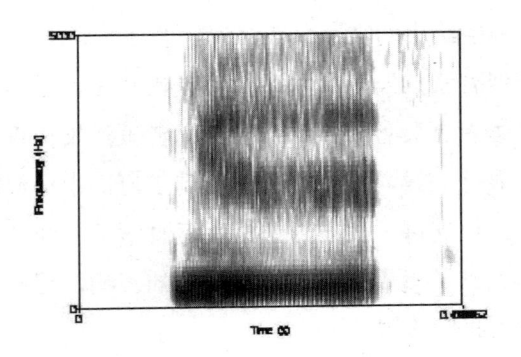

图 11　一个普通话母语者的 nǚ

3. 讨论。

首先看相同音素的情况。实验结果表明，学习者 i 的发音与母语者没有显著差异，这个结果支持了我们的假设。但是，ɑ 的情况与理论预期有差距，两组学习者 ɑ 的舌位都比母语者高，而在上一小节中我们没有发现日语的ア与汉语普通话的 ɑ 在声学空间上的区别。这个现象很可能与 L2 对 L1 的反作用有关。Flege[①]发现，等值归类机制不仅对 L2 的语音习得有作用，而且还会反作用于 L1，即，当学习者在 L2 语境中生活较长时间之后，其 L1 的发音也会受到 L2 的影响。在本研究第二部分的实验中，10 名日语发音者中的某些人由于在中国生活的时间较长，其日语发音也有可能受到了汉语普通话的影响。而在本研究的实验中，参与普通话发音的除了参与第二部分实验的 10 人，还有另外 20 人，由于短时学习者数量的增加，日语的发音特点就凸现出来了。这个解释可能有些勉强，但这是我们目前对于 ɑ 的习得未能与理论

---

① Flege, J. E. (1987). The production of "new" and "similar" phones in a foreign language: Evidence for the effect of equivalence classification. *Journal of Phonetics*, 15, 47–65.

预期相吻合所能给出的唯一比较合理的解释。

再看相似音素的发音。短时学习者的 u 在舌位高度与舌位前度上都与母语者有显著差异，长时学习者虽然仅在舌位高度上与母语者存在显著差异，但发音依然受到了母语中相似对应物的影响，这个结果也支持了我们的假设。短时学习者和长时学习者的元音 o 也都受到了母语中单元音对应物的影响，因此这个元音的结果也支持了我们的假设。

最后来看陌生音素。ü 的情况与 o 有相似之处，即，如果只看静态的共振峰分析的结果，两组学习者的发音与母语者都没有显著差异。但是，如果看共振峰的动态走向，部分短时学习者与母语者有差异，长时学习者则与母语者没有区别。e 的情况与 ü 相似，短时学习者在舌位前度上与母语者有显著差异，在舌位高度上与母语者的差异边缘显著，而长时学习者与母语者的发音则没有显著差异。因此，这两个陌生音素的发音结果也支持了我们的假设。

（二）主观评价（实验Ⅳ）

声学测量的结果（包括对元音稳定段共振峰频率的测量和对共振峰稳定性的观察）可以反映学习者和母语者在元音客观属性上的异同，但客观属性方面的差异是否具有语言学意义，即母语者对这些差异是否敏感，还需要通过感知实验进行进一步的确认。本实验试图通过普通话母语者对学习者发音的主观评价，进一步确定学习者所发的 6 个普通话元音的准确程度。

1. 方法。

从实验Ⅱ的发音语料中挑选一部分，形成本实验用来进行发音准确度评判的语料。为尽量减少被试的声母发音缺陷对元音的主观评分带来的影响，在挑选项目时控制了声韵搭配条件。根据

第三节 日本学习者对汉语普通话"相似元音"和"陌生元音"的习得

汉、日音系的对比，把普通话的声母分为两类，即与日语完全相同的和与日语相似的，每个元音都与数目相同的两类声母搭配，每类声母条件都有10个音节，这样共形成20个感知项目。具体项目见表5。

表5 用于主观评价的发音项目

声母		韵母					
		a	o	e	i	u	ü
完全相同	b		bo				
	d			de	di		
	n	na			ni	nu	nü
	z	za		ze		zu	
部分相同	p		po		pi		
	h	ha		he		hu	
	l	la		le	li	lu	lü

根据表5中的发音项目，从实验Ⅱ的发音样本中得到用于主观评价的发音样本800个，其中汉语母语者的发音样本为10×20=200个，日本学习者的样本为(25+5)×20=600个。但在实验任务中，评判人被告知所听到的语音样本均为非普通话母语者所发。

在实验用语音样本中适当插入干扰项目，所有项目均随机排列。这些项目通过计算机逐一播放给评判人，每两个项目之间的时间间隔为3秒。参加本实验的6个评判人均为语言学专业的研究生，听力正常，能说较为标准的普通话。评判人被告知发音样本的实际发音目标，由他们根据发音目标对所听到的音节中的元音进行发音准确度的5级李克特等级评判。5个等级的具体标准如下：5分——发音完全正确，达到母语者的水平；4分——发音基本正确，带有轻微的口音；3分——发音能够被听懂，带有较重的口音；2分——发音存在较大缺陷，仅凭听觉不能被很好地辨认；1分——发音完全错误。实验前随机抽取40个项目让评判人进行练习。

统计中使用的是每个发音人每个元音所得到的6位评判人的主观评价平均得分。计算过程为：首先算出6个评判人对某位发音人的某个感知项目评分的平均值，每个项目的理论最高得分为5分，最低得分为0分；然后计算每个发音人每个元音的平均得分：

每个元音的平均得分 = 含该元音所有项目的得分之和 / 项目数
每个元音的理论最高平均得分也为5分，最低平均得分为1分。

2. 结果与分析。

对三组被试所发的6个元音的主观评价得分进行了方差分析。表6列出了三组被试6个元音的平均得分以及标准差（括号内的数值为标准差），学习者的得分带 * 号的表示与母语者存在显著差异（$p < 0.05$），# 号表示与母语者的差异边缘显著（$0.05 < p < 0.10$），不带任何符号的表示与母语者无显著差异。

表6 三组被试所发的6个普通话元音的准确度主观评价得分均值和标准差

被试	a	o	e	i	u	ü
JIL	4.26 (0.33)	3.91* (0.38)	3.61* (0.63)	4.43* (0.32)	3.42* (0.53)	3.58* (0.90)
JEL	4.63 (0.24)	4.33# (0.28)	4.19 (0.29)	4.61 (0.30)	4.10* (0.43)	4.22 (0.25)
母语者	4.58 (0.14)	4.70 (0.23)	4.60 (0.31)	4.75 (0.15)	4.62 (0.09)	4.54 (0.33)

从表 6 的结果看，主观评价的结果与声学分析的结果多数是吻合的，即，在声学空间上有显著差异的发音，在主观评分的得分上多数也有显著差异，反之亦然。两种分析的结果仅在两个地方不相吻合，这里仅对不一致之处进行分析，诸多的一致之处不做赘述。

第一个不一致之处是 JEL 组 ɑ 的发音。在主观评价中他们与母语者的得分差异不显著（$p=0.749$），但声学分析的结果是，两组学习者 ɑ 的开口度都比母语者偏小。造成这种状况的一个可能的原因是，元音 ɑ 的开口度在普通话中有着比较大的自由度，在这个自由度允许的范围内，普通话母语者对开口度的变化并不敏感。Strange[①]认为，人们对自己母语元音的感知是建立在一个元音音位所有的声学变体基础之上的，根据这个观点，普通话母语者对 /a/ 的开口度大小应该有着比较宽泛的自由度，因为这个元音的音位变体开口度多数都小于标准元音［a］。因此，尽管日语ア的开口度在平均水平上可能小于普通话的 ɑ，但我们仍然倾向于把 ɑ 看成相同音素而不是相似音素。第二个不一致之处是 JIL 组 i 的发音。JIL 组的主观评价得分与母语者差异显著（$p=0.005$），前者的得分小于后者，而声学分析的结果表明，两组学习者所发的 i 的声学空间与母语者都没有显著差异。导致这个现象出现的原因可能有两个。其一是 JIL 组声母（这里存在问题的声母是送气塞音声母 p）发音的不完美导致了评判人对整个音节评价偏低，

---

① Strange, W. (2007). Cross-language phonetic similarity of vowels: Theoretical and methodological issues. In Bohn, O., & Munro, M. J. (Eds), *Language Experience in Second Language Speech Learning*. John Benjamins Publishing Company, Amsterdam/Philadelphia, 35-55.

最终连累了韵母的准确度得分。其二是，从音系结构上来说，日语音节只有一个莫拉（mora），汉语普通话的音节是两个莫拉，因此日语音节中的"韵"比汉语普通话的韵母要短，如果短时学习者将母语音节的特点带到目的语的发音中，也会影响评判人对韵母准确度的评分；而我们前面对韵母的分析只牵涉到了音质，没有关涉到时长。

在对共振峰稳定段频率的比较中，学习者的 o 和 ü 与母语者都没有显著差异，而在主观评价中都出现了显著差异，但这并不能说明两种分析结果出现了矛盾。如第三部分所述，尽管两组学习者与母语者 o 的稳定段的 F1 和 F2 没有显著差异，但母语者 o 的 F1 和 F2 是有动态变化的，而 JIL 组的发音中 F1 和 F2 都没有动态变化，JEL 组的发音也只有比半数略多的发音出现了前两个共振峰的上扬。主观评价的结果说明，o 的舌位变化在普通话母语者的听感中是敏感的，因此这种变化具有语言学意义的变化。ü 的情况与 o 恰好相反，尽管三组被试 ü 的稳定段的共振峰没有显著差异，但 JIL 组的少数样本中 ü 出现了从 i 到 ü 的动程，在主观评价中，这一组学习者的得分与母语者有显著差异，而共振峰未出现动态变化的 JEL 组和 CNS 组在主观评价中没有显著差异。

如果认为学习者某元音的准确度得分与母语者没有显著差异就意味着学习者成功习得了该元音的话，那么，主观评价的结果基本上是支持关于相似音素的习得晚于陌生音素的假设的，因为 JEL 组相似音素的准确度得分都与母语者存在显著差异或者边缘显著差异，而陌生音素的得分都与母语者无显著差异。

（三）元音习得顺序

本部分根据实验 III 和 IV 的结果讨论日本学习者对 6 个普通话

舌面元音的习得顺序。根据两个层面的结果确定习得顺序。首先以发音与母语者是否有显著差异来分组，没有显著差异的排序在前，有显著差异的排序在后。如上文所述，在学习者的发音是否与母语者有显著差异方面，声学分析和主观评价的结果在很大程度上是互相对应的，不一致之处出现于元音 a 和 i。对于元音 a，我们暂且采纳主观评价的结果，即认为长时学习者的开口度偏小，属于普通话母语者所能接受的范畴；对于元音 i，我们暂且采纳声学分析的结果，因为我们无法去除可能存在的声母和长度的发音缺陷对韵母准确度判断的影响。这样得到的顺序就是：

JIL：i→a、o、e、ü、u

JEL：a、i、e、ü→o、u

在以上顺序的基础上，再按照主观得分是否有显著差异对处于"→"同侧的元音进行排序。统计检验的结果表明（显著性水平 0.05），JIL 组 a 的得分大于 o、e、ü、u 的得分，o 的得分大于 u 和 ü，与 e 的得分没有显著差异，e、u 和 ü 的得分没有显著差异。JEL 组 a 的得分与 i 没有显著差异，但高于 e 和 ü 的得分，e 和 ü 的得分没有显著差异，o 与 u 的得分也没有显著差异。这样得到的最终顺序为：

JIL：i＞a＞o＞e、u、ü

JEL：a、i＞e、ü＞o、u

以上结果与我们的假设有着相当好的契合度。相同音素的习得难度最小，在短时学习者的发音中它们的准确度也是最靠前的；陌生音素在经过长时学习后有可能成功习得，在长时学习者的发音中它们的准确度与母语者没有显著差异；相似音素在经过长时间的学习后由于等值归类机制的阻隔而无法成功习得，在长时学习者的发音中它们仍然不同程度地带有母语色彩。同时，这个结果也印证了我们的另一个理论假设，即，当母语语法和普遍语法对L2的作用正好相反时，前者是第一位的。尽管汉语普通话中的u[u]是一个普遍性很强的元音，但对于日本学习者来说，由于母语中存在与它相似度较高的对应物，所以即便是长时学习者也难以完全摆脱母语的影响。而对于普遍性较差的e[ɤ]和u[y]来说，由于母语中缺乏相似的对应物，母语对它们的影响相对来说较弱，因此在经过长时学习之后反而能够成功地获得。

最后需要提一下元音o的问题。尽管我们根据学习者与母语者发音的主观评价得分是否有显著差异而将长时学习者o的习得顺序排在了两个陌生音素之后，但是应该看到，长时学习者o的准确度得分与母语者的差异是边缘显著。如若忽略差异的边缘性显著的话，那就可以认为o基本上被成功习得。这个结果貌似是对本节假设的一个反驳。但是，我们认为，假使把普通话的o看成一个复合元音的话，那么这个元音对于日本学习者来说到底是相似音素还是陌生音素，就是一个需要重新考虑的问题，因为日语里是没有真正意义上的复合元音的。由于篇幅的限制，关于o在汉语普通话中的音韵地位以及它在日本学习者知觉中的归类问题，本节暂时不予详细讨论，但是，在跨语言的语音知觉中，单元音与复合元音之间的对应问题是一个非常值得进行研究的课题。

四 结语

本节首先通过知觉判断、声学分析和音系对比，从母语为日语的学习者的角度将汉语普通话中的6个舌面单元音划分为

第三节 日本学习者对汉语普通话"相似元音"和"陌生元音"的习得

相同音素、相似音素和陌生音素三类。如何确定 L1 和 L2 语音项目之间相似度，一直是 L2 语音习得研究中的重要问题。本节提出了知觉判断、声学分析和音系对比的三结合方式。母语者对 L1 和 L2 语音项目之间相似度的感知判断是界定相似音素和陌生音素的重要参考，但是，这种判断结果一般是连续变化的变量，因此无法直接依靠这种判断的结果对两种因素进行分类；声学空间的重叠程度反映的是语音客观属性之间的相似度，但这种相似度有时候并不与主观感知相吻合；L1 和 L2 各自具有独立的音位系统，但仅仅依靠对个别项目进行抽象的音系对比，也很难界定相似音素和陌生音素。如此，只有将上述三个标准进行有机的结合，对相似音素和陌生音素的界定才是可靠的。当然，如何综合使用这三种标准来定量地计算相似度以及是否可以使用量化的相似度来自动划分相似音素和陌生音素，是值得继续研究的课题。

通过声学分析和主观评价两种方法，对母语为日语的学习者习得汉语普通话 6 个舌面单元音的情况进行了考察。主要研究目的是：(1) 考察这 6 个元音的习得顺序；(2) 观察母语和普遍语法对于 L2 语音习得作用之间的关系。

我们根据 Flege 的 Speech Learning Model 提出了这 6 个元音的习得顺序假设，即相同音素 a 和 i 最先习得，其次是陌生音素 e 和 ü，最后是相似音素 o 和 u。声学分析和主观评价的实验结果都很好地支持了关于习得顺序的假设。本节所提出的第二个假设是，当普遍语法和学习者的母语对于 L2 语音习得的作用恰好相反时，母语的作用是第一位的。两个实验的结果也都证明了这个假设，即，陌生音素在标记性较强的情形下，习得状况仍然好于标记性较弱的相似音素。需要指出的是，母语和普遍语法之间的这种关系在经过长时学习之后方能凸显出来。

第四节 对外汉语教学中的儿化问题[①]

儿化是北京话语音的一个重要特点，也是说标准的普通话的一个不可或缺的成分。儿化虽然不是对外汉语教学的一个重点，但是学习汉语不能不学儿化。研究儿化的文章很多，但是对外汉语教学中的儿化问题，却始终没有引起足够的重视，以致儿化教学在对外汉语教学中一直处于无序状态，这除了与儿化本身的复杂性有关外，与传统的把儿化教学纳入语音教学也不无关系。

一 对外汉语教学中儿化教学的现状

（一）关于大纲

《汉语水平等级标准和等级大纲》（以下简称《标准》）是 1988 年由中国对外汉语教学学会研究制定并试行的，先后于 1992 年和 1995 年出版了修订本。《标准》的基本框架结构是三等五级三要素。三等即初等水平、中等水平和高等水平。五级即初等分一二两级、中等属三级、高等分四五两级。三要素即话题

---

① 本节摘自徐越《对外汉语教学中的儿化问题》，原载《语言教学与研究》2005 年第 5 期。

内容、语言范围和言语能力。《标准》在"语言范围"中明确规定，中等三级、高等四级和五级必须掌握"普通话全部声、韵、调以及轻声、儿化"。

（二）关于教材

自1958年中华人民共和国第一部对外汉语教材《汉语教科书》出版以来，教材建设取得了很大的成绩，但仍存在着一些问题。我们选择了四种北方版教材和两种南方版教材，将其中出现的儿化词进行了比较，对其中四种90年代编写出版的初级汉语教材中出现的儿化词进行了分析，并统计出相关的数据。

1. 北方版教材和南方版教材在儿化词的收录上有三个明显的差异。

一是总数的差异。北方版每种教材收录的儿化词总数都在40个以上，明显多于南方版教材的20个以下。

二是前后用法不一致的数量差异。北方版教材前后用法不一致的儿化词数量在14—18个，明显高于南方版教材的4—5个。而北方版教材之间、南方版教材之间则都比较接近。在总数中所占比例，北方版教材在26%—34%之间，相对比较接近；南方版教材在24%—42%之间，相对差距较大。

三是必读儿化词的数量差异（以孙修章《必读儿化词研究报告》[①]为参照）。北方版教材高于南方版教材。而北方版教材之间则相差较大，在15—39个；南方版教材之间比较接近，在7—10个。在总数中所占比例，南方版教材明显高于北方版教材。详见表1。

---

① 孙修章《必读儿化词研究报告（节录）》，《语文建设》1992年第8期。

表 1　北方版教材和南方版教材所收儿化词数量统计表

教材		统计				
		总数	前后不一致的数量	占总数的百分比	必读儿化词数量	占总数的百分比
北方版	《初级汉语口语》①	41	14	34%	16	39%
	《初级汉语课本》②	68	18	26%	16	24%
	《汉语初级教程》③	53	18	34%	8	15%
	《速成汉语初级教程》④	51	16	31%	17	33%
南方版	《基础汉语25课》⑤	12	5	42%	7	58%
	《实用汉语会话》⑥	17	4	24%	10	63%

2. 四套北方版汉语初级课本中出现的儿化词普遍存在三类问题：一是随意性较大，二是一些儿化词过于冷僻，三是存在一些明显的错误。

随意性较大是教材中最常见的一个问题。一些《现代汉语词典》不儿化的词，有的教材儿化了。例如"公园"，《初级汉语教程》第一册在例句和练习中均为"公园儿"。《速成汉语初级教程》第一册在课文中也为"公园儿"，练习中则有时是"公园"，有时是"公园儿"。再如"时候"，在《初级汉语教程》中为"时候儿"。

一些《现代汉语词典》儿化的词，有的教材不儿化。例如"聊

---

① 戴桂芙等《初级汉语口语》，北京大学出版社，1997年。
② 北京语言学院来华留学生三系编《初级汉语课本》（第二版），北京语言学院出版社、华语教学出版社，1994年。
③ 邓懿《汉语初级教程》，北京大学出版社，1993年。
④ 郭志良《速成汉语初级教程》，北京语言文化大学出版社，1996年。
⑤ 《基础汉语25课》，华东师范大学出版社，1997年。
⑥ 《实用汉语会话》，上海外语教育出版社，1985年。

天儿",《初级汉语课本》和《汉语初级教程》均为"聊天"。《速成汉语初级教程》有时是"聊天",有时是"聊天儿"。再如"一点儿",《初级汉语课本》在语法中同时出现"一点儿"和"一点":

第一册: 浅一点 　　　　　 长一点儿
　　　　 高一点 　　　　　 短一点儿
　　　　 好一点 　　　　　 大一点儿
第二册: 我买(一)点东西。　我都有(一)点生气了。
　　　　 你喝(一)点儿汽水吧。这件衣服有(一)点儿瘦。
　　　　 他会(一)点儿英语。 他的房间有(一)点儿脏。

一些可儿化可不儿化的词,不同教材的处理很不一致。例如"汽水(儿)",《初级汉语口语》为"汽水",《速成汉语初级教程》为"汽水儿",《初级汉语课本》和《汉语初级教程》一会儿"汽水",一会儿"汽水儿"。再如"一边(儿)",《初级汉语口语》和《速成汉语初级教程》为"一边",《汉语初级教程》为"一边儿",《初级汉语课本》一会儿"一边",一会儿"一边儿"。课文中甚至有"一边"和"一边儿"同时出现的句子,例如"他们一边走一边儿谈话"。

一些儿化词过于冷僻,令人费解。例如《初级汉语口语》课文中出现"包子是包子,豆包是豆包。豆包儿不能叫豆包子,肉包子、菜包子才能叫包子"。其中的"豆包儿"课本没有注解,《北京话儿化词典》没有收录,学生难解其义,老师也无从解释。

各教材都存在一些明显的错误。例如《初级汉语课本》第一册,在练习中将"èrshíèr(二十二)、èrshí(二十)、èrbǎi(二百)、érzi(儿子)、nǚér(女儿)、ěrduo(耳朵)、ěrjī(耳机)、értóng(儿童)、érqiě(而且)"和"huār(花儿)、huàr(画儿)、

nǎr（哪儿）、sháor（勺儿）、yàngr（样儿）、xiǎoháir（小孩儿）、ménkǒur（门口儿）、niánhuàr（年画儿）、duìliánr（对联儿）、yīhuìr（一会儿）、yīxiàr（一下儿）"统统冠以"儿化韵 er"的标题，与译文"the final er' and the retroflex final"也对不上。

（三）关于教学效果

虽然《标准》明确规定除初等一级二级外，中等三级、高等四级和五级都必须掌握"普通话全部声、韵、调以及轻声、儿化"。但是由于种种原因，对外汉语教学不可能把儿化作为重点，像声、韵、调那样花大力气去讲解和操练。留学生更多地考虑到实用性，一般也不会花大量的时间和精力去学习。教学效果不佳，尤其在粤、闽、吴等方言区，已成为对外汉语教学的一个难题。

我们曾经对儿化教学进行跟踪测试，使用的教材分别为《初级汉语课本》《中级汉语教程》[①]《实用汉语高级教程》[②]。按照教材的程序，在初级汉语第四课的语音教学中讲解儿化，学生初学汉语，声、韵、调还没有熟练掌握，对儿化更是缺乏感性认识，所以儿化教学仅限于儿化韵的讲解，无法落实到具体的词语。等学完初级汉语全部课程（共三册，收儿化词68个，其中第一册30个，第二册22个，第三册16个），回头问学生："你们知道汉语中的儿化吗？"回答可归纳为如下几种：不是太清楚；知道一点儿；知道但没有掌握。

接着，我们把课文中出现频率较高又比较常用的12个儿化词让学生念（"儿"没有写出），这些词语分别是"小孩儿、男

[①] 北京语言学院来华留学生二系编《中级汉语教程》，北京语言学院出版社，1988年。

[②] 倪明亮主编《实用汉语高级教程》，华语教学出版社，1996年。

孩儿、女孩儿、聊天儿、老头儿、大伙儿、冰棍儿、相片儿、旁边儿、干活儿、小两口儿、玩儿"，结果没有一个学生念出儿化来。然后，我们告诉学生这些词都是儿化词，应该念儿化。由于在语音教学阶段没有经过实际操练，学生没有儿化的概念，也没有掌握儿化的发音技巧，多数同学"儿而不化"，有的念轻声音节 er，有的念阳平 ér。

当我们回过头来再结合词语讲解的时候，大部分学生已经不感兴趣了。理由可归纳为：汉语中要学的东西太多，没时间学习儿化；儿化的发音太麻烦；没有学习的必要，现在和中国人交际没有因为不说儿化而发生障碍，反正以后不当汉语老师；很多中国人（粤、闽、吴等方言区的人）说普通话也没有儿化。

《中级汉语教程》分上、下两册，共收儿化词 26 个，其中"活儿、娘儿俩"与初级重复，实际是 24 个。进入高级阶段后，再问学生："你们知道汉语中哪些词要念儿化吗？"有的学生能一口气报出十多个，多数是常用词语，像"这儿、那儿、哪儿、一点儿、一会儿、一块儿、小孩儿、事儿、玩儿"等，少数不太常用，如"一股脑儿、死心眼儿、找碴儿、玩意儿"等。但是接下来他们又集体声明，说平时只有"这儿、那儿、哪儿"是念儿化的，别的像"小说儿、茶馆儿、窗帘儿、牙刷儿、胶卷儿、衣帽钩儿、号码儿、菊花儿、台阶儿、纸条儿、冰棍儿、事儿"等一般不儿化。而课本中学到过的像"巴巴儿、发火儿、一色儿、坎肩儿"等是从来不说的。

二 问题产生的原因

由此可见，儿化在现阶段对外汉语教学中无论是教材的编写还是教学进度的安排都存在一些问题，造成这些问题的原因是复杂的，我们认为除与儿化本身的复杂性有关外，与传统的把儿化教学纳入语音教学也不无关系。

（一）儿化本身的无规律可循

儿化本身的无规律可循是导致现阶段教材中儿化词收录混乱的主要原因。汉语中哪些词应该读儿化，哪些词不读儿化，只有少数的情况有规律可循，大部分只能按活的口语的习惯来确定。有的必须儿化，例如"这儿、哪儿、一会儿"。有的可以儿化可以不儿化，例如"饭馆（儿）、旁边（儿）、汽水（儿）"。有的有时儿化有时不儿化，例如"胡同儿"和"菊儿胡同"、"一条儿香烟"和"一条黄瓜"，前者因组合的不同，后者因称量对象的不同。此外，儿化还有口语和书面语之间的差异、有个人使用习惯上的差异、有不同地域之间的差异、有目治的语言和口治的语言之间的差异等。儿化的这种特点常常使我们的教材编写者无所适从，最终导致我们教材中的儿化也存在不同编写者之间的认知差异、南北方之间的地域差异、同一本教材前后使用上的差异等。

（二）儿化发音的不容易把握

发音不容易把握是留学生学习儿化的最大障碍。普通话的"儿化"，既不自成音节，也不变成前一个音节的韵尾，而只是表示一种卷舌作用，使前一个音节的韵母"儿化"。多数儿化韵必须改变原韵母的结构才能与卷舌共存。普通话的39个韵母，儿化后合并为26个儿化韵。就是说"非儿化"与"儿化"并不是简单的"原韵母＋儿"，而是不同的韵母系统。其间涉及增音、失落、弱化、央化、鼻化等音变现象。北京人可以凭母语自然感知，留学生就只能死记硬背了，碰到诸如"玩儿玩儿、玩儿一玩儿、玩儿一会儿、玩儿花招儿"等就干脆念成自成音节的"儿"了。

（三）实用性的问题

实用性差是留学生对儿化学习没有热情的一个重要原因。毕竟汉语中有特定的词汇、语法作用的儿化词非常有限。或者更明确地说，即便不掌握儿化，也不至于会对交际造成什么影响。例如：《初级汉语课本》所收录的68个儿化词中，只有"这儿、那儿、哪儿、一点儿、一块儿、一会儿、小孩儿、男孩儿、女孩儿、老头儿、娘儿俩、画儿"等少数几个是必须儿化的。即便如此，这些词大都还有非儿化的表达法，例如"这里、那里、哪里、一些、一起、小孩子、男孩子、女孩子、老头子、母女（子）俩、图画"。其余除"公园儿、时候儿"是通常不儿化的外，大量的是可儿化可不儿化的，例如"汽水儿、号码儿、饭馆儿、饭盒儿、窗帘儿、相片儿、牙刷儿、手套儿、胶卷儿、纸条儿、小说儿、门口儿、台阶儿、贺年片儿、旁边儿、衣帽钩儿、发火儿"等。留学生一般更多地考虑到实用性，必须儿化的词往往选择非儿化的形式，可儿化可不儿化的词一般就选择不儿化的形式。所以一般都认为没有必要花大力气去学习和掌握汉语中的儿化。

事实上，在粤、闽、吴等方言区学习的留学生很少有机会接触课本以外的儿化。初级阶段他们唯一能看得懂的电视节目是《天气预报》，中、高级阶段后最感兴趣的节目是中央电视台的《新闻联播》，但都因语言过于书面化而很少出现儿化。

（四）教学安排的问题

把儿化纳入语音教学也是导致教学效果不佳的一个原因。传统的汉语教学把儿化纳入语音部分，安排在声、韵、调的后面，作为一种特殊的音变处理,像《现代汉语》课本就是这样做的。这种安排对中国学生来说是科学的,因为一方面儿化的语音特点相对于词汇、语法特点来说更为突出。另一方面中国学生对儿化都有丰富的感性认识。儿化教学的目的是使他们的知识理论化和系统化。但是对留学生来说就有点儿勉为其难了。他们初来乍到,对汉语非常陌生,也没有儿化的感性认识,在声、韵、调还没有熟练掌握的情况下就学习儿化韵,是不太切合实际的。加上儿化不是语音教学的重点,教得仓促练得少,往往没等学生接受就结束了,这种教学安排直接影响了他们以后的学习兴趣。例如《初级汉语课本》将儿化韵安排在第四课的语音中,而韵母 ie、iang、uang、üe、üan 则分别在第六课、第七课、第八课和第九课的语音中才出现,字母 a 的发音小结,字母 i 的发音小结,复合韵母发音特点总结,声母、韵母总结分别安排在第十一课、第十三课、第十四课和第十五课的语音中。

三 解决问题的对策

(一)已有的研究

儿化现象的复杂性早为学者们关注。在 20 世纪,就有许多学者曾对儿化词做过一些收集和整理,以便研究如何对这种现象做出处置。最早把儿化规范的原则落实到词汇的是《国语辞典》,随后是《北平音系小辙编》。两书以口语为依据的规范原则无疑是正确的,但由于儿化本身的复杂性,以及活的语言在时间上的变异,一些词不免与实际语言存在出入。《汉语拼音词汇》采取了比以往更严的标准。一些通常儿化的词,如"拐弯儿、脚印儿、酒窝儿、鸭梨儿"都没标儿化。《现代汉语词典》把必须儿化和可儿化的词分类标注是其精华所在。但"可儿化"这部分词会让读者无所适从。

《普通话的正音问题》对儿化规范做了严格规定，即与词义有关系的，而且在基础方言内也比较普遍的，应当保留儿化，其余一律不儿化。这种办法的可取之处是使儿化有规律可循。但是，从描写的角度看，没有区别性功能的表达形式，也需描写记录，因为学习一种自然语言要学得好，说得跟本地人一样准确、生动、传神，必须重视无区别性功能的那些"剩余形式"，否则话语会显得生硬，跟本地人不一样。

《必读儿化词研究报告》[①]以《现代汉语词典》等词典为依据，筛选出一批口语和书面语都儿化的词，按照在实际语料中的出现频率制订出必读儿化词表（1）和（2）。这种对数量的有效限制不失为语言教学的一种积极方法，但是对必读儿化词的确定在具体操作上仍存在难度。

（二）对策

对外汉语教学中儿化教学的无序状态尽管事出有因，但一味放任自流肯定是不行的，完全舍弃也是不符合语言实际的。既然儿化是对外汉语教学的一个不可或缺的组成部分，那么如何有效导入是关键。我们认为，根据儿化词的发展规律做一些积极的整理工作势在必行，但是要制定一个既符合语言实际，又简明合理令大多数人满意的标准绝非易事。为了使现阶段的对外汉语教学工作有序地进行，我们根据儿化的性质和发展趋势，提出将儿化

---

① 孙修章《必读儿化词研究报告（节录）》，《语文建设》1992年第8期。

与特定的词语相结合的词汇教学和控制儿化词数量的定量教学。

1. 儿化的词汇教学。

不在语音部分专门介绍儿化,包括定义、原理等,把儿化词的教学直接融入词汇教学中,不把儿化作为类推性的规则,而把儿化这种发音特征与特定的词相结合,让学生学习一个掌握一个。

这样处理的好处有二:一是避开了在语音部分所受的声韵调的冲击。声韵调为语音教学的重点是不争的事实,教师会花大量的课堂时间一个一个地讲解,学生会用几乎所有的学习时间来一个一个地操练。等掌握了声韵调就感觉语音部分已大功告成,这种情况下很难再把注意力转移到儿化的学习上,而且不与具体词语结合的儿化韵,学习起来枯燥乏味,效率低下。二是符合语言的自然学习法。儿化作为语音部分的一个小配角,一开始就以变化多端的面貌出现,容易引起学习者的反感,并由此而丧失学习的积极性。闽、粤、吴等方言区的学生尚且掌握不好,要求外国学生掌握,有点儿不切实际。不如有意识地在生词中一个一个地推出,让学生在无意识的状态中自然而然地接受。等到了高级阶段再从语音的角度做理性的总结归纳,会收到更好的效果。事实上,调查中我们也发现但凡留学生掌握得比较好的儿化词,都是通过这样的途径学来的。一位韩国学生说,只有"玩儿"他一直是读儿化的,因为第一次学习的印象很深,就养成了习惯。

不足之处是声韵调中韵母的学习没有涉及儿化韵,学生不了解原韵母和儿化韵之间的关系,没法按照标音来读。

2. 儿化的定量教学。

儿化的定量教学即确定和控制"必须儿化"的词的数量。可以以区别词汇意义、语法意义和常用性相结合为标准,定出一批无论是书面语形式还是口语形式都必须儿化的儿化词，使之形成一个相对封闭的系统，并在教学中分段实施。所有的儿化词都给出附录词表，说明用法，举出用例。

这样处理的好处有二：一是可以使每一个阶段的学习都有明确的目标，学到的每一个儿化词都有据可查，对儿化词的认识可以随汉语水平的提高而深入。二是可以打消他们对儿化的恐惧，纠正他们对儿化的误解，增强他们学习的信心，并在不知不觉的学习中逐渐形成对儿化词的丰富的感性认识。

不足之处是所说汉语不够生动、传神，跟本地人有一定的差距。闽、粤、吴等方言区的人也存在同样的问题，对留学生不能太苛求。

总之，这样的处理既不会给学生增加额外的学习负担，又能让他们对汉语中的儿化现象获得必要的感性认识。既提高了全体学生学习的积极性，取得较好的教学效果，又为个别学生今后的学习或研究打下良好的基础。而且学生在学习儿化词的同时。自然而然地形成儿化词读音的规范、书面形式的规范。

儿化及其教学是一个相当复杂的问题。儿化不仅是语音问题，而且是语音、词汇、语法交错的现象。儿化的应用还牵涉到语体问题、言语习惯问题等。儿化的教学还有儿化词数量的问题、规范化的问题和效果的问题等。这些都是需要广大的汉语教师和专家们共同研讨、解决的。

第三章

声调及声调教学研究

第一节　北京话单字音声调的统计分析[①]

一　北京话单字音研究概述

北京话的声调研究由来已久。国内最早见到的是赵元任的记录。他是用七弦琴为工具依据听感做成曲线画在五线谱上，但认为这不过是半定量半定性的结果，还不够算纯定量的记载。希望大家都用精确的方法再做能成定案的研究。[②]此后，刘复、白涤洲、林茂灿、石锋等采用不同的实验手段和标调方法对北京话的单字音声调又进行了深入细致的分析，[③]其中石锋采用了T值计算方法。由于不同发音人的调域相差很大，采用T值的计算方法，可以使不同的实验结果之间具有最大程度的可比性。本节也采用T值的方法。

上述研究都是选择数量较少的发音人进行实验分析，本节则

[①]　本节摘自石锋、王萍《北京话单字音声调的统计分析》，原载《中国语文》2006年第1期。

[②]　赵元任《中国言语字调底实验研究法》，《科学》1922年第9期。

[③]　刘复《四声实验录》，上海群益出版社，1924年；白涤洲《北京话声调及变化》，1934年；林茂灿《音高显示器与普通话声调的音高特性》，《声学学报》1965年第1期；石锋《北京话的声调格局》，《语言研究》1991年增刊，后收入《语音丛稿》，北京语言学院出版社，1994年。

是对52位北京人的发音进行较大规模的实验和统计分析,其中主要是对北京话4个调类的总体分布趋势进行统计分析,并且在此基础上区分了每个调位的稳态段和动态段。

二 声学实验和统计分析的基本步骤和程序

(一)发音样品的选择和制作

我们在包括52位北京发音人发音的《汉语语音数据库》(由美国学者Robert Sanders和石锋合作完成)中挑选出阴平、阳平、上声、去声每个声调各10组字的录音作为样本。发音样本中没有选择声母是鼻音、边音和零声母的字。Howie曾分析声调覆盖的范围,认为以浊辅音和半元音开头的音节中,声调曲线跟其他音节的声调曲线存在着有规律的差别。前者有弯头,而后者没有。前者的弯头只是预期性的调节段,弯头后面才是真正的声调。因此,声调的范围不是音节中全部的带音部分,而限于元音和它后面带音的部分,也即声调作用由韵母表现。[1] 石锋对天津话声调的分析中也得到相同的结论。[2]

每个发音人4个声调各有10组发音,即每个声调为520个取样。我们共得到52×10×4=2080个有效样品。发音字表的具体情况请参看本节附录。52位发音人按照年龄、性别、家庭语言背景进行分组,分布情况见下面的统计图。

---

[1] Howie, John M. (1976). *Acoustical Studies of Mandarin Vowels and Tones*. New York: Cambridge University Press.

[2] 石锋《天津方言单字调实验分析》,载《语言研究论丛》第4辑,南开大学出版社,1987年。

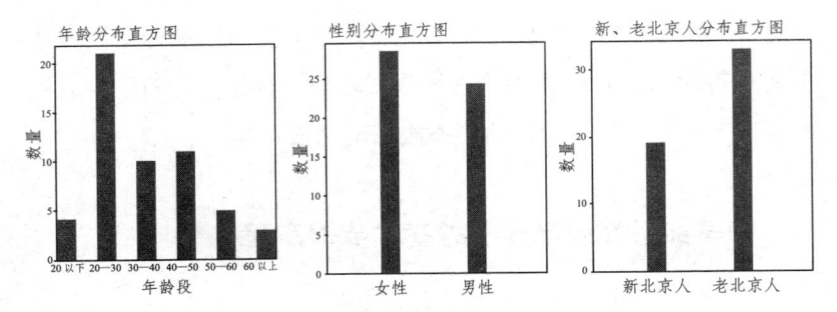

图 1　提供调查样本的发音人背景分布图

图1表现出样本发音人的年龄分组基本上符合正态分布，其中20—30岁年龄段的人数多了一些。发音人的性别比例大体上平衡。家庭语言背景的分布中，老北京人比新北京人多一些。这里的新、老北京人的判断标准是参照胡明扬先生的意见，老北京人是父母双方为北京人，本人在北京长大；新北京人则是父母双方或一方不是北京人，而本人在北京长大。

（二）声学实验中声学参数的提取

我们以南开大学开发的计算机语音分析系统"桌上语音工作室"为实验工具，分别对每位发音人的语音样本进行声学分析。测量点的选取方法是先在每一条声调曲线的起点和止点之间取中点，可以得到3个点；然后在起点跟中点和中点跟止点之间再各取一个中点，就会得到5个点；最后在相邻的两点之间再各取一个中点，这样就得到9个点。这个过程可以在"桌上语音工作室"中自动完成。同一组样品在同样测量点上的测量数据进行平均计算。这样做便于不同的声调在时长上进行归一，当然，如果有短促入声的情况还可以单独处理。

（三）语音数据的相对化

语音研究应该采用相对化和归一化的数据，而非绝对的数据。

这样才能有效剔除性别、年龄等外部因素带来的差异。据此得到的研究结果才会具有普遍性的意义。

正如元音的分析采用相对化的 Bark 值一样，我们的声调分析全部采用相对归一的 T 值计算。声调 T 值的计算公式如下：

$$T=\frac{\lg x-\lg b}{\lg a-\lg b}\times 5$$

其中，a 为调域上限频率，b 为调域下限频率，x 为测量点频率。得出的 T 值就是 x 点的五度值参考标度。也即：

$$T=\{[\lg x-\lg(\min)]/[\lg(\max)-\lg(\min)]\}\times 5$$

在计算中应注意，进入公式的数值不是每个测量点上单个样品的测量值，而是在这个测量点上全组样品经过统计整理的平均值。

首先需要得出整个样本中（如北京话声调实验样本）每一组样品（如阴平、阳平、上声、去声四组样品）各个测量点（如每一声调取 9 个测量点）的频率数据的平均值（即每个声调有 9 个平均值，四个声调共有 36 个平均值）。上文中的调域上限频率和调域下限频率分别是全部测量点平均值（如这里的 36 个平均值）中的最大值和最小值，测量点频率则是指每一个测量点的平均值，这样计算得出的就是每一个测量点的 T 值。

根据公式计算的 T 值取值范围只能在 0—5。T 值跟五度值之间的对应关系为：0—1 大体可以看作五度值的 1 度；1—2 看作 2 度；2—3 看作 3 度；3—4 看作 4 度；4—5 看作 5 度。

（四）相对化数据的统计分析

我们以 SPSS10.0 为统计工具，对声学分析的 T 值数据继续进行总体的统计分析。统计整理的过程就剔除了个别的离群值，从而保证了数据的整体客观性。在语音实验中，各个发音人的调域相差很大，并且言语声调的音高是相对音高。所以我们采用 T 值的计算方法。这样可以使不同的实验结果之间具有最大程度的可比性。

（五）根据相对化的统计结果进行语音学分析

我们根据相对化的统计结果，分析语言现象背后存在的差异、趋势、规律，进而求得语音学研究中的一般性结论。

三　北京话单字音的统计分析

（一）语音样本的总体统计分析

我们对 2080 个语音样品的分析采取声学实验和统计分析相结合的方法。具体来说，在声学实验中，分别测算 52 位发音人每个声调的 T 值，其中每个声调选取 9 个测量点，共计得出 52×4×9=1872 个点的 T 值数据。然后将声学分析得到的数据输入统计软件，分别计算出每个声调各个测量点在全部发音人中的平均值、标准差、最大值、最小值。最后，根据数据分别做出有关的统计图表。

统计图表的横坐标是依照时长归一的原则依次等距离标出的 9 个点，纵坐标则是跟五度值相对应的从 0 到 5 的 T 值标度。我们经过测算得到的每一个 T 值数据都可以在坐标图中找到对应的一个点，属于同一个声调的 9 个点就能够确定这个声调的调型曲线。

（二）语音样本的主体分布

声调格局中，每一声调所占据的不是一条线，而是一个带状的声学空间，这如同在声学元音图上用画圈的办法标示每个元音音位的声学空间。因此，通常所做的声调调型曲线不应只看成是一条线，而应该作为一条带状包络的中线或主线。因此，我们对语音样本的总体统计分析采取如下的方法：用平均值加减标准差来得到每个声调的声学空间。标准差表示一组数据对于均值x̄的离散程度。用这种方法计算出的声学空间的范围可以排除一些偶然的个别因素。（见下页图2）

图2中每个声调的声学空间都由均匀分布的3条曲线组成。其中，位于中间的曲线由9个点的平均值确定，这就是带状包络的中线或主线；上方和下方的曲线分别由平均值加减标准差得到。图中每个声调的音长数据都进行了归一化。图2可以清楚地表现每一个声调的情况。

图3（见下页）是石锋为了说明声调分布的声学空间，根据刘复（1924：1位发音人）、白涤洲（1934：5个取样）、林茂灿（1965：2个发音人，38个取样）、石锋（1994：5个发音人，45个取样）的实验数据，[1]统一采用T值公式计算做出的示意图。这个图形和图2的统计结果的总体趋势是一致的。北京话的4个声调是以去声的起点为最高点，上声的折点为最低点确定的调域。并且北京话的不同调位之间的对立是很明显的，一高一低，一升一降，4个调型曲线构成准对称图形。

阴平调完全位于调域的上部，平调其实并不是一个绝对水平的调型。起点的平均T值最高，为4.33；终点最小，为4.07。阴平调声学空间的动态范围：起点和终点的标准差都是0.29，中间

---

[1] 刘复《四声实验录》，上海群益出版社，1924年；白涤洲《北京话声调及变化》，1934年；林茂灿《音高显示器与普通话声调的音高特性》，《声学学报》1965年第1期；石锋《天津方言单字调实验分析》，载《语言研究论丛》第4辑，南开大学出版社，1987年。

各点稍高。整个声调的音高范围基本在 5 度中,起伏不超过 0.5 度。因此,其调值可以记作 55。

阳平调是从调域中部到调域上部的升调,起始处有小的"凹"形。起点的平均 T 值为 2.48;音高最小的是第三个点,T 值为 2.21;终点的 T 值最高,为 4.02。阳平调的动态范围:起点标准差最大,为 0.57,以后各点逐渐减低,第三点为 0.54,终点标准差最小,为 0.35。对应为五度值:上限 435,中线 335,下限 224。因此其调值可记为 335 或 35。如果在实验中选取的测量点较少,只计算起点和终点的音高,就会忽视这个阳平调起始段的"凹"形表现。这是声带发音的生理物理机制自然造成的伴随特征,"凹""凸"应该作为声调表现的一种重要特征给予重视。[1]

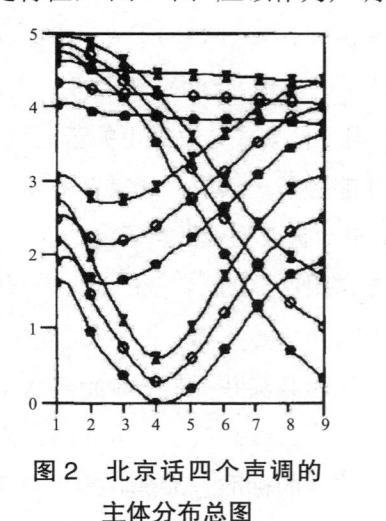

图 2　北京话四个声调的
主体分布总图

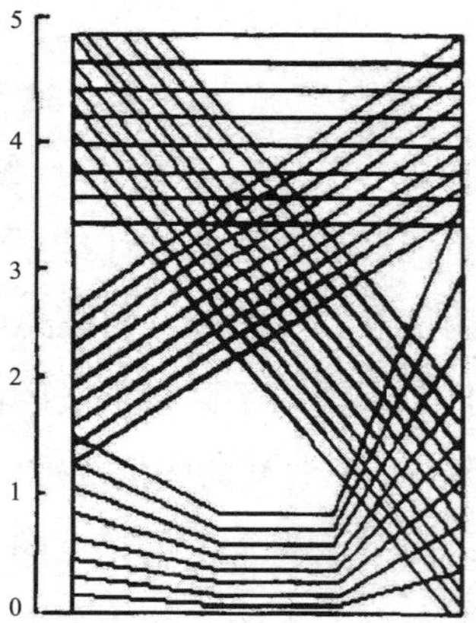

图 3　北京话四个声调的
声学空间

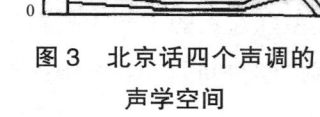

[1] 石锋《天津方言单字调实验分析》,载《语言研究论丛》第 4 辑,南开大学出版社,1987 年。

第一节 北京话单字音声调的统计分析 149

北京话阴平调的主体分布

北京话阳平调的主体分布

北京话上声调的主体分布

北京话去声调的主体分布

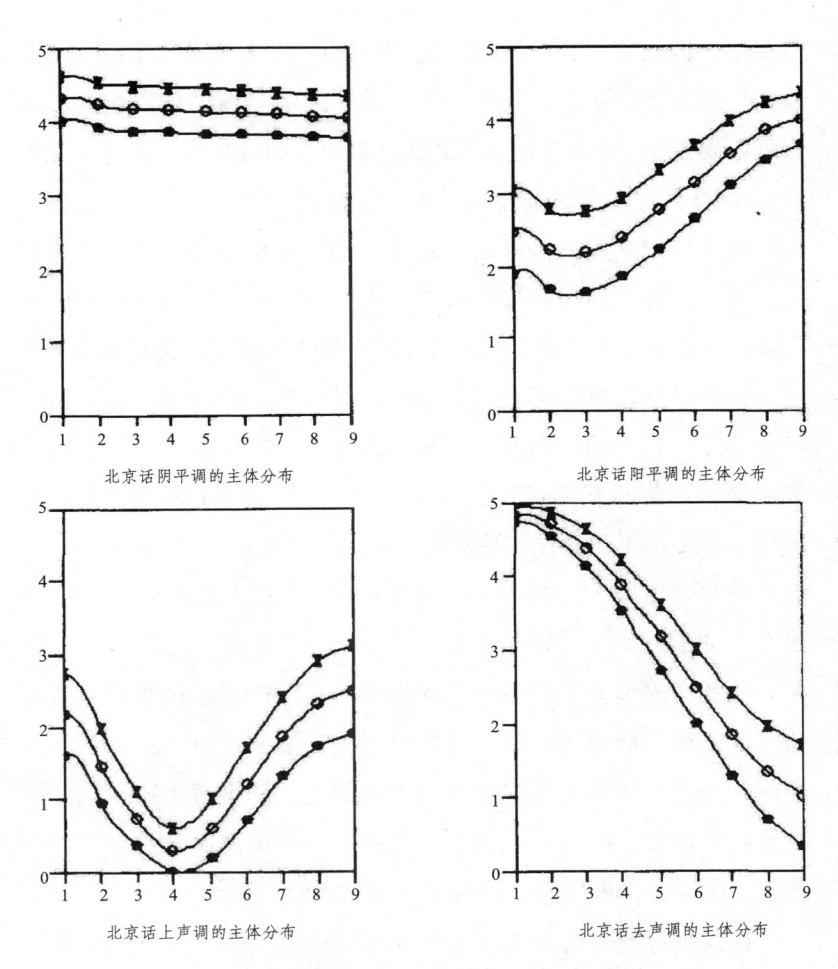

图 4 北京话 4 个声调的主体分布分图

上声调是主要位于调域下半部分的曲折调。它的特点可用"低"和"凹"来概括。起始部分有些下降,将近一半时长都停留在调域的底层,末尾部分上升到声调的最高值。起点 T 值为 2.19,第四个点最低,为折点,T 值是 0.29,终点 T 值为 2.51。上声调的动态范围:起点标准差为 0.56,以后几个点依次减低,到折点标准差最小，为 0.31；然后各点再逐渐增高，至终点标准差最大，为 0.60。对应为五度值：上限 314，中线 313，下限 212。由此，调值可记为 313，如果取起点的最低值和终点的最高值，就可以记为 214。阳平和上声的调型都有"凹"特征，表现并不相同：首先，我们应注意阳平第三点标准差跟上声的折点标准差在数值上的差异。其次，前者的折点接近起点，在第二、三点之间；后者的折点接近中点，在第四点上，是为区别于其他声调而发音着力之处。

去声调从调域顶部到调域底部，是典型的全降调，其特点可以用"降"和"凸"来概括。起始处下降比较平缓，然后急速下降至最低。起点最高，T 值为 4.84；终点最低，T 值为 1.03。去声调的动态范围：起点标准差最小，为 0.09；以后各点逐渐增高，到终点标准差最大，为 0.69。对应为五度值：上限和中线 52，下限 51。调值可记为 52。

从 4 个声调各个测量点的数据分布范围来看，阳平的升调跟去声的降调形成对比：阳平是起点最大，依次过渡到终点最小；去声则是起点最小，逐步过渡为终点最大。阴平跟上声可以成为对比：上声是中间的折点最小，向两端逐渐增高，到起点和终点最大；阴平则是两端小，中间各点稍大。

如果把标准差的数值作为声调稳定段的指标，以 0.5 为界限，则可以把标准差小于 0.5 看作较稳定的分布，把标准差大于 0.5 看作不稳定的分布。本节中较稳定的分布是阴平的起点和终点，阳平的终点，上声的折点，去声的起点。不稳定的分布是阳平的起点、上声的起点和终点、去声的终点。

（三）语音样本的极限分布

我们在所有的统计数据中选择每个声调中每个测量点的极

值——最大值和最小值，做出了图 5，可以和图 2 做对照比较。图 6 是把图 2 叠加在图 5 上得到的，可以比较极值跟均值的距离大小。为了看得更清楚，我们把图 6 按照不同的调类拆分为图 7。

阴平调分布在调域上部仍为高平调。起点的最大值为 4.80，最小值为 3.70。终点最大值为 4.70，最小值为 3.50。阴平调声学空间的范围在 4 度和 5 度之间。最大值的调值可记作 55，最小值的调值可记作 44。

阳平调保持调型的"凹""升"特征。起点的最大值为 3.50，最小值为 1.20。折点的最大值为 3.30，最小值为 0.90。终点最大值为 4.80，最小值为 2.90。按最大值为高升调，按最小值则为低升调。阳平调的声学空间范围：起点、折点和终点的跨度都在 2 度或 2 度以上。最大值的调值可记作 445，最小值的调值可记作 223。从图 7 可以看到最小值跟均值的距离较大，说明低升数据较少。这表明数据分布的向上集中趋势。

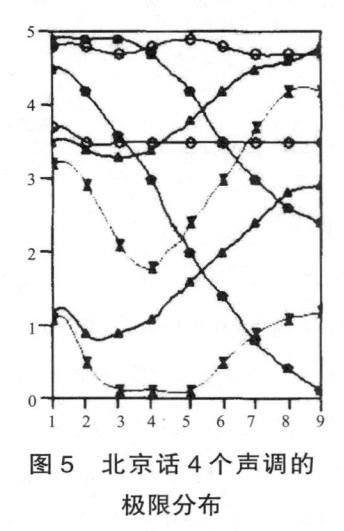

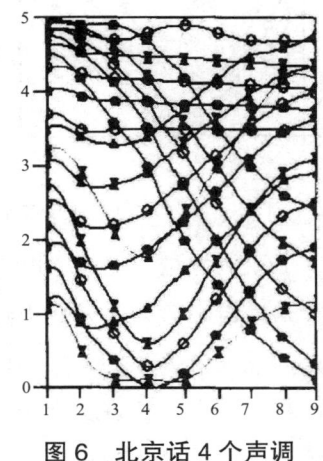

图 5　北京话 4 个声调的极限分布

图 6　北京话 4 个声调统计图

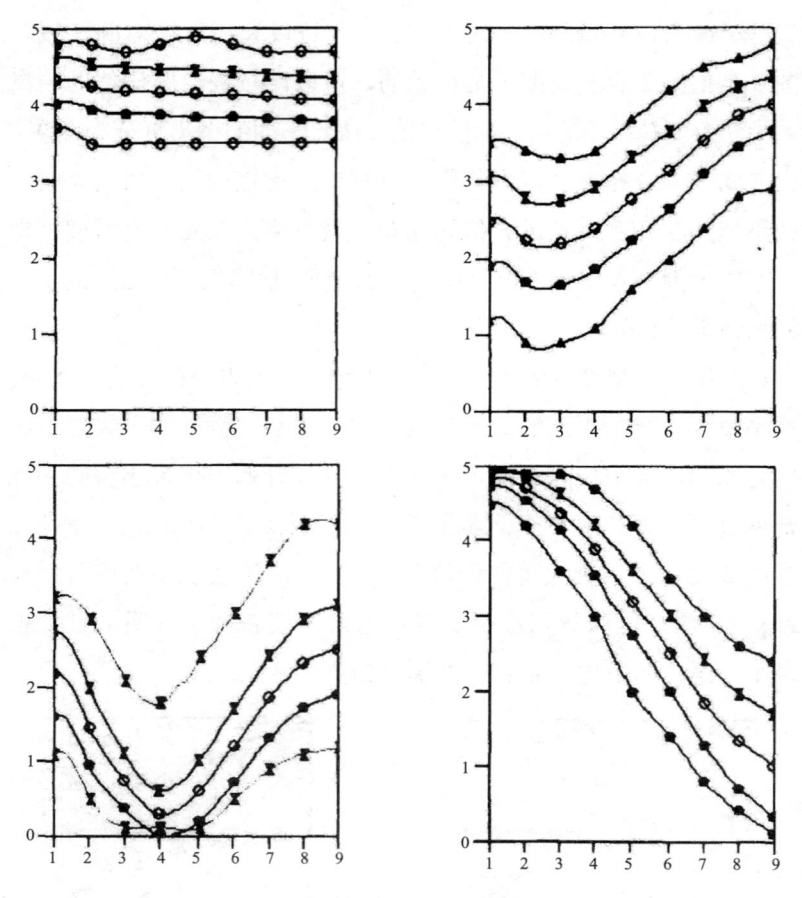

图 7　北京话 4 个声调统计分图

上声调调型"低""凹"的曲折调特征不变。起点的最大值为 3.20，最小值为 1.10。折点的最大值为 1.80，最小值为 0.10。终点的最大值为 4.20，最小值为 1.20。上声调的声学空间范围：起点跨度较大，折点跨度稍小，终点跨度最大，达到 3 度。最大值的调值可记作 425，最小值的调值可记作 212。从图 7 可以看到折点处最大值跟均值的距离很大，最小值则跟均值很接近，说明折点处的数据分布向下集中，多在调域底部。这表明"低"是最重要的特征。终点的大跨度分布则表明它的高低对于声调的区分作用不大。

去声调保持"高""降"调型。起点的最大值为 4.90，最小值为 4.50。终点的最大值为 2.40，最小值为 0.10。去声的声学空间范围：起点跨度很小，只有 0.4 度，终点跨度较大，为 2.3 度。

从上文图 2 跟图 5 的对照比较中可以看到：表现主体分布的图 2 中，每个声调的起点、折点、终点的分布跨度与图 4 中极值的分布跨度有一定的对应关系。例如：去声起点的跨度在主体分布中最小，只有 0.18 度，其极值分布的跨度也是最小的，只有 0.4 度；上声终点的跨度在主体分布中较大，为 1.20 度，其极值分布中的跨度最大，为 3.0 度。

图 5 表现出每个声调的极值分布空间明显比图 2 都有不同程度的扩大，但基本的调型特征以及相互的位置关系仍然保持不变。值得注意的是阳平调和上声调的极值分布范围有相当部分的叠合。通过跟均值的比较，我们知道阳平调的数据趋向于较高的分布；上声调折点的数据则是集中于调域的底部。这样，叠合相混的情况就会减少很多。另外，这种叠合大多不是出现在同一个人的发音中。然而尽管如此，我们也不能完全排除二者出现混淆的可能，现实的言语交际中就时有发生。

四 结语

本节对北京话四个声调语音实验数据进行了大样本总体统计分析。通过主体分布分析、极限分布分析以及对比分析，可以得到每一个声调调位内部声调变体的分布趋势，从而区分出每个声调调位的稳态段和不稳定段。稳态段就是特征段，不稳定段就是动态段。

数据集中的测量点跟数据离散的测量点对于声调的区分作用是不一样的，即每个声调的不同部位的重要性是不同的。数据集中的测量点（跨度较小的点）对于声调区分的贡献较大，更多地承载着声调的调位信息。它的分布范围受到严格的制约，可以成为声调特征点。例如：阴平的声调特征点是起点和终点；阳平的声调特征点是终点；上声的声调特征点是折点（第四点）；去声的声调特征点是起点。那些数据离散度较大的测量点（跨度较大的点）对于声调区分的贡献较小，承载的调位信息也少，因此它的分布范围比较宽泛。如，阳平的起点、上声的起点和终点、去声的终点，都是如此。

由特征点构成的稳态段，更多地承载着声调的调位信息，与其他调位相区分时发挥主要作用，因而它的稳定程度就高，变化的可能性就小；由离散度较大的测量点构成的动态段，承载的调位信息少，与其他调位相区分时发挥相对次要作用，所以它的稳定程度就低，变化的可能性就大。

附录　单字音实验分析发音字表

阴平：搓　丁　拍　乓　飘　枯　风　多　颠　抻
阳平：才　逢　夺　扶　形　肥　则　轴　层　雹
上声：舍　扁　洒　懂　扫　款　舔　躲　嘴　饱
去声：志　判　社　怕　病　倔　奋　个　在　最

第一节 北京话单字音声调的统计分析

语音样本的总体分析统计数据：

阴平

	Valid N	Mini	Max	Mean	Std
A1	52	3.70	4.80	4.33	0.29
A2	52	3.50	4.80	4.25	0.30
A3	52	3.50	4.70	4.20	0.30
A4	52	3.50	4.80	4.18	0.30
A5	52	3.50	4.90	4.15	0.31
A6	52	3.50	4.80	4.14	0.30
A7	52	3.50	4.70	4.12	0.29
A8	52	3.50	4.70	4.09	0.28
A9	52	3.50	4.70	4.07	0.29

阳平

	Valid N	Mini	Max	Mean	Std
B1	52	1.20	3.50	2.48	0.57
B2	52	0.90	3.40	2.24	0.55
B3	52	0.90	3.30	2.21	0.54
B4	52	1.10	3.40	2.39	0.52
B5	52	1.60	3.80	2.78	0.53
B6	52	2.00	4.20	3.15	0.50
B7	52	2.40	4.50	3.55	0.44
B8	52	2.80	4.60	3.86	0.39
B9	52	2.90	4.80	4.02	0.35

上声

	Valid N	Mini	Max	Mean	Std
C1	52	1.10	3.20	2.19	0.56
C2	52	0.50	2.90	1.48	0.52
C3	52	0.10	2.10	0.75	0.38
C4	52	0.10	1.80	0.29	0.31
C5	52	0.10	2.40	0.61	0.41
C6	52	0.50	3.00	1.22	0.51
C7	52	0.90	3.70	1.87	0.55
C8	52	1.10	4.20	2.32	0.59
C9	52	1.20	4.20	2.51	0.60

去声

	Valid N	Mini	Max	Mean	Std
D1	52	4.50	4.90	4.84	0.09
D2	52	4.20	4.90	4.72	0.17
D3	52	3.60	4.90	4.39	0.25
D4	52	3.00	4.70	3.88	0.34
D5	52	2.00	4.20	3.18	0.43
D6	52	1.40	3.50	2.51	0.50
D7	52	0.80	3.00	1.86	0.57
D8	52	0.40	2.60	1.35	0.64
D9	52	0.10	2.40	1.03	0.69

第二节 声调感知对比研究[①]

普通话的上声除了经常被描述为"曲折调"之外，还有"低平调"[②]"低降调"[③]之说。近些年来"上声低平"说甚至已成为对外汉语教学领域较为流行的一种观点。[④]但是，从语音材料及一些发音—声学实验的研究结果来看，很难观察到又低又平的上声。[⑤]叶莫拉认为声调研究最常遇见的难题就是确定低调到底是降还是平，她提到汉语中的低调有人用 /21/ 来描写，有人用 /22/ 或 /11/。[⑥]Maddieson 把平调定义为一个直平音高变体可以被接受

[①] 本节摘自曹文《声调感知对比研究——关于平调的报告》，原载《世界汉语教学》2010 年第 2 期。

[②] 王力《现代汉语语音分析中的几个问题》，《中国语文》1979 年第 4 期。

[③] 林焘《语音教学和字音教学》，《语言教学与研究》1979 年第 4 期。

[④] 伊藤敬一《在日本汉语教学上的两个问题》，载《第一届国际汉语教学讨论会论文选》，北京语言学院出版社，1986 年；余霭芹《声调教法的商榷》，载《第一届国际汉语教学讨论会论文选》，北京语言学院出版社，1986 年；曾金金《华语语音资料库及数位学习应用》，新学林出版股份有限公司，2008 年。现代音系学也有用 LL 或 L 来标记这一声调的。

[⑤] Bradley, C. (1915). The tone-accents of two Chinese dialects. *JAOS*, 35(4), 199-206；刘复《四声实验录》，上海群益书社，1924 年；Howie, J. M. (1970). The vowels and tones of Mandarin Chinese: Acoustical measurements and experiments. Ph. D. Thesis at Indiana University, 1970；石锋、王萍《北京话单字音声调的统计分析》，《中国语文》2006 年第 1 期；杨洪荣《普通话声调的实验研究》，载《走向世界的汉语教学探索——第四届对外汉语国际学术研讨会论文集》，外语教学与研究出版社，2008 年；曹文、蔡整莹、赵刚、张劲松《HSK 甲级字音节中介语语音语料库》，北京语言大学对外汉语研究中心，www.dwhyyjzx.com/cgi-bin/yuyin/，2009 年。

[⑥] Yip, M.（叶莫拉）(2002). *Tone*. Cambridge University Press.

的声调。[1] 这个定义很好，也得到了其他专家的认同。[2] 但是，"低平"的音高到底能否被接受/感知为上声呢？

以往对上声的感知研究，多数以曲折调作为实验对象[3]。涉及平调的，仅零星地见诸一些文献资料。例如林焘和王士元发现"青天"的"天"抬高后，有人会将其听成"请天"。他们把这种情况归因于听错觉。[4] 类似的还有沈炯提到的"班子""板子"之变。[5] 此外，在何江声调范畴感知的实验中有3个合成的平调，然而何文并未就平调与上声的性质问题进行探讨。[6] 从已公开发表的文献资料来看，上文提出的问题依旧没有答案。

如果联系到对外汉语教学，人们自然还会提出另外两个问题：中国人和外国人对低平调的感知有无差异？母语为声调语言与否会不会对感知结果产生影响？

要回答这些问题，对孤立音节的听辨理当是研究的第一步。

---

[1] Maddieson, I. (1978). Universals of tone. In Greeenberg, J. H. (Ed.), *Universals of Human Language*, *Vol. 2: Phonology*. Stanford University Press, 335-365.

[2] Yip, M.（叶莫拉）(2002). *Tone*. Cambridge University Press.

[3] Shen, X.（沈晓楠）, & Lin, M.（林茂灿）(1991). A perceptual study of Mandarin tone 2 and 3. *Language and Speech*, 34(2), 145-156；方至、金凌娟《声调知觉的多维量表》，载匡培梓、张嘉棠合编《中国语文——认知科学第五届国际研讨会论文选编》，科学出版社，1992年；Liu, J.（刘娟）(2004). Perceiving the boundary between the lexical rising tone and the falling-rising tone. 载石锋、沈钟伟编《乐在其中——王士元教授七十华诞庆祝文集》，南开大学出版社，2004年。

[4] 林焘、王士元《声调感知问题》，载《中国语言学报》第2期，商务印书馆，1984年。

[5] 沈炯《科普3：元音共振峰是什么？》，http://www.pkucn.com/viewthread.php? tid=14728 & page=2，2003年。

[6] 何江《汉族学生与维吾尔族学生对普通话声调的范畴感知》，《新疆师范大学学报》（哲社版）2006年第2期。

一 实验目的与方法

（一）实验目的

本实验的目的首先是探讨普通话第三声是否具有低平的性质，而非所谓的范畴感知问题。[1] 因此，本节采用一般的感知分析研究法，[2] 而不采用"辨认＋区别"[3] 这样的范畴感知研究范式。

实验还将考察外国被试对低平调的感知，并将结果与中国被试进行比较。一般认为，对汉语声调的掌握，母语为声调语言的学生比母语为非声调语言的学生好。泰国学生是其中的代表。巧合的是，从区别特征的角度来说，标准泰语有高、中、低、升、降5个声调，除了中调以外，另外4个就跟普通话的一样；而且对泰语的高、低调也有平调、非平调的不同看法，[4] 所以泰国人对平调的泰语感知也将成为实验的考察内容之一。

（二）实验方法

实验采用单音节声调合成与调类判断法。

---

[1] 笔者认为在声调本身的性质尚不清楚的情况下，不宜探讨声调的范畴感知这样的问题。

[2] 林焘、王士元《声调感知问题》，载《中国语言学报》第2期，商务印书馆，1984年。

[3] Liberman, A. M., Harris, K., Hoffman H., & Griffith, B. (1957). The discrimination of speech sounds within and across phoneme boundaries. *Journal of Experimental Psychology*, 54(5), 358-363.

[4] Bradley, C. (1911). Graphic analysis of the tone-accents of the Siamese language. *Journal of the American Oriental Society*, 31(3), 282-289; Li, F.（李方桂）(1977). *A Handbook of Comparative Tai*. The University Press of Hawaii; Ladefoged, P. (1975). *A Course in Phonetics*. Harcourt Brace Jovanovich, Inc; Abramson, A. S. (1985). The Thai tonal space. Paper presented at the 18th International Conference on Sino-Tibetan Languages and Linguistics, Bangkok, Thailand; Candour, J., Tumtavitikul, A., & Satthamnuwong, N. (1999). Effects of speaking rate on Thai tones. *Phonetica*, 56, 123-134.

1. 原始语音样本及刺激项的合成。

原始语音样本是一个时长为235毫秒（ms）的音节[kʰai]（见图1），选自北京语言大学目前在建的"汉外语音对比语音语料库"。发音人是一位能说汉、泰双语的华裔汉语教师，女，25岁。该音节是个高降调，基频值302—174赫兹（Hz），换算为以100Hz为参考频率的半音（st），就是19.1—9.6st，折合为该发音人的音高五度值则为[52]。这个音节在泰语为"发热"的意思，在汉语则为"忾"。

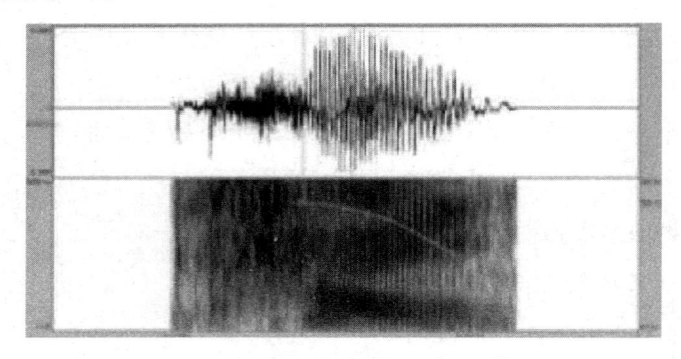

图1 原始语音样本 [kʰai]⁵²

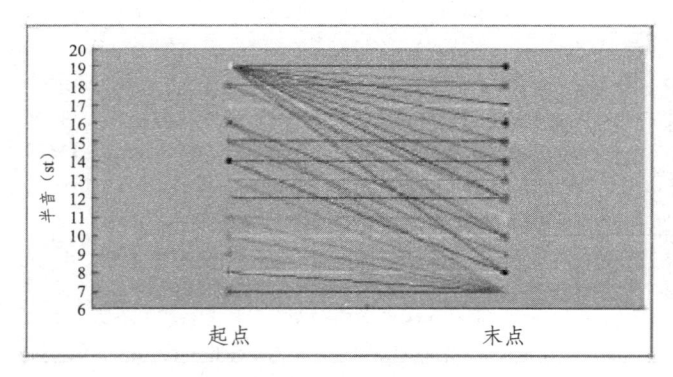

图2 合成调形

用 Praat 软件（www.fon.hum.uva.nl/praat）按半音标度将 [kʰai]⁵²取整合成出若干个具有不同基频值的平调和降调①音节（参见图 2）。基频最高值为 19st，最低值为 7st，二者相差 12st，即一个八度／倍频程，基本相当于一个普通人的声调音域。②

将这些音节随机排列，形成一个时长约 3 分钟的声音文件。文件中，在每个音节前 1 秒有"嘀"的一声提示；音节后有 3 秒的静音段，供被试做出判断。实验前有 1 分钟的适应练习。理论上被试在这一段时间可以大致了解刺激声的调域。这些音节中的平调一共有 13 个，相关数据请看表 1：

表 1　合成平调音节的音高

序号	1	2	3	4	5	6	7	8	9	10	11	12	13
音阶	7st	8st	9st	10st	11st	12st	13st	14st	15st	16st	17st	18st	19st
五度值	11	11	11*	22	22	33	33	33*	44	44	55	55	55

表中五度值是根据林焘、王理嘉所说的方法计算得到的。每度的范围是（19-7）/5=2.4st。具体各度是：7—9.4st 为 1 度，9.4—11.8st 为 2 度，11.8—14.2st 为 3 度，14.2—16.6st 为 4 度，16.6—19st 为 5 度。由上表可知，实验中合成出的 /11//33//55/ 调各有 3 个，/22//44/ 调各有 2 个。不过，如果考虑到四舍五入的话，9st、14st 的两个平调也可分别视作 /11//22/ 的过渡调和 /33//44/

---

① 关于降调的听辨与研究结果将另文报告。
② 林焘、王理嘉《语音学教程》，北京大学出版社，1992 年；吴宗济 (1994). Further experiments on spatial distribution of phrasal contours under different range registers in Chinese intonation. Paper presented at the International Symposium on Prosody, Yokohama, Japan. 中译文"普通话语调中短语调群在不同音阶的调域分布新探"（曹文译），收于《吴宗济语言学论文集》，商务印书馆，2004 年。

的过渡调,所以表中给加了星号。

2. 被试及其任务。

20 名中国学生、20 名母语为非声调语言的汉语学习者(韩、俄等国留学生,以下或简称无调生),以及 20 名母语为泰语的汉语学习者(以下或简称有调生),共 60 位年龄在 20—30 岁的被试对合成出的不同音高的音节 kai 进行汉语声调听辨。其中的无调生和有调生在中国学汉语的时间平均皆为 1.5 年。三类被试听的是相同的声音文件,任务是写出所听音节的调类。T1、T2、T3、T4 分别用来代表阴平、阳平、上声、去声。[①]

20 名泰国学生中的 12 人在 4 个月后对重新排序的合成音节进行了泰语声调听辨。任务是写出所听音节相当于标准泰语中的哪一调。听辨时直接用泰文写,统计时将泰语的 5 个调[②]——普通调(中调)、一调(低调)、二调(降调)、三调(高调)、四调(升调)分别记作 T0、T1、T2、T3、T4。

二 实验结果与分析

对 13 个平调的听辨,3 组被试表现出了不同的结果。

(一)中国人的听辨结果与分析

图 3 显示的是 20 名中国人对 13 个平调的听辨结果。当调子很低的时候,即 7st、8st 时,4 个调类都有人选,但没有 1 个调类的选择超过半数。统计检验表明对这 2 个音节的声调判断与随

[①] 普通话的单音节中没有 kai2,但这并不会影响被试对调类的判断,实验并不关注语义。

[②] 在泰语中,kai 五个声调都可以带。

机判断无显著差异（x^2_{7st}（3）=4.05，P＞0.10；x^2_{8st}（3）=4.55，P＞0.10）。

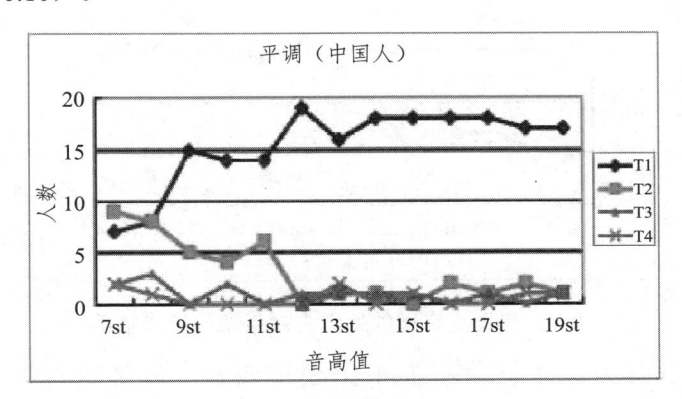

图3 中国被试对平调的听辨结果

在所有的刺激声中，这2个音节的五度调值大体相当于/11/。这说明中国被试对如此低的平调并无明确的感知倾向。

然而，当平调在9st、10st、11st的高度时，被试的选择相当明确：有14至15名被试（70%—75%）认为它们是第一声。统计检验也支持这一发现（x^2_{9st}（3）=15，P＜0.001；x^2_{10st}（3）=10.66，P＜0.05；x^2_{11st}（3）=14.35，P＜0.001）。

当高度达到12st——大体是五度值/33/的下限——之后，选择阴平的比例继续增加，并稳定在80%（16人）以上。

值得注意的是，各个高度的平调被听成第三声的比例都很低，在0—15%之间。

（二）无调生的听辨结果与分析

图4显示的是20名母语为非声调语言的外国被试的听辨结果。

平调（无调生）

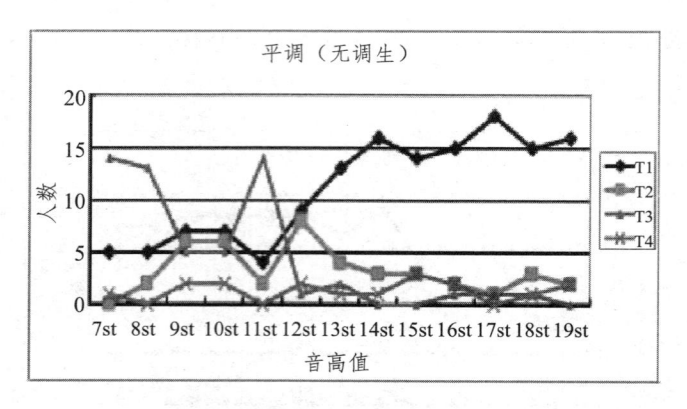

图 4 母语无声调的外国人对平调的听辨结果

整体看来，规律不如中国被试明显。但是当音高达到13st——相当于五度值 /33/ 的中段，规律有所显现：13 名被试（65%）选择第一声。不过，统计检验表明这一倾向属于边缘性不显著（$x^2(3)=7.62<7.8$，$P>0.05$）。音阶继续升高后，这一比例变得更高——尽管有波动，但不低于 70%（14 人）。x^2 检验表明：14st 之后，阴平选择趋势变得非常明显（$x^2_{14st}(3)=13.9$，$P<0.005$；$x^2_{15st}(3)=10.26$，$P<0.01$；其他数据，文繁不录）。也就是说，相较于中国被试，无调生对汉语阴平音阶的感知阈限（下限）高 4—5 个半音。

无调生对 12st 以下低平调的感知结果比较复杂。

实验中最低的两个平调——相当于 /11/ 的 7st、8st 被大多数母语无声调的被试感知为第三声。统计表明这一趋势是明显的（$x^2_{7st}(3)=11.9$，$P<0.05$；$x^2_{8st}(3)=9.84$，$P<0.05$）。当音阶升高到 9st 和 10st，声调感知倾向非常模糊（$x^2(3)=1.71$，$P>0.5$），但当音阶升高到 11st，选择第三声的比例又一次升到 70%（14 人），倾向明显（$x^2(3)=10.7$，$P<0.05$）。

这个结果令人困惑。在检查了这些刺激声的播放顺序后，笔者发现在 11st 的平调之前播放的一个音节是 18st 的平调。也许，这个顺序对此类被试造成了一种语境错觉，前者（18st）高平特征很明显，相当于 /55/，后者（11st）于是被感知为对比分明的低调，落实到具体声调就成了上声。除此以外，暂时没有更好的解释。

（三）有调生的听辨结果与分析

图 5 显示的是 20 名泰国留学生对这些平调的听辨结果。

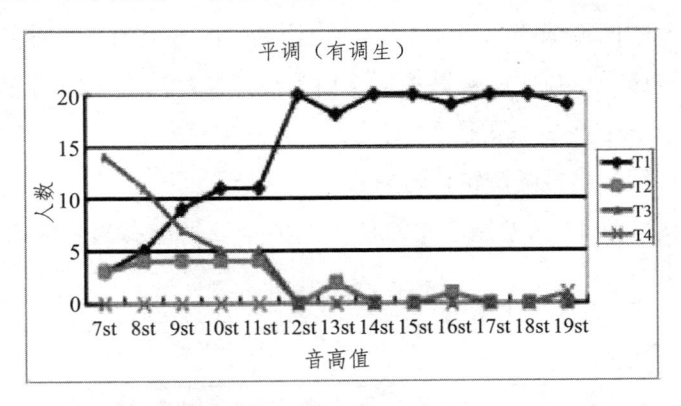

图 5　母语有声调的外国人对平调的听辨结果

总的看来，既有像中国被试（结果）的地方，也有像母语无声调外国被试（结果）的地方，反映出一种过渡的状态。

与中国被试的相似之处是：12st（含）以上的平调被感知为第一声 / 阴平的比例非常高（90% 以上，18—20 人）。

跟母语无声调的被试相似的地方是对 7st、8st、9st 的听辨。其中，对于两个明确的 /11/ 调——7st、8st，选择第三声 / 上声的人数最多，且都超过了半数。统计检验表明对 7st 的听辨趋势明显（$x^2_{7st}(3)=10.26$，$P < 0.05$），对 8st 的听辨选择属于边缘

性不显著（x^2_{8st}（3）=7.36＜7.8，P＞0.05）。而对 9st 这个相当于 /11/ 和 /22/ 过渡的平调，第一声略占优势，但优势并不明显（x^2_{9st}（3）=6.59，P＞0.05）。

有调生对 10st 和 11st 这两个可折合为五度值 /22/ 的平调的感知表现出更为明显的过渡性。首先，较之无调生的无规律性表现，有调生对此二调的感知体现出一定的规律性。显著性检验结果为边缘性不显著（x^2_{10st}（3）=x^2_{11st}（3）=7.36＜7.8，P＞0.05）。20 名被试中有 11 人（占 55%）认为它们是第一声。这一比例虽然没有中国被试的 70% 高，但从声调选择的种类来看，阴平占优势——这一点与中国被试相似，而另一方面，选择上声的人数也不少——这一点又跟无调生相近。

（四）泰调听辨结果与分析

图 6 是 12 名泰国学生对所听到的平调做出泰语声调辨认的结果。

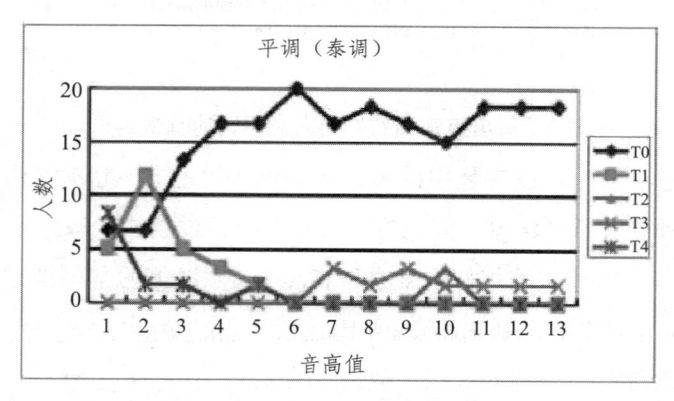

图 6 泰国被试对平调所做的泰调听辨结果

当音阶为 7st、8st、9st，相当于五度值 /11/ 时，被试的听辨结果与随机选择相比都没有显著性的差异（x^2_{7st}（4）=6.18，P＞0.10；

x^2_{8st}（4）=8.03，P＞0.05；x^2_{9st}（4）=8.46，P＞0.05）。

对 10st（相当于五度值 /22/）以上的音阶，泰调辨认显现出很明显的 T0 感知趋势。除 16st 的感知结果属于边缘性不显著（x^2_{16st}（4）=9.23＜9.49，P＞0.05），其他各调的听辨选择趋势都是显著、很显著或极其显著的（P＜0.05，P＜0.01 或 P＜0.001）。从比例来看，75% 以上的被试将 /22/ 至 /55/ 的平调感知为 T0 这个在多数文献中被描写为 /33/ 的中平调。[①]

三 讨论与结论

实验中值得注意的一个现象是：中国人对低平调并无明确的声调感知倾向，他们对 /11/ 调（7st，8st）的上声认可率最高只达到 15%。但是，对同样的低平，外国人的上声认可率却在 55% 以上。这说明了什么呢？

语言学界一般把声调分为高低型与旋律型两种。汉语的声调作为一种典型的旋律型声调"除音的高低外，还根据音的升降变化区分声调（调类）"。音/调的高低可以叫作调高（pitch-height），而音/调的升降变化就是调形（pitch-contour）。普通话的上声是一个低调，这在学界是得到公认的。然而，说上声是低调可以，反过来说低调是上声就不一定行了。作为旋律型声调中的一个，上声必定还有它的调形特点。中国被试当然能听出 /11/ 的"低"来，但调形不支持他们做出上声判断。也就是说，"（低）平"不是"可以被接受的"上声调形。至于外国人对 /11/ 有明显的上声认可趋

---

① 不过 Ladefoged（1975：228）把它描写为 /32/。

势则说明：他们虽然在感知上已掌握了上声"低"的调高特点，但是却忽略了上声在调形方面的要求。相较于中国人，他们在确认汉语的上声时，调高的影响大大超过了调形。

中外被试对 9st 以上的平调的感知结果同样值得关注。对这些平调，五度值从 /22/ 到 /55/，中国被试都有很高的阴平选择率（70%—95%）。这说明中国人对阴平在调高上有很宽的感知阈，下限"非低即可"——只要不是 /11/。而外国被试的阴平感知阈限则高于中国被试。这一点在无调生中表现得非常显著：只有 13st，14st（/33/）以上的平调才能被他们较为明确地感知为阴平，那比中国人的高出四五个半音。可以说，他们的感知倾向于"中度以上方为高"。这再次反映出他们对调高很"敏感"。泰国学生对高平调的感知阈限跟中国被试的较接近，但也高出一个半音，其值为 10st。这说明母语是否为声调语言对汉语（L2）声调感知还是有影响的。

综合几类被试对全部平调所做的汉语声调感知结果，可以发现：中国人的感知，调形的权重大于调高；母语无声调的外国人则相反；而母语有声调的外国人（泰国人）似处于中间状态。这反映出中外被试在声调感知策略上有所不同。而中国人之所以在声调感知时更为倚重调形，大概是因为调高的变化在汉语的语调里是常有的现象，一如吴宗济所说的"移调"。多年的汉语经验告诉中国人，话语中高高低低都可能是第一声，只要够平且不是太低。外国人，尤其是母语非声调语言的外国人缺少这样的经验，课堂上学到的知识告诉他们，汉语的第一声又高又平，也就是说调形、调高同等重要。这种说法不能算错，但是不够全面。那是对单念、饱满的发音来说的。在实际话语中，调高有很大的量变空间。不了解这一点，不仅会影响到汉语声调学习的效果，而且也会影响语调的自然度。事实上，这也是不少学汉语的外国人觉得声调很难把握的一个原因。在今后的对外汉语声调教学及操练中，不妨增加一些移调训练，用不同音阶的起调进行四声唱练，对学生理解和掌握汉语声调调高的相对性必有补益。

实验的最后还发现，对泰语母语者来说，低平调 /11/ 同样没有明确的声调感知倾向，而 /22/ 到 /55/ 的平调几乎都会被感知为中平调（普通调），而不会被感知为高调（三调）。这就表明泰语中只有一个真正的平调。事实上，鲜有学汉语的泰国人认可"泰语的高调大体相当于汉语的阴平"这样的看法。[①] 一些文献将泰语的低调和高调都描述为平调，那多少有些"印象化"。也许《语音学教程》所记的 /21/（低调）和 /45/（高调）才是一种较为准确的记录。

总之，用"低平"来描述汉语的上声或泰语的低调都是不妥当的，本研究的结果不支持那种观点。

---

① 蔡整莹、曹文《泰国学生汉语语音偏误分析》，《世界汉语教学》2002 年第 2 期。

第三节　普通话单字调阳平和上声的辨认及区分[①]

一　引言

范畴感知和连续感知是人们在知觉中区分两个音位的两种典型模式。经典的范畴感知研究包括两个实验——辨认和区分，实验刺激为等声学间距的人工声音刺激连续统。典型的范畴型感知在辨认率曲线和区分正确率曲线上的特点分别是：跨范畴边界的两个相邻刺激的辨认率差别远远大于处于边界同侧的两个相邻刺激的辨认率差别；在声学距离相同的情况下，跨范畴的两个刺激的区分正确率高于处于范畴同侧的两个刺激的区分正确率。[②] 范畴型感知意味着两个音位存在某种声学参数上的范畴边界，或者说，两个音位的声学范畴边界是清晰的。如果辨认和区分结果没有上述两个特点，那么音位的感知就是连续型的，也就是说两个音位不存在清晰的声学范畴边界。关于普通话声调的范畴感知问题，最早的工作是王士元[③]对阴平和阳平范畴感知的实验研究。这项研究的结果表明，普通话母语者对于阴平和阳平的感知是典

[①] 本节摘自王韫佳、覃夕航《普通话单字调阳平和上声的辨认及区分——兼论实验设计对声调范畴感知结果的影响》，原载《语言科学》2015 年第 4 期。

[②] Liberman, Alvin M., Katherine S. Harris, Howard S. Hoffman, & Belver C. Griffith (1957). The Discrimination of speech sounds within and across phoneme boundaries. *Journal of Experimental Psychology*, 54, 358-368.

[③] Wang, William. S-Y. (1976). Language change. *Annals of N. Y. Academy of Science*, 280, 61-72.

型的范畴化感知模式,当一个升调的上升幅度低于某个声学临界点时,普通话母语者就不再认为这个声调是阳平而是把它识别为阴平,此临界点就是阴平和阳平的范畴边界。近十年来,其他学者的重复实验都支持了王士元的结论。①

学界在后来的研究中发现了更多的声调感知范畴化现象。例如,Francis et al. 发现粤语不同曲拱的声调的感知(例如高平调和高升调,低降调和低升调)是范畴型的;②Hallé et al. 发现中国台湾"国语"的母语者对于"国语"的阳平和去声、上声和去声的感知也是范畴型的;③高云峰发现,上海话阴去、阳去和阴平(调型不同)的感知是范畴型的;④Peng et al. 发现,普通话母

---

① Hallé, Pierre A., Yue-Chin Chang, & Catherine T. Best (2004). Identification and discrimination of Mandarin Chinese tones by Mandarin Chinese vs. French listeners. *Journal of Phonetics*, 32, 395-421; Xu, Yisheng, Jackson T. Gandour, & Alexander L. Francis (2006). Effects of language experience and stimulus complexity on the categorical perception of pitch direction. *Journal of Acoustical Society of America*, 120(2), 1063-1074; Xi, Jie, Linjun Zhang, Hua Shu, Yang Zhang, & Ping Li (2010). Categorical perception of lexical tones in Chinese revealed by mismatch negativity. *Neuroscience*, 170, 223-231; Peng, Gang., Hong-Ying Zheng, Tao Gong, Ruo-Xiao Yang, Jiang-Ping Kong, & William S-Y. Wang (2010). The Influence of language experience on categorical perception of pitch contours. *Journal of Phonetics*, 38, 616-624; 王韫佳、李美京《调型和调阶对阳平和上声知觉的作用》,《心理学报》2010 年第 9 期;张林军《日本留学生汉语声调的范畴化知觉》,《语言教学与研究》2010 年第 3 期;张林军《母语经验对留学生汉语声调范畴化知觉的影响》,《华文教学与研究》2010 年第 2 期。

② Francis, Alexander L., Valter Ciocca, & Brenda K. Chit NG. (2003). On the (non) categorical perception of lexical tones. *Perception & Psychophysics*, 65(7), 1029-1044.

③ Hallé, Pierre A., Yue-Chin Chang, & Catherine T. Best (2004). Identification and discrimination of Mandarin Chinese tones by Mandarin Chinese vs. French listeners. *Journal of Phonetics*, 32, 395-421.

④ 高云峰《声调感知研究》,上海师范大学博士学位论文,2004 年。

语者对于阳平与去声的感知是范畴型的。[1]但是，有些学者在声调感知的实验中得到了相反的结论。例如，Abramson 对泰语高平、中平和低平调进行了范畴感知研究，[2]他认为这三个平调的辨认是范畴型的，但三个平调区分曲线上都未出现范畴边界处的区分高峰，因此他认为泰语的平调感知是非范畴型感知。Francis et al. 发现，粤语的三个平调尽管在辨认中出现了范畴化倾向，但区分曲线上未出现区分正确率的峰值，这个结果与泰语平调感知的结果非常相似。此外，Francis et al. 还发现粤语低升调和高升调的辨认是范畴型的，但区分却也是非范畴型的。[3]

声调感知范畴化程度的量化研究是近年来范畴感知研究中的新进展，也就是说，仅将语音范畴的感知区分为连续型和范畴型是不够的，在典型的连续型和典型的范畴型之间还存在着一些中间状态。例如，Xu et al. 发现普通话母语者对阴平和阳平感知的范畴化程度高于英语母语者，[4]Hallé et al. 发现中国台湾"国语"母语者感知"国语"的阴平和阳平、阳平和去声、阳平和上声的

---

[1] Peng, Gang., Hong-Ying Zheng, Tao Gong, Ruo-Xiao Yang, Jiang-Ping Kong, & William S-Y. Wang (2010). The Influence of language experience on categorical perception of pitch contours. *Journal of Phonetics*, 38, 616-624.

[2] Abramson, Arthur S. (1979). The Noncategorical perception of tone categories in Thai. Bjorn Lindblom, Sven E. G. Öhman, & Gunnar Fant (Ed) *Frontiers of Speech Communication Research*. Academic Press, 127-134.

[3] Francis, Alexander L., Valter Ciocca, & Brenda K. Chit NG. (2003). On the (non) categorical perception of lexical tones. *Perception & Psychophysics*, 65(7), 1029-1044.

[4] Xu, Yisheng, Jackson T. Gandour, & Alexander L. Francis (2006). Effects of language experience and stimulus complexity on the categorical perception of pitch direction. *Journal of Acoustical Society of America*, 120(2), 1063-1074.

范畴化程度高于法语母语者，[1]Peng et al. 发现汉语普通话和粤方言母语者在普通话阴平和上声、阴平和去声感知中的范畴边界比德语母语者更清晰，[2]张林军发现，泰语、日语和韩语母语者对普通话阴平和阳平感知的范畴化程度都低于普通话母语者，而泰语母语者的范畴化程度又高于日语和韩语母语者。[3]在技术上如何定量判断语音感知的范畴化程度，已有研究使用了不同的技术参数，后面将介绍已有研究使用过的部分方法。

如果认为只有辨认和区分曲线上都出现范畴化特点才能确认音位的感知是范畴型的，那么，总的来说，前人在曲拱特征不同的声调的感知中都得到了范畴型结果，而在平调的感知中多数人都得到了非范畴型结果。[4]在这些结果的基础上，我们会直觉地进行这样的假设：不同调阶的平调的感知是非范畴型的，平调和曲拱调或者不同调形的曲拱调的感知是范畴型的。而 Francis et al. 的结果[5]让我们把以上假设推广为这样的问题：调形相同或

---

[1] Hallé, Pierre A., Yue-Chin Chang, & Catherine T. Best (2004). Identification and discrimination of Mandarin Chinese tones by Mandarin Chinese vs. French listeners. *Journal of Phonetics*, 32, 395-421.

[2] Peng, Gang., Hong-Ying Zheng, Tao Gong, Ruo-Xiao Yang, Jiang-Ping Kong, & William S-Y. Wang (2010). The Influence of language experience on categorical perception of pitch contours. *Journal of Phonetics*, 38, 616-624.

[3] 张林军《日本留学生汉语声调的范畴化知觉》，《语言教学与研究》2010 年第 3 期；张林军《母语经验对留学生汉语声调范畴化知觉的影响》，《华文教学与研究》2010 年第 2 期。

[4] Xi, Jie, Linjun Zhang, Hua Shu, Yang Zhang, & Ping Li (2010). Categorical perception of lexical tones in Chinese revealed by mismatch negativity. *Neuroscience*, 170, 223-231.

[5] Francis, Alexander L., Valter Ciocca, & Brenda K. Chit NG. (2003). On the (non) categorical perception of lexical tones. *Perception & Psychophysics*, 65(7), 1029-1044.

者相似的声调的辨认和区分是否都是连续型的（例如平调和平调、升调和升调、降调和降调、降升调和降升调）？

需要指出的是，尽管西方在平调的感知研究和相似调形声调的感知研究中都未得到典型的范畴型结果，但国内一些研究者却得到了相反的结论。例如，高云峰发现上海话的低升调阳去和高升调阴去之间存在辨认和区分的范畴边界；[1] 金健发现广州话的3个平调的感知呈现范畴化或者类范畴化的特点，东海话（闽南方言潮汕片）的4个平调的感知也呈现出范畴化或者类范畴化的特点；[2] 金健和施其生还发现汕头谷饶方言（闽南方言潮汕片）不同降调的感知呈现类范畴化特点。[3] 又如，荣蓉和石锋考察了位于双音节词前、后字位置上声（实验设计为低平调）和阴平的知觉，他们认为处于前字位置时，半上声和阴平这两个平调的范畴化感知特点更强。[4] 以上这些研究都是把目标声调置于负载句甚至是有意义的词中，这种实验方法并不符合经典的范畴感知实验范式。经典范畴感知实验范式所使用的刺激为孤立音节，这样做的目的是为了避免临近的同质单位（对于声调来说就是相邻声调）以及词义信息对目标语音范畴的辨认或者区分产生影响。实际上已经有研究表明，声调感知的范畴化特点受到目标声调是否置于负载句以及在负载句中位置的影响。例如，Francis *et al.* 对比了粤语孤立声调与处于负载句中的声调的感知，在多数情况下处于负载

---

[1] 高云峰《声调感知研究》，上海师范大学博士学位论文，2004年。
[2] 金健《广州方言和东海方言平调的感知研究》，《方言》2010年第2期。
[3] 金健、施其生《汕头谷饶方言多个降调的声学分析和感知研究》，《中国语文》2010年第6期。
[4] 荣蓉、石锋《音高和时长对普通话阴平和上声的听感影响》，《语言科学》2013年第1期。

句句中位置的声调在辨认中出现了更强范畴化特点，但处于句末位置的平调的区分依然是非范畴型的。①Zheng et al.关于粤语平调感知的结果与 Francis 的结果相似。② 由于不同实验条件下的结果不具有可比性，因此本节将不再讨论使用负载句或者负载词所得到的声调感知的结果。

从客观的语音表现看，普通话的阳平和上声在音高曲线上是有相似之处的，阳平的音高曲线是先有略微的下降然后转向上升，③而全上声就是公认的降升调。不过，从音系特征的角度看，普通话阳平和上声的调型并不相同——对于阳平来说，起始段的下降是整个声调曲拱"弯头"，它的区别性特征是［＋升］；而对于上声来说，它的音系特征应该是［＋低］，或许还包括［＋凹］（见下面的文献回顾）。但是，人类对自己母语某个音位的感知是建立在各种音位变体的基础上的，即音位本身是抽象的，而音位在母语者的感知系统中具有一个特定的声学空间，从这个角度上来说，自然语言中阳平和上声在音高曲线上的相似性仍然值得我们关注。因此，我们在上面提出的问题可以借助对阳平和上声

---

① Francis, Alexander L., Valter Ciocca, & Brenda K. Chit NG. (2003). On the (non) categorical perception of lexical tones. *Perception & Psychophysics*, 65(7), 1029-1044.

② Zheng, Hongying, Gang Peng, Peter W-M. Tsang, & William S-Y. Wang (2006). Perception of Cantonese level tones influenced by context position. *The Proceedings of Speech Prosody* 2006, Germany.

③ 沈炯《北京话声调的音域和语调》，载林焘、王理嘉编《北京语音实验录》北京大学出版社，1985 年；吴宗济、林茂灿主编《实验语音学概要》，高等教育出版社，1989 年；Shen, Susan X., & Maocan Lin, A perceptual study of Mandarin tone2 and tone3. *Language and Speech*, 34(2), 1991; 石锋、王萍《北京话单字音声调的统计分析》，《中国语文》2006 年第 1 期。

的感知进行讨论：这两个音系调型不同但音高曲线上具有相似性的声调，在感知模式上是范畴型的还是连续型的？为使行文简洁且与音系上的调型相区别，本节将音高曲线的轮廓简称为调形。

最早对阳平和上声的感知问题进行研究的当属 Zue。[①]Zue 在实验中使用的是改变拐点位置（以 50ms 为步长）的平升调连续统（基频曲线先平后升），实验结果表明，普通话母语者和美国英语母语者的范畴感知边界都出现在拐点位置 5，他们把拐点位置 1—4 的刺激归入"主要特征上升（predominantly rising）"型，而把拐点位置 6—9 的刺激归入"主要特征持平（predominantly level）"型。高云峰在改进 Zue 的方法（刺激仍为拐点位置不同的平升调连续统）的基础上重复了这个实验，辨认曲线和区分曲线上都出现了范畴化特征。[②]Liu 使用了降升调连续统观察普通话母语者对阳平和上声的辨认，她在实验设计中使用了两个自变量：声调的音高拐点位置和起点音高位置，她认为，无论是在声调的起点音高还是拐点位置上，阳平和上声都不存在辨认上的范畴边界。她还发现，升降调连续统下降部分的降幅对上声的辨认有显著作用，降幅越大，上声的辨认率越高，这个结果似乎暗示了把平升调连续统用于阳平—上声的辨认并不是最佳选择。[③]王韫佳和李美京的结果表明，对于平升调连续统来说，即便在拐点位置

[①] 转引自 Gandour, Jackson T. The perception of tone. In Victoria A. Fromkin (Ed), *Tone, A Linguistic Survey*. Academic Press. 1978.

[②] 高云峰《声调感知研究》，上海师范大学博士学位论文，2004 年。

[③] Liu, Juan (2004). Perceiving the boundary between the lexical rising tone and the falling-rising tone. In Feng Shi, & Zhongwei Shen (Ed), *Joy of Research: A Festschrift in Honor of Professor William S-Y. Wang on His Seventieth Birthday*. 南开大学出版社。

第三节 普通话单字调阳平和上声的辨认及区分 177

较后且终点音高较低的情况下，在进行阴平/阳平/上升/去声的四择一辨认选择时，阳平的辨认率依然占了绝对优势，这个结果可以与 Liu 的结果形成照应，即降升调连续统比平升调更适合用于阳平—上声的知觉研究。[①] 实际上，Shen 和 Lin 在 Liu 之前已经用降升调连续统研究了拐点位置对阳平和上声辨认的作用，但他们没有讨论这两个声调在辨认曲线上的范畴化问题。[②] 王韫佳和李美京也使用降升调连续统考察了普通话阳、上的辨认，这个实验使用的自变量是拐点位置和终点音高，实验结果表明，在拐点位置和终点音高的维度上，阳平和上声的辨认都出现了准范畴化的特点。王和李还指出，在 Liu 的原始实验数据中也可以看到起点音高和拐点位置两个维度上的准范畴化现象。也就是说，Liu 的结果与王和李的结果都暗示着，使用降升调连续统至少观察到，在下降幅度、拐点位置和上升幅度三个维度上，阳平和上声的辨认出现了范畴化倾向。但是，上述两个研究都只对辨认率进行了观察而没有进行区分实验，而区分结果能够与辨认结果形成显著相关，是判断感知类型的一个重要依据，因此关于阳平和上声感知的范畴化程度问题并没有真正的结论。此外，王韫佳和李美京虽然观察到阳平和上声辨认的范畴化程度受到拐点位置和终点音高条件的双重制约，但是她们并未对不同条件下感知的范畴化程度进行量化的比较。

已有的研究表明，普通话母语者的听感中最容易相混的就是

[①] 王韫佳、李美京《调型和调阶对阳平和上声知觉的作用》，《心理学报》2010 年第 9 期。

[②] Shen, Susan X., & Maocan Lin (1991). A perceptual study of Mandarin tone2 and tone3. *Language and Speech*, 34(2), 145-156.

阳平和上声，外国人学习普通话声调时最容易相混的也是这两个声调（最早发现这个问题的可能是 Kiriloff，[①] 在这个问题上国内对外汉语教学界发表过大量报告，因文章篇幅所限不一一列举）。这两个声调之所以容易混淆，其原因就在于它们在调形上具有一定的相似性。知觉的范畴型和连续型，也许与两个音位在知觉中是否容易相混有关，而知觉上的相似度又往往是诱发历史音变的重要因素，因此我们认为有必要对阳平和上声的范畴感知问题继续进行讨论。而要讨论这两个声调之间是否存在范畴边界，至少可以在五个维度上展开：起点音高，即下降段降幅；终点音高，即上升段升幅；音高拐点位置；拐点音高；整个曲线的调阶。这个问题的研究难度不仅在于需要研究的变量较多，而且在于这些变量对于阳平和上声的感知具有交互作用，因此，在某些实验中未能发现阳平和上声的范畴边界，并不意味着在另外的条件下这两个声调一定不存在范畴边界，也就是说实验设计对实验结果会产生重要影响。由于篇幅限制，本节只打算从拐点位置的角度观察阳平和上声的感知模式。我们拟讨论两个问题：（1）单字调的阳平和上声是否在辨认曲线和区分曲线上都存在音高拐点位置上的范畴边界？对这个问题的讨论实际上是为了回答上文提出的：调形相同或相似的声调的感知是否都是连续型的？（2）实验中的刺激设计以及实验任务对于声调知觉实验结果的影响。

[①] Kiriloff, C. (1969). On the auditory perception of tones in Mandarin. *Phonetica*, 20, 163-167.

二 实验 I

（一）方法

1. 听觉刺激。

制作实验刺激的原始声音样本为一个普通话女声的自然音节 dá，使用语音分析软件 Praat 修改原始样本的音高和音长，所有刺激的带音段长度都为 400ms。制作了拐点位置等间距变化的低终点和高终点两个连续统。两个连续统中所有刺激的起点音高都是 10st（以 100Hz 为参考频率），拐点音高为 8st，终点音高分别为 11st（低终点）和 15st（高终点）。第一个拐点位置在带音段起始之后的 20ms 处，以 40ms 为步长形成 7 个拐点台阶，最后一个拐点位置在带音段起始之后的 260ms 处。这样在每一个连续统中都得到 7 个实验刺激。由于这两个连续统的降幅都比实验Ⅱ中的连续统小，因此称为缓降型设计。图 1 是两个连续统中的音高曲线示意图。

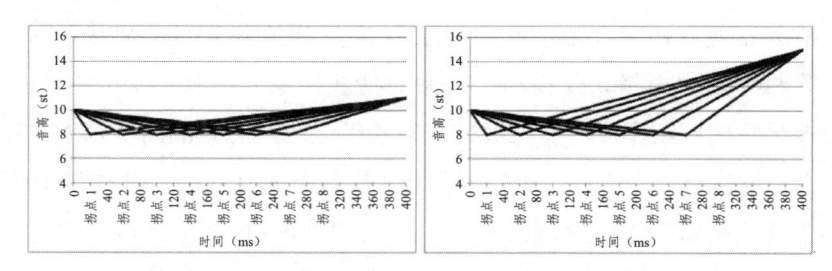

图 1　缓降型连续统的音高曲线，左为低终点，右为高终点

2. 被试。

被试由 16 名北京话母语者组成，他们都出生并且一直生活在北京，年龄在 20—30 岁之间，听力正常。得到实验结果后发

现有两位被试（女性）在低终点连续统的辨认实验中数据严重偏离均值，其中一位在所有台阶上的阳平辨认率都是100%，另一位在所有台阶上的辨认率在40%—60%的水平之间波动，在对低终点辨认结果进行分析时剔除了这两位被试的数据。

3. 过程。

对每个连续统都做辨认实验和区分实验。

在辨认实验中，将每个刺激重复播放10次，所有播放刺激以随机的次序呈现。每一个刺激播放之前有铃声提示，铃声结束1s之后播放实验刺激，结束之后有4s时间供被试完成判断作业，要求被试在答卷纸上对所听到的刺激是 dá 还是 dǎ 进行二择一判断。

在区分实验中，将相差两个步长的实验刺激A和B编为一个刺激对（例如拐点1和3，拐点5和7），一共形成5种区分刺激对，每一个刺激对都以AB、BA、AA和BB四种排列方式播放（即一次播放两个相同或者不同的刺激），实验时每种排列式都重复播放5次，以随机次序播放所有刺激对。每一个刺激对播放之前有铃声提示，铃声结束1s之后播放刺激对，刺激对内的两个刺激相隔0.5s播出，刺激对播放结束之后有4s的时间供被试完成判断作业，要求被试在答卷纸上对所听到的两个刺激是否一样进行"是"或"否"的判断。在进行正式实验之前使用10个辨认刺激和10个刺激对进行了辨认和区分任务的训练，训练中所使用的刺激为男声样本，音高参数与正式实验有所区别。

(二) 数据处理

1. 辨认范畴边界和范畴边界宽度。

设 P_I 为刺激 I 被辨认为阳平（或者上声）的比率，对每一个刺激来说，阳平和上声的辨认率之和都是1。P_I 的计算公式为：

$$P_I = \frac{辨认为阳平或上声的次数}{刺激呈现次数} \quad (1)$$

对辨认曲线进行 probit 回归分析（logit 模型），得到回归方程：

$$\ln\frac{P_I}{1-P_I} = b_0 + b_1 S \quad (2)$$

其中 S 为拐点位置（计算时以拐点编号为观察值）。降升调的拐点位置本来是一个连续变量，在实验设计中观察的是人为设定的离散值，回归方程将这个参数还原为连续值，b_0 为回归曲线的截距，b_1 为斜率，b_1 的绝对值越大说明范畴化程度越高。

通过公式（2）可以求出任意辨认率处的拐点位置，即：

$$S = \frac{\ln\frac{P_I}{1-P_I} - b_0}{b_1} \quad (3)$$

将 $P_I=0.5$ 时的 S 看成阳平和上声的辨认范畴边界（S_{bc}），这个边界就是阳平辨认率曲线和上升辨认率曲线的交点，通过公式（4）求得 S_{bc}：

$$S_{bc} = \frac{\ln\frac{0.5}{1-0.5} - b_0}{b_1} = -\frac{b_0}{b_1} \quad (4)$$

使用 Peng et al.[①] 的方法计算辨认范畴边界的宽度 W_{bc}，W_{bc} 为 $P_I=0.75$ 和 $P_I=0.25$ 之间 S 的线性距离。范畴边界的宽度作为本文描写范畴化程度的参数之一。

[①] Peng, Gang., Hong-Ying Zheng, Tao Gong, Ruo-Xiao Yang, Jiang-Ping Kong, & William S-Y. Wang (2010). The Influence of language experience on categorical perception of pitch contours. *Journal of Phonetics*, 38, 616–624.

2. 区分峰值的位置和峰陡峭度。

理论上来说，区分曲线上的区分正确率峰值位置应该与范畴边界的位置相吻合，即通过辨认函数的 probit 回归方程得到的 S_{bc} 应该落在区分曲线上最高区分正确率的刺激对之内，但是实测区分峰值也可能与范畴边界不对应。因此，这里用于计算的峰值是指实测区分曲线上的最高值。

一个刺激对（刺激 A 和刺激 B）的区分正确率 $P_{(A, B)}$ 的计算方式为：

$$P_{(A, B)} = \frac{正确区分的次数}{刺激对呈现的总次数} = \frac{P_{A-A} + P_{A-B} + P_{B-A} + P_{B-B}}{4} \quad (5)$$

采用 Xu 等[①]的方法计算区分曲线上的峰陡峭度（DP），用实测区分曲线上的最高峰值 P_{pk} 减去第一个刺激对（1—3）和最后一个刺激对（5—7）的区分正确率平均值，公式为：

$$DP = P_{pk} - \frac{P_{(1,3)} + P_{(5,7)}}{2} \quad (6)$$

3. 区分正确率预测。

使用辨认率可以对区分的正确率进行预测，若两个不同的刺激在辨认实验被辨认为同一个声调的比率是 1，则它们在区分实验中能够被区分的概率就是 0。本实验中一个刺激对有 AA、BB、AB、BA 四种呈现序列，因此一个刺激对能够被正确区分的概率是这四种序列能够被正确区分的概率的均值。序列 AA 和

[①] Xu, Yisheng, Jackson T. Gandour, & Alexander L. Francis (2006). Effects of language experience and stimulus complexity on the categorical perception of pitch direction. *Journal of Acoustical Society of America*, 120(2), 1063-1074.

BB 的区分正确概率（被判断为相同）分别为：

$$P_{A-A}\text{*}=2P_A+2(1-P_A),\ P_{B-B}\text{*}=2P_B+2(1-P_B) \quad (7)$$

序列 AB 或 BA 的区分正确概率（被判断为不同）为：

$$P_{A-B}\text{*}=P_{B-A}\text{*}=P_A(1-P_B)+P_B(1-P_A) \quad (8)$$

一个刺激对被正确区分的概率，也就是预测区分正确率 P* 为：

$$P\text{*}=\frac{P_{A-A}\text{*}+P_{B-B}\text{*}+P_{A-B}\text{*}+P_{B-A}\text{*}}{4}=\frac{1+(P_A-P_B)^2}{2} \quad (9)$$

预测区分正确率用于比较辨认结果和区分结果的一致性，从而可以最终确认感知类型。

（三）结果与讨论

1. 高、低两个连续统的结果。

图 2 显示的是实测辨认曲线、回归辨认曲线、实测区分曲线和预测区分曲线，这些曲线是对所有被试的总结果进行计算而不是对每个被试的结果分别进行计算然后平均得到的。表 1 中列出的是图 3 中辨认回归曲线的截距 b_0（使用阳平辨认率的数据，上声的曲线与之对称，下文同）、回归系数 b_1、辨认范畴边界 S_{bc}、辨认范畴宽度 W_{bc} 和区分峰陡峭度 DP。

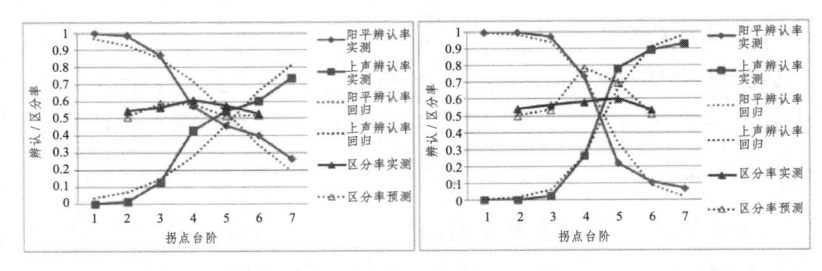

图 2 两个缓降型连续统的辨认和区分曲线，左为低终点，右为高终点

表 1　两个缓降型连续统范畴感知结果的对比

	b_1	S_{bc}	W_{bc}	DP
低	−0.80	5.20	2.26	0.071
高	−1.67	4.65	1.02	0.065

首先看低终点连续统的结果。辨认曲线上范畴感知的特点不算突出，表现为辨认范畴边界两侧的辨认率突变不够显著，从通过辨认率预测出的区分曲线也可以看到辨认曲线范畴化程度不高，因为跨范畴刺激对 3—5 的预测区分正确率与其他刺激对的区分正确率的差值并不大。根据辨认回归曲线计算出来的辨认范畴边界 S_{bc} 为 5.20（拐点 5 之后），比实测的辨认范畴边界（拐点 3 和 5 之间）靠后，而在预测和实测区分曲线上，峰值也都位于拐点 3 和 5 之间。从均值看，刺激对 3—5 的区分正确率比其余刺激对都略高，最大差距为 0.080。相对于范畴感知理论模型中的峰值（为 1）与其他位置区分正确率（为 0.5 的随机水平）的差距 0.5 来说，这个差距显然是非常小的。对所有刺激对的区分正确率进行方差分析，$F(4, 52)=1.686$，$p=0.167$。成对比较的结果表明，除了 $P_{(3, 5)}$（即实测峰值所在处）与 $P_{(1, 3)}$ 的差异边缘显著（$p=0.099$，$P_{(3, 5)} > P_{(1, 3)}$），$P_{(3, 5)}$ 与 $P_{(5, 7)}$ 的差异边缘显著（$p=0.096$，$P_{(3, 5)} > P_{(5, 7)}$）外，其余刺激对之间的差异均不显著（$p > 0.150$），统计结果进一步说明刺激对 3—5 上的区分峰值非常微弱。

再看高终点连续统的结果，辨认曲线具有较明显的范畴感知的 S 型特点，辨认范畴边界左右两个刺激的辨认率的差别远远大于范畴边界一侧相邻刺激辨认率的差别。通过辨认率预测得到的区分曲线上出现了明显的峰值。实测辨认范畴边界与通过回归曲线得到的辨认范畴边界都在拐点 4 和 6 之间。不过，区分结果与辨认结果存在较大差别。首先，预测区分峰值出现在拐点 3 和 5 之间，而实测区分峰值出现在 4 和 6 之间。第二，预测区分峰值比较突出，而实测到的刺激对 4—6 的区分正确率与其他刺激对的差距不大（最大差距为 0.070）。对 5 个刺激对的区分正确率进行了方差分析，$F(4, 52)=1.300$，$p=0.282$。成对比较的结果表明，除了 $P_{(4, 6)}$ 跟 $P_{(5, 7)}$ 有显著差异之外（$P_{(4, 6)} > P_{(5, 7)}$，$p=0.018$），其他刺激对之间的区分正确率差异均不显著（$p > 0.150$），这些结果表明这里的区分峰在统计上的意义不大，因此对实测峰值需要审慎对待。

2. 两个连续统范畴边界和范畴化程度的对比。

对两个连续统的 S_{bc} 差异进行了对比（配对样本），观察值为每一个被试的 S_{bc}。结果表明两个连续统的范畴边界差异不显著，$t(13)=1.400$，$p=0.185$。也就是说终点音高对于阳平和上声在拐点上的范畴边界没有显著作用。

对两个连续统辨认曲线上的范畴宽度 W_{bc} 差异进行了对比（配对样本），对比结果表明，低终点连续统的 W_{bc} 比高终点连续统大 1.24，$t(13)=4.953$，$p < 0.001$。对两个连续统的阳平辨认曲线斜率绝对值 $|b_1|$ 的差异也进行了对比（配对样本），结果表明，低、高终点连续统的辨认曲线斜率绝对值差异显著，前者小于后者，$t(13)=-5.182$，$p < 0.001$。范畴宽度和斜率的差别都说明高终点连续统在辨认上的范畴化程度高于低终点连续统。

对两个连续统实测区分曲线上的峰陡峭度 DP 进行了对比（配对样本），结果表明，两个连续统的峰陡峭度之间没有显著差异，$t(13)=0.125$，$p=0.903$。显然，区分峰陡峭度的结果与辨认函数的结果不相吻合。上文已经提到，在每一个连续统内部，区分峰值与其他位置上的区分正确率的差异并不总是有统计意义，因此，对区分峰陡峭度的对比其实并不具有太大的意义，问题的关键在于区分结果和辨认结果的不一致。

3. 辨认结果与区分结果的对比。

预测区分率体现的是辨认函数的特点。从图 2 中可以看出，预测区分正确率与实测区分正确率曲线之间的关系比较复杂。首先，两个连续统的预测曲线与实测曲线都没有出现整体上的高低关系，而是局部的交叉关系。其次，低终点连续统的预测曲线与实测曲线之间的距离较近，而高终点连续统的预测曲线和实测曲线虽然在两端的距离较近，但峰值相差较大，甚至峰值的位置也不相同。判断预测曲线与实测曲线关系的最简方法是进行相关分析。由于区分正确率是等级变量（5 个等级），因此这里采用 Kendall's tau-b 相关分析。统计结果表明，低终点连续统的预测和实测区分正确率存在显著正相关，$r=0.454$，$p < 0.001$；高终点连续统的预测和实测区分正确率不存在显著相关，$r=0.103$，$p=0.212$。

对同一个连续统预测区分正确率峰值和实测区分正确率峰值分别进行了对比（配对样本的 T 检验）。低终点连续统的预测区分正确率峰值与实测峰值没有显著差异，$t(13)=0.357$，$p=0.727$。在高终点连续统中，两个峰值的差异是显著的，$t(13)=5.495$，$p < 0.001$，预测峰值比实测均值大 0.223，相对于从随机水平到理论最大峰值的差距 0.5 来说，这个差距应该说是相当大的。

4. 终点音高与辨认的范畴化程度。

本实验的结果表明，在阳平和上声的辨认中，降升调的终点音高对于拐点范畴边界的清晰度有显著作用，终点音高越高，范畴边界的清晰度也就越高。从音系的角度看，阳平具有高音特征而上声没有，但在本节的结果中，当终点音高较低且拐点位置最靠后时，被试将这个声调判断为阳平的均值仍然超过了 25%，而在终点音高较高且拐点位置最靠后时，声调被听为阳平的平均比率不到 10%。这个结果说明普通话母语者对上声的辨认是复杂的。

我们认为造成低终点连续统辨认范畴化程度不如高终点连续统突出的原因是，低终点连续统上声和阳平特征都不够突出。在本实验中，两个连续统的降幅都只有 2st，而 Liu、王韫佳和李美京的结果都证明了降幅对孤立条件下上声的辨认具有显著作用。[①]本实验中两个连续统在降幅方面的上声特征都不算强。而低终点连续统的升幅也只有 3st，因此阳平的特点也较弱。这就导致，即便是在音位边界（阳平/上声辨认率为 50% 的地方）两侧，声调范畴的识别率也难以出现突变。而对于高终点的连续统来说，当拐点位置在音位边界之前时，上升部分长度上的优势以及音高终点较高的特点使得阳平的辨认率较高；当拐点位置移到边界之后、下降部分占有时间上的优势时，较高的终点使得下降部分的相对高度降低，上声的低音特征得到凸显，上声的辨认率便会得到较大程度的提高。也就是说，较高的终点音高使得范畴边界左右两侧的阳平特征和上声特征都得到了凸显，因此辨认的范畴化程度就得到了加大。

---

① Liu, Juan (2004). Perceiving the boundary between the lexical rising tone and the falling-rising tone. In Feng Shi, & Zhongwei Shen (Ed), *Joy of Research: A Festschrift in Honor of Professor William S-Y. Wang on His Seventieth Birthday*. 南开大学出版社；王韫佳、李美京《调型和调阶对阳平和上声知觉的作用》，《心理学报》2010 年第 9 期。

5. 刺激排序与区分正确率的作用。

由于高终点跨范畴边界刺激对的实测区分正确率与理论（预测）区分正确率存在较大差距，而这个连续统的辨认曲线出现了明显的范畴化特点，因此这里仅讨论这个连续统的结果。我们对该连续统中理论峰值位置上的区分正确率，也就是跨范畴区分正确率 $P_{(3-5)}$ 进行了观察，发现 A—B 和 B—A 两种排序方式的区分正确率不同。$P_{(3-5)}$ 的平均区分正确率为 0.275，$P_{(5-3)}$ 的平均区分正确率为 0.750，T 检验的结果表明，它们的差异是显著的，$t(15)=-7.550$，$p<0.001$。如果只看 B—A 序列的区分正确率，实测区分正确率接近预测区分正确率（0.786）。实际上，该连续统的其他刺激对以及低终点连续统的刺激对也存在 B—A 序列的区分正确率大于 A—B 序列的情况。

Francis *et al.* 在对粤语平调感知的研究中也发现了刺激排序对区分结果的作用，前低后高的刺激对比前高后低的刺激对更容易被正确区分。他们认为这是记忆中的音高衰减效应导致的：声调的音高在记忆中会随着时间降低，因此先出现的那个声调在知觉中的高度被降低。[①] 本实验中的 A—B 序列的差别虽然比平调之间的差别更加复杂，但 A 刺激的平均音高高于 B 刺激。因此，我们认为记忆中音高衰减作用或许也是造成本实验中 A—B 序列比 B—A 序列区分正确率低的原因之一。对于 A—B 序列来说，A 的平均音高略高于 B，在记忆音高衰减效应的作用下，A 与 B 在知觉中的差异就减弱了；而如果平均音高较低的 B 先出现，

---

① Francis, Alexander L., & Valter Ciocca (2003). Stimulus presentation order and the perception of lexical tones in Cantonese. *Journal of Acoustical Society of America*, 114(3), 1617-1627.

记忆音高衰减效应会使得 A 和 B 的差异加大，从而造成 B—A 区分正确率较高。

A—B 和 B—A 序列区分正确率的不同还可以有另外一种解释，即，韵律单元中声调的变化规则使得被试对两种排序的序列进行了不同的声调识别。对于跨越了范畴边界的 A—B 序列来说，A 相当于阳平调，B 相当于上声调。刺激 A 和 B 的播放尽管相隔了 0.5s，但是这种播放形式仍然与一个双音节词的语音形式接近。在普通话中，如果阳平位于孤立的双音节词的末字位置或者句末位置，其音高曲线与全上声有相似之处，具体的表现是上升特点不如在前字位置时突出，音高在低音区停留时间相对要长些。如此，后音节低音区相对较长的 A—B 序列很可能被母语者听成两个阳平调的相连，B 被识别为 A 处于声调组合末尾位置的变体。B—A 序列则不存在这样的问题，因为处于前面的 B 是相当于上声的声调，而处于后面的 A 是相当于阳平的声调，因此被试在区分时不会受到声调变体的干扰。Francis *et al.* 在解释粤方言平调感知中出现的"高—低"序列的区分正确率低于"低—高"序列时也提到，这个现象与粤方言自然语流中的音高下倾（declination）有关。

在实验结果中还发现另一个有意思的现象——上声拐点越向后，被试对相同序列刺激对（A—A 或 B—B）的区分正确率就越低。将 7 个拐点台阶上由相同刺激组成的刺激对（例如 1—1，2—2，3—3 等）的区分正确率加以对比（重复测量），统计结果表明组间差异显著，F（6，90）=12.686，$p < 0.001$。两两对比结果表明，除了 P_{1-1} 和 P_{2-2}、P_{2-2} 和 P_{3-3}、P_{4-4} 和 P_{7-7}、P_{5-5} 和 P_{7-7} 无显著差异外（$p > 0.100$），其余所有台阶上的区分正确率差异都是显著的（$p < 0.05$），最大的区分正确率均值为 $P_{1\text{-}1}$（0.913），最小的为 $P_{6\text{-}6}$（0.388）。虽然 $P_{7\text{-}7} > P_{6\text{-}6}$（$p=0.036$），但总的趋势仍然是区分正确率随着拐点位置的后移而降低。这个现象可能与普通话的连上变调规则有关。在普通话自然语流中不会连续出现两个全上声，因为前面的上声会变异为听感上与阳平无异的调子。[①] 但是，这个听感上与阳平很像的调子在声学特征上仍然保留了全上声的一部分特征。[②] 在本研究中，位于范畴边界之后的各台阶上的刺激在理论上都相当于上声，当被试听到它们连续出现时（中间 0.5 秒的间隔在听感上小于语流中可以阻隔连上变调的停顿），很可能会在变调规则的干扰下把前面保留了上升特征的全上声辨认为阳平，因此就把相同的刺激看成了不同的刺激（范畴边界后相同刺激的最高区分正确率为 0.525）。而位于范畴边界之前的各台阶上的刺激理论上来说都是阳平，对于这两个刺激的区分就不容易受到连上变调规则的影响了，因此正确率也就比较高（范畴边界前的相同刺激的最低区分正确率为 0.688）。

三　实验 II

（一）方法

原始声音样本仍为一个普通话女声的自然音节 dá，使用 Praat 修改原始样本的音高和音长。所有刺激的带音段时长均被调

[①] Wang, William S-Y., & Kong-Pu Li. (1967). Tone3 in Pekinese. *Journal of Speech and Hearing Research*, 10, 629–636.

[②] 凌锋、王理嘉《普通话上声深层形式和表层形式》，载《第六届全国现代语音学学术会议论文集》，天津大学出版社，2003 年。

第三节　普通话单字调阳平和上声的辨认及区分

整为500ms（比实验Ⅰ中的刺激长100ms）。制作了拐点位置等间距变化的低终点和高终点两个连续统。两个连续统中所有刺激的起点音高都是8st（以100Hz为参考频率），拐点音高为4st，终点音高分别为10st（低终点）和16st（高终点）。由于这个实验中的两个连续统下降段的降幅是实验Ⅰ中两个连续统降幅的两倍，因此称为陡降型设计。

第一个拐点位置在带音段起始后的50ms处，以50ms为步长形成7个拐点台阶。这样在每一个连续统中都形成7个实验刺激，图3显示了两个连续统的音高曲线。

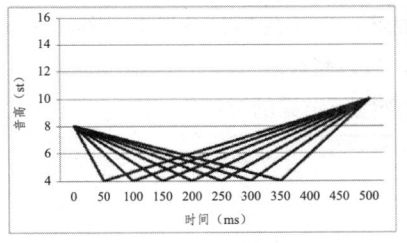

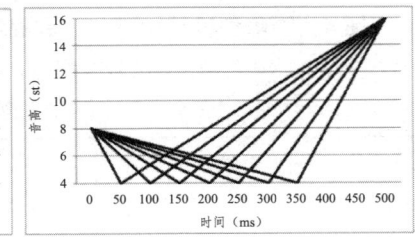

图3　陡降型降升调连续统的音高曲线，左为低终点，右为高终点

被试由13名北京话母语者组成，出生且基本上生活在北京。所有被试年龄都在20—28岁之间，听力正常。实验结果显示，所有被试的实验数据均没有严重偏离均值。

对每一个连续统都进行辨认实验和区分实验。在辨认实验中，每个刺激重复播放4次，所有播放刺激都随机排列。播放完成任务的方式与前同。区分实验中刺激的排列和播放方式以及实验任务都与前相同，但本实验中每种排列式的重复播放次数为3，刺激对内的两个刺激相隔1s。实验之前仍然有10个辨认刺激和10个刺激对的任务训练。数据处理方法与前面完全相同。

（二）结果与分析

1. 两个连续统结果的对比。

图 4 显示的是两个连续统的辨认和区分曲线，表 2 列出了表征范畴化程度的所有参数。

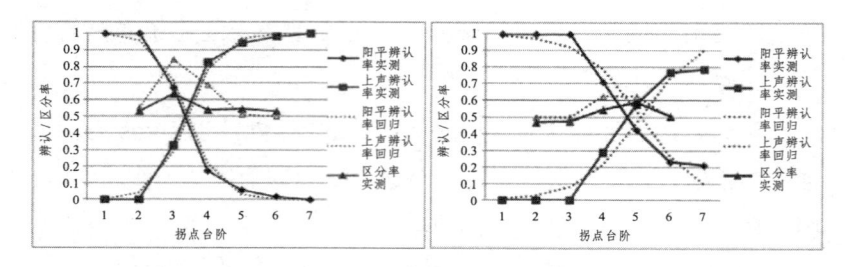

图 4　陡降型设计中低终点和高终点声调的辨认及区分曲线，左为低终点，右为高终点

表 2　两个陡降型连续统结果的对比

	b_1	S_{bc}	W_{bc}	DP
低	2.189	3.422	1.00	0.103
高	1.166	5.123	1.88	0.103

从图 4 可以看到，低终点连续统的辨认曲线范畴化特点较为突显，具体表现为辨认率在范畴边界两侧的两个拐点间出现较大幅度的变化（0.50），预测区分正确率峰值也比较突出。实测峰值 $P_{(2, 4)}$ 出现的位置与预测位置相同，但实测峰值比预测峰值低。对 5 个刺激对的实测区分正确率进行对比，F（4，48）=2.273，p=0.075。成对比较的结果表明，实测峰值 $P_{(2, 4)}$ 除了与 $P_{(3, 5)}$ 的差异边缘显著外（p=0.054），与其余刺激对的差异都是显著的（$p < 0.05$），峰陡峭度超过了 0.1，这些结果表明区分函数有一定范畴化倾向。但是，低终点连续统的预测和实测区分正确率没有显著相关，r=0.527，p=0.207。

高终点连续统辨认曲线上的范畴化特点比低终点连续统稍弱。预测区分正确率峰值出现在拐点 3 和 5 之间,而实测区分正确率峰值却出现在拐点 4 和 6 之间。对 5 个刺激对的区分正确率进行对比,$F(4, 48)=3.314$,$p=0.018$,比较结果表明,实测峰值 $P_{(4, 6)}$ 与 $P_{(3, 5)}$ 的差异不显著($p=0.188$),与所有其他刺激对的区分正确率的差异都是显著的($p < 0.05$),此外,除了 $P_{(3, 5)}$ 大于 $P_{(1, 3)}$($p=0.021$),其他刺激对的区分正确率没有显著差异。总体来看,区分函数也出现了微弱的范畴化倾向。但是,与低终点连续统的结果相似,高终点连续统的预测和实测区分正确率也没有显著相关,$r=0.600$,$p=0.142$。

对两个连续统结果的差别进行配对样本的 T 检验。两个实验中 b_1 的差异不显著,$t(12)=1.679$,$p=0.119$;S_{bc} 有显著差异,$t(12)=-3.777$,$p=0.003$,低终点声调的辨认范畴边界比高终点的靠前;W_{bc} 差异不显著,$t(12)=-1.748$,$p=0.106$;DP 没有显著差异,$t(12)=-0.439$,$p=0.669$。从统计检验的结果看,两个实验仅在辨认范畴边界上存在显著差异,但是,需要注意的是,b_1 和 W_{bc} 的统计检验结果中 p 都小于 0.150,从表 2 和图 4 呈现的均值看,两个连续统的 b_1 和 W_{bc} 均值的差别都较大,通过辨认率预测得到的区分峰值也有较大差距。如果加大样本量或者增加每一个刺激在实验中的重复呈现次数,这两个参数在两个实验中很有可能会呈现出显著差异。因此,我们依然认为低终点连续统辨认的范畴化要高于高终点连续统。

2. 降幅和升幅对辨认范畴化程度的作用。

本实验的结果与实验 I 有一个重要差别,即,实验 I 中高终点连续统辨认函数的范畴化程度高于低终点连续统,而在本实验中却是低终点连续统辨认函数的范畴化程度更加突出。如引言所述，音高曲线的下降幅度对阳平和上声辨认有显著效应，下降幅度越大，声调被辨认为上声的概率就越大。缓降型实验设计中的结果前文已有讨论，兹不赘述。在陡降型低终点设计中，下降部分的音高降幅达到了4st，降幅是缓降型设计的两倍，而上升部分的升幅为6st，接近缓降型高终点设计中的上升幅度（7st）。如此，这个设计中的终点高度与低音点的差别仍然可以在一定程度上凸显声调的低音特征，这就使得在拐点位置后移到一定程度时上声的辨认率有较快速度的增长。在高终点设计中，终点音高与低音点音高的差距达到了12st，在下降段降幅不变的情形下，巨大的升幅虽然可以进一步凸显低音特征，但另一方面也可能导致阳平辨认率的上升，因此拐点位置后移所带来的上声辨认率的下降速度反而减慢，从而使得辨认曲线上范畴化的特点减弱。纵观两个实验的结果，我们认为实验刺激的设计对于阳平和上声辨认函数的影响是比较复杂的，从总的结果看，当阳平和上声的特点在连续统的起点和终点位置均有所体现但又不过分强势的时候，辨认曲线上才会出现明显的范畴化特征，因此在这个问题上不宜以一两个特殊设计的实验结果就轻易对感知类型下结论。

缓降型和陡降型实验设计的结果还有一个不同之处：在缓降型设计中，终点音高的变化对阳平和上声范畴边界的效应不显著，而在陡降型设计中，终点音高的升高使得拐点的范畴边界向后移动，这可能是因为在升幅过大的情形下，上声的辨认需要相对较长的下降段。

3.区分实验任务对结果的影响。

我们实验Ⅰ中观察到刺激排序与区分正确率之间的复杂关

系，因此这里也有必要对这个问题进行分析，为节省篇幅，我们只讨论辨认范畴化程度较高的低终点连续统的情况。首先观察跨范畴边界刺激对（2—4）在 A—B 和 B—A 两种排序条件下的区分正确率，$P_{A-B} < P_{B-A}$（t（12）=2.635，p=0.022），二者的均值分别为 0.282 和 0.513。再看相同序列刺激对的正确区分正确率与拐点位置的关系。统计结果表明，不同拐点位置上相同序列刺激对之间的差异边缘显著，F（4，48）=2.325，p=0.070。成对比较的结果表明，P_{1-1} 和 P_{4-4}、P_{3-3} 和 P_{4-4}、P_{3-3} 和 P_{5-5} 之间有显著差异，其他位置间的差异不显著。但相同序列刺激对在所有拐点位置上的区分正确率都大于 0.79，而且也没有像缓降型高终点连续统那样表现出拐点位置越向后区分正确率越低的趋势。我们认为发音人可能在整个区分实验中出现了完成任务的偏向（bias），这个偏向就是对所有听感上差别不够明显的刺激都选择"相同"，这就导致了相同序列刺激对的区分正确率在所有拐点位置上都较大程度地超过了 0.5 的随机水平，也导致了跨范畴的不同序列刺激对的区分正确率较低，跨范畴的 P_{B-A} 仅为 0.513。

上文我们对刺激排序与区分正确率之间的关系进行过讨论，我们认为声调在多音节词末字位置的变体以及连读变调规则可能是被试对刺激顺序敏感的原因之一，鉴于这个认识，我们在实验 Ⅱ 中把区分任务中刺激对内部的时间间隔增加到 1s。但如上所述，排序对区分正确率依然有显著作用。我们认为这个现象依然是普通话的韵律特征对于阳平的作用所导致的：虽然两个刺激之间的距离增加到 1s，但两个刺激组成的刺激对在听感上依然是一个韵律单元，或者说是一个类似句子的韵律单位，而阳平音节在韵律单元或句末结束位置上的上升特征不如在非末尾位置突显，[1] 所以被试仍然有可能把 A—B 对内单独听起来像上声的刺激 B 当作韵律单位末尾位置的阳平。当然，记忆中的音高衰减效应也依然是导致 A—B 区分正确率低于 B—A 的可能原因之一。

四 一般性讨论和结论

（一）辨认和区分实验结果的不一致

在典型的范畴感知中，通过辨认结果预测出的区分正确率应该和实测区分正确率接近或者有显著相关。本研究中最令人困惑的结果是，当辨认曲线出现范畴化感知的特点时（缓降型高终点连续统和陡降型低终点连续统），区分结果中却没有出现可以与辨认结果匹配的范畴化结果（陡降型低终点连续统的区分结果有一定的范畴化倾向，但区分峰值与预测峰值差距较大），通过辨认率预测得到的区分正确率和实测区分正确率不相关或弱相关。

造成本研究区分实验结果与预测结果相距甚远的原因较为复杂，我们在上文的讨论中已经对这个问题进行了阐述，例如刺激排序和较大韵律单元的韵律特征对知觉的作用。尽管辨认实验和区分实验迄今为止依然是范畴感知研究中被多数学者采用的两项任务，但也有人认为，传统的语音范畴感知研究范式存在严重问题。例如，Schouten *et al.* 认为，传统的区分实验任务存在固有偏向（inherent bias），而这种偏向有时候会造成区分实验的结果与

---

[1] 沈炯《北京话声调的音域和语调》，载林焘、王理嘉主编《北京语音实验录》，北京大学出版社，1985 年；杨顺安《北京话多音节组合韵律特性的实验研究》，《方言》1992 年第 2 期。

通过辨认实验预测到的区分正确率之产生显著相关。[1] 他们在另外一个研究中发现，一旦在实验设计中克服任务带来的偏向，区分实验和辨认实验的结果就不呈现显著相关；在这项研究中他们还认为，语音信号是否存在范畴感知实际上是由区分实验的任务形式来决定的。[2] 虽然我们不能完全同意 Schouten 等人"是否存在范畴感知取决于区分实验任务"的论断，但我们的结果也表明区分实验的任务的确会对实验结果产生严重影响，虽然这种影响与 Schouten 等人所提到的影响并不是一回事。我们猜测，记忆中的音高痕迹的衰减和声调在不同韵律位置上的变体，是刺激排序对实验结果产生作用的最可能的原因，而本研究的两种区分实验设计（改变刺激间隔和刺激长度）都无法消除这种影响，因此，对于本研究的区分结果我们必须审慎对待。改进区分实验任务可能会减少排序问题和被试的消极猜测策略对结果带的影响，例如，Gerrits 和 Schouten 使用了在目标刺激前后分别增加侧翼刺激的序列，实验任务是要求被试对偏差刺激的位置进行判断而不是要求被试判断两个刺激相同与否，这样的方法也许可以削弱刺激排序以及被试的消极猜测策略对区分结果的作用。

范畴感知的实验过去都是行为实验，而行为实验的结果在很大程度上依赖于被试的配合，被试在实验中如果注意力不能高度集中，实验结果往往会大打折扣，因此也就会出现种种令人困惑的结果。使用脑电实验也许能够解决这些问题，例如，我们可以

---

[1] Schouten, Bert, Gerrits, Ellen, & Arjan van Hessen (2003). The end of categorical perception as we know it. *Speech Communication*, 41, 71-80.

[2] Gerrits, Ellen, & Schouten, Bert (2004). Categorical perception depends on the discrimination task. *Perception & Psychophysics*, 66 (3), 363-376.

通过观察声调感知中的 ERP（事件相关电位）来分析阳平和上声的范畴感知问题，因为在 ERP 实验中，无论是偏差刺激还是标准刺激都是独立出现的，而实验任务是非注意的任务，因此可以较好地消除刺激排序和被试注意力不集中以及使用猜测策略等因素对感知结果的影响。

（二）调形相似性与感知类型的关系

我们在引言中提出的问题是：声调感知的范畴型和连续型，是否取决于两个声调在调形上的相异性？已有的研究已经表明了汉语粤方言和泰语中不同调阶的平调的感知是非范畴型感知，斜率不同的孤立升调的区分也是非范畴型的，本节的两个实验所使用的连续统都没有从根本上改变调形，特定音高条件下的辨认曲线呈现出范畴感知的特点，但在辨认曲线上未能发现范畴化特点。

Abramson 和 Francis *et al.* 都认为泰语或汉语粤方言平调的辨认是范畴型的，而区分是连续型的。[1] 从 Abramson 的实验结果看，泰语的低平调和中平调辨认曲线有一定的范畴化特点，而中调和高调的辨认率接近匀速变化，也就是说在音位边界两侧的两个刺激间并没有突变。由于他未对辨认曲线进行回归分析，因此我们无法用辨认曲线的斜率讨论他所得到的辨认曲线的范畴化程度。不过，Francis 等给出了用平调的辨认率预测得到区分曲线，我们

---

[1] Abramson, Arthur S. (1979). The Noncategorical perception of tone categories in Thai. In Bjorn Lindblom, Sven R. G. Öhman, & Gunnar Fant (Ed), *Frontiers of Speech Communication Research*, 127–134. London: Academic Perss; Francis, Alexander L., Valter Ciocca, & Brenda K. Chit NG. (2003). On the (non) categorical perception of lexical tones. *Perception & Psychophysics*, 65(7), 1029–1044.

从预测区分曲线上可以看到峰值较低（均在 0.6 左右，随机水平为 0.5），因此可以认为辨认的范畴化程度并不高。总的说来，我们并不认为以上两个关于平调的研究中出现了辨认和区分结果的重大冲突。如果把辨认结果和区分结果放在一起看，基本上可以认为平调的知觉是连续型的。

但本节的结果与泰语或粤方言平调的结果并不相同。我们对辨认曲线上的范畴化程度进行了量化计算，在我们所确定的范畴化程度较高的两个连续统中，辨认率从 0.25 上升到 0.75 分别只需要 1.02 和 1.00 个步长（见表 1 和表 2 的数据），也就是说在辨认率变化最快的区域，拐点位置移动一个步长几乎就能导致辨认率的变化幅度达到 0.5，与之相对应的结果是，在音位边界两侧的两个刺激之间，范畴化程度较高的两个连续统的辨认率的变化都超过或达到了 0.5（参见图 2 和图 4），通过辨认率预测的区分正确率峰值都在 0.75 以上（随机水平为 0.5），因此，本节所得到的辨认函数的范畴化程度是比较高的。本节的结果中最令人困惑的是在辨认曲线上呈现出较为突出的范畴化特点时，区分曲线上却未出现音位边界处的正确率高峰，仅实验 II 中的低终点连续统在区分曲线上出现了与预测峰值位置对应的较小峰值。虽然我们认为区分曲线的非范畴化特点很有可能是实验任务导致的，但目前我们仍然无法预测改进区分实验任务后是否一定能够得到范畴型的结果。因此，基于目前的结果我们也许可以保守地假设，在两个声调的调形有一定相似性但音高曲线并非相等函数的条件下，辨认函数会产生范畴化或准范畴化的特点，但区分函数则未必出现与辨认函数一致的结果，Francis *et al.* 关于粤语两个升调的感知研究结果支持我们的假设。[①] 如引言所述,高云峰发现上海话的两个升调(低升调阳去和高升调阴去)的感知是范畴型的,[②] 但他使用的刺激嵌入了负载句,因此我们对这个结果不予讨论。高还发现新派矾山话高降调(阴上)和低降调(去声)的辨认和区分曲线上均出现了较为明显的范畴化特征,他所使用的是斜率不同的降调连续统,这正符合我们所界定的"调形相似但音高曲线的函数不等"。但由于他没有明确说明矾山话的听辨材料是像普通话和上海话一样的负载句还是孤立音节,因此我们也无法对这个结果进行评论。

此外还有一个值得提出的问题:本研究中的实验自变量为拐点位置,我们还需要以拐点位置的高低以及终点音高的高低为自变量对这个问题进行进一步的讨论。

(三)结论

本节通过四种降升调连续统讨论了普通话母语者对阳平和上声的感知类型问题。实验结果表明,降升调下降段的降幅和上升段的升幅对于辨认阳平和上声的范畴化程度有显著作用,只有在降幅或者升幅都达到一定程度且升幅也不过大的条件下,阳平和上声的辨认才出现明显的范畴化特点,而且在降幅和升幅都位于比较合适的区间时,在区分曲线上才能看到一定的范畴化倾向。以上结果说明,对于具有较复杂的曲拱特征的声调来说,实验刺激的设计会对实验结果产生重要影响,声调感知的类型需要在多

---

① Francis, Alexander L., Valter Ciocca, & Brenda K. Chit NG. (2003). On the (non) categorical perception of lexical tones. *Perception & Psychophysics*, 65(7), 1029-1044.

② 高云峰《声调感知研究》,上海师范大学博士学位论文,2004年。

种设计条件之下进行观察才能确认。

本节未能在四个连续统的区分结果中看到典型的范畴化特点,两个辨认范畴化程度较高的连续统的辨认结果与区分结果都没有显著相关,因此我们难以对普通话阳平和上声的知觉类型给出最终的判断。在区分实验的结果中我们发现了刺激排序的显著效应,我们认为这可能是记忆中的音高衰退效应和普通话韵律单元中的音高变化规则以及连读变调规则共同作用的结果,此外,被试在区分任务中使用的策略也可能对实验结果产生影响。基于本节的结果,我们认为调形相似但音高变化函数不同的声调的区分情况可能介于调形完全相同或完全不同的声调的区分情况之间,即在辨认函数中可能出现较强的范畴化结果,而在区分函数中范畴化程度不高。普通话的阳平和上声是否存在区分上的范畴边界,还需要通过观察更多的自变量、改进区分任务或者使用脑电技术来进一步考察。

第四节　对外汉语声调教学策略[①]

声调教学一直以来都是对外汉语语音教学的重点和难点。现有的声调教学模式是把声调教学集中安排在开始学习汉语的一到两个月,融合在声母、韵母、声调三者结合的语音教学中进行。一般从单音节声调开始,然后是双音节、多音节,其中尤以单音

---

① 本节摘自宋益丹《对外汉语声调教学策略探索》,原载《语言教学与研究》2009 年第 3 期。

节声调和双音节声调（包括变调）为教学重点。一两个月之后开始词汇、语法教学，不再集中进行声调教学。有的教师在生词生字教学中涉及声调，但依然是强调字词的读音，并没有在原有声调知识基础上添加新的教学内容。因此，到了中高级阶段，不少学习者已经基本掌握单字和双字词的声调发音，但一旦进入交际状态，声调依然是个大问题。所谓"洋腔洋调"，主要体现在声调偏误上，其次才是声母、韵母。因此，如何提高声调教学效率和质量成为很多学者和对外汉语教师关注的问题。本节首先剖析现有声调教学模式存在的问题，其次考察教学实践中声调偏误的特点及成因，在此基础上提出新的教学策略。

一 现有声调教学模式的问题所在

现有的声调教学模式存在诸多问题，主要体现在：

缺乏对声调性质、发声方法的阐释。现有的教材只是指出声调的别义作用，对声调的性质及发声方法缺乏阐释。关键对64个不同母语背景、不同汉语程度的汉语学习者进行调查，发现所有的调查对象都是通过教师而不是教材学会声调，有95.3%的调查对象不知道声调的发音器官是什么，96.9%的调查对象不知道四声发声方法的区别。[1] 可见现有的教学模式让学习者云里雾里，绝大部分学习者缺乏对声调的本质认识，声调学习存在盲点。

缺乏循序渐进的分层次教学。现有的教学模式从一开始的单音节教学、双音节教学，到后来的字词教学，都在词或词组层面

---

[1] 关键《声调教学改革初探》，《语言教学与研究》2000年第4期。

进行，缺乏与固定语法结构、小句、句群相结合的分层次声调教学。完成语音阶段的学习任务后，在词汇和语法教学阶段缺乏相应的声调知识、技能的进一步学习和训练。学习者的表达能力迅速提高的同时，声调的准确度和自然度止步不前，甚至反而有所下降。

难以和语言交际接轨。在学习的开始阶段，学习者花大量时间练习无意义的音节，学会了声调的发音却无法马上运用到交际中去，错过了很多在交际中巩固提高的机会。在学会了汉语的四声、掌握了变调规则之后，学习者由于缺乏汉语语调的概念和训练，依然无法说出符合汉语语调规则的句子来。课堂的教学内容与实际交际脱节，这也影响了学习者的学习兴趣。

教学方式相对单调，不够直观。现有的教学方式主要以"示范—模仿"教学为主，教师在课堂上示范发音，有的配合手势，学习者跟着教师反复模仿练习。在计算机技术和多媒体教学迅速发展的今天，声调教学没有很好地跟上教学手段的发展，很少利用丰富的图像、视频资料及辅助学习软件等进行教学实践，学习者在整个学习过程中基本处于被动的地位，难以发挥学习的积极主动性。

二　声调偏误的特点及成因

要提高汉语声调教学的效率和质量，必须了解学习者在习得声调的过程中出现的偏误特点，据此方能制定合适的教学计划，挖掘教学的重点及难点，提高学习者的兴趣，实现对外汉语声调教学的突破。

首先，声调偏误具有普遍性。（1）母语为非声调语言及母语为声调语言的两类学习者，学习汉语声调时都存在不同程度的偏误。(2)不同母语背景的学习者在学习汉语声调时,四个调类均有偏误出现。(3)教学实践中发现不少声调偏误是具有共性的,比如阴平和去声容易混淆,阳平和上声容易混淆。①

其次,声调偏误存在个性差异。主要表现为不同母语背景的学习者学习汉语声调的难易程度不同。泰国学习者偏误最严重的是一声和四声,而韩国学习者学习难度最大的是二声和四声。②具体而言,声调的偏误出现在调域、调型、调值等各个方面,③而以这些方面的综合性偏误为多。④此外,时长方面也存在偏误。⑤

再次,双音节字组和语篇中的声调偏误有显著不同。王韫佳在80个双音节字组的基础上得出的实验结果是美国学生学习阳平和上声要显著难于去声和阴平。⑥沈晓楠用一篇课文作为实验材料,发现美国学生学习声调的难度顺序是阴平和去声要难于阳平、上声和轻声。⑦可见,声调在语流中的习得情况和相对静态的双字调是完全不同的,不能想当然地认为掌握了词调就可以顺利过渡到句子、语篇的声调。

---

① 王安红《汉语声调特征教学探讨》,《语言教学与研究》2006年第3期。
② 李红印《泰国学生汉语学习的语音偏误》,《世界汉语教学》1995年第2期;宋春阳《谈对韩国学生的语音教学——难音及对策》,《南开学报》1998年第3期。
③ 赵金铭《从一些声调语言的声调说到汉语声调》,载《第二届国际汉语教学讨论会论文选》,北京语言学院出版社,1988年;桂明超《美国英语语调对美国学生学习汉语声调的干扰》,《世界汉语教学》2000年第1期;郭锦桴《汉语声调语调阐要与探索》,北京语言学院出版社,1993年。
④ 王韫佳《也谈美国人学习汉语声调》,《语言教学与研究》1995年第3期。
⑤ 李红印《泰国学生汉语学习的语音偏误》,《世界汉语教学》1995年第2期。
⑥ 同④。
⑦ 沈晓楠《关于美国人学习汉语声调》,《世界汉语教学》1989年第3期。

造成以上声调偏误的原因多样，不少学者对此进行了深入研究，主要可以总结为两类：

一是母语负迁移。现在普遍的观点认为，学习者母语语音系统的影响是外国学生产生"洋腔洋调"的主要原因。很多语言只有语调，没有声调，学习者常常用母语的语调来对应汉语的声调，必然会造成"洋腔洋调"现象。对于母语为声调语言的学习者来说，汉语和母语中相似的声调常常引起混淆，造成声调的偏误。

二是语流中的声调教学不够深入具体。大量教学实践表明，很多学习者在语流中的声调错误率要显著高于字词中的声调错误率。学习者在学完单字调及变调规则后，对于声调与语调的关系不甚了解，难以通过自学掌握。教师只是在学习者出现声调偏误时"事后"指出纠正，缺乏正面系统的语流变调"事先"教学。

三 声调教学策略探讨

关于声调教学的策略，相关研究很多，[①] 有的从理论的角度指出声调意识培养的重要性；[②] 有的从教学实践的角度对声调发声的方法、四声的教学顺序进行探讨，[③] 本节根据上文分析的现

[①] 池杨琴《对外汉语声调研究述评》，《解放军外国语学院学报》2005年第1期；彭玉康、胡袁圆《对外汉语声调教学研究回望》，《暨南大学华文学院学报》2006年第4期。

[②] 郭锦桴《汉语声调语调阐要与探索》，北京语言学院出版社，1993年；高立群、高小丽《不同母语外国留学生汉语语音意识发展研究》，《云南师范大学学报》（对外汉语教学与研究版）2005年第3期。

[③] 关键《声调教学改革初探》，《语言教学与研究》2000年第4期；姜小红《关于对外汉语声调教学的一些思考》，《宁夏大学学报》（人文社会科学版）2001年第3期；喻江《声调教学新教案》，《语言教学与研究》2007年第1期。

有教学模式存在的问题及学习者的声调偏误情况，提出以下三条声调教学策略。

（一）在获得声调理性认识的基础上强化感性认识

首先，明确声调的声学特性和生理特性，获得关于声调的理性认识。实验语音学的研究告诉我们，声调是音高随时间变化的函数，主要由基频和时长决定。[①] 声调的产生源于声带的振动，振动的快慢造成声调的高低。这些知识在对外汉语的教材中没有涉及，但对学习者正确掌握声调的发音很重要。对外汉语的教学对象主要是成年人，具有一定的语音知识储备，具备较高的分析理解能力。因此，教师在教学声调的开始就让学习者了解这些知识，可以起到事半功倍的效果。

其次，通过发声训练强化声调感性认识。声调的发声训练在一定程度上是一种发音器官肌肉运动的训练。发声时，声带肌肉越紧张，声调越高；声带肌肉越松弛，声调越低。母语为非声调语言的学习者，缺乏对声调的感性认识，不习惯在一个音节内实现声带的紧张与松弛的交替，或者紧张与松弛的区分度不大，难以获得足够的调域宽度。因此，有必要对学习者进行声带肌肉的训练，帮助强化对声带振动频率的控制，实现声带有节奏地紧张和放松。可以参考的训练方式有：（1）调域训练。从平调练习开始，先练习五度平调 11 22 33 44 55，然后练习降调，再练习升调，让学习者感受声带紧张程度在一个音节中的维持与变化。（2）调类训练。汉语的四个声调，无论以什么顺序练习，都应让学习者牢记声带的松紧变化方式，在练习中反复体会，以便培养发四

---

① 吴宗济、林茂灿主编《实验语音学概要》，高等教育出版社，1989 年。

声的正确习惯。比如"去声"的发音关键点在于高降,首先要让声带紧张,方能发出高起点的音;其次下降时声带逐步放松的速度要快,干脆利落。如果起点处紧张不足,发成低降,就会和"半上"相混;如果声带放松速度不够快,听上去就不自然。

(二)以交际为原则,分层次教学

交际是学习语言的最终目标,学习者语言能力的高低必须由各种场合的交际来检验。因此,在教学过程中应始终以交际为目标,将交际原则贯穿于声调教学的全过程,根据学习者的实际汉语交际能力讲授相应的声调知识,进行必要的声调训练,实现循序渐进的分层次教学。

初级阶段。这一阶段的主要目标是掌握汉语的单字调、变调规则、轻声等。编写发声练习材料时,应尽量采用交际中的常用词或词组,比如单音节材料可使用数字、姓氏、单音节名词、动词、形容词等;双音节材料可使用简单会话用语,特别是回答用语等,如"你好""再见""谢谢""喜欢(回答时可单用)""不去(回答时可单用)"等。在练习过程中,教师适当讲授这些音节的意义,让学生体会汉语声调的别义性在交际中的重要作用,比如"烟"和"盐"、"汤"和"烫"、"年级"和"年纪"等,而不仅仅是"妈麻马骂"这类在交际中不太可能引起混淆的例子。对于简单会话用语,教师适当挑选部分内容,讲授使用的场合,让学习者尽早开口、多说汉语。

中级阶段。这一阶段的主要目标是掌握句子中声调的变化模式,学会如何把声调和语气结合起来。这一阶段,学习者的词汇量不断丰富,语法知识逐渐积累,这时的声调教学应与词汇、语法的学习有机结合起来。在学习生词时,巩固单字调、变调规则,在学习语法结构时，了解简单句及复句的分句中声调和语调的结合关系，以及不同句类的声调变化特点。针对学习者容易集中出现偏误的地方，安排一定次数的集中教学，如重音、疑问调等。

高级阶段。这一阶段的主要目标是学习语篇中声调的流畅表达，将声调内化融入语感中。这时，学习者已经能够运用汉语熟练地表达思想，如何运用声调流畅自然地表达是这一阶段的学习重点。一方面，帮助学习者找到自己的声调缺陷，进行个别辅导；另一方面，教师引导学习者留意优秀的影视、小品、朗诵、演讲中的声调表现，通过大量的正面输入培养语感。通过这两点措施进一步改善学习者的语音面貌，提高对汉语声调韵律美的鉴赏能力。

（三）使用 Praat 软件进行反馈式教学

大部分教师在进行声调教学时，主要依靠课堂讲解，有的配合使用挂图、录音机、计算机等教学工具。这些教学方式多为单向，即学习者只"输入"而不"输出"，只被动接受，难以主动学习和检验学习成果；离开课堂后，由于缺乏及时的反馈，自学效果难以保证。由于目前还没有研发出专门针对对外汉语声调教学的反馈型学习软件，我们使用语音分析软件 Praat 进行辅助教学。Praat 软件是一款用于语音研究的软件，可以对声音文件进行分析，实时显示声调的基频、时长等数据。学习者调入 wav 或 mp3 格式的录音材料，根据 Praat 中显示的声调曲线进行模仿练习；用它录下自己的发音，和标准发音进行对比。通过直观的声调曲线演示，无论是调型错误还是调域错误，学习者都可以自主发现，在掌握声调高低变化发音原理的基础上，自我纠正错误，逼近标准发音；学习后的最终成果还可以保存下来交给老师，方便老师进一步指导。

Praat 软件使用时需要一台电脑及一副耳麦，软件直接从网上下载，无须安装即可使用。使用方法如下：（1）点击主界面上的 Read 按钮，导入示范发音（图1）。示范发音可以由教师自行录制，或者从教学磁带、光盘转录到电脑。（2）点击主界面右侧 Edit 按钮，在弹出窗口中对 Pitch 下拉菜单的第一项打上"√"，显示出所有声调的曲线走势（图2、图3）。点击窗口下方的灰色条状按钮可以听发音，这时在声调曲线帮助下反复听辨模仿录音。（3）回到主界面，点击 New 下拉菜单的第一项，在弹出窗口中点击 Record（图4），同时对着麦克风说出刚刚模仿过的发音。（4）再次点击主界面 Edit 按钮，打开刚才新生成的录音文件。（5）调整窗口大小，将示范发音与练习发音进行对比，找出发音的错误点。（6）必要时重复录音及对比过程。如此反复练习，不断对比，直至两者的声调曲线走势基本一致。

下面举个实例。图2和图3分别是标准发音和学习者（美国）的发音，内容同为汉语句子"三年级的教材卖完了"。图中出现的黑色曲线（软件中显示为蓝色）即声调曲线。经过对比我们可以轻松发现图3的主要错误在于：（1）"教材"发成了三声和四声；（2）结尾的"完"声调没有升上去（图4中箭头处）。学习者在了解错误点情况下纠正自己的发音，直至逼近标准发音为止。

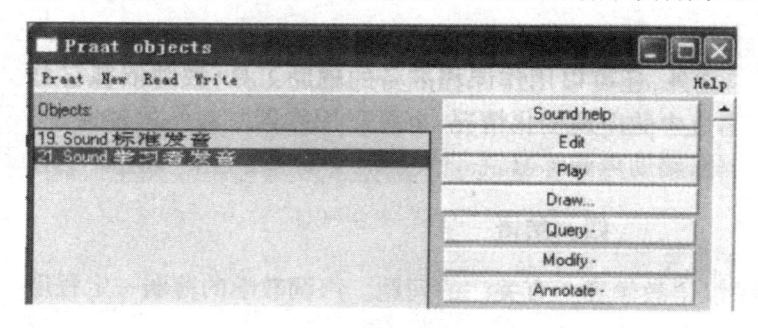

图1　Praat 主界面

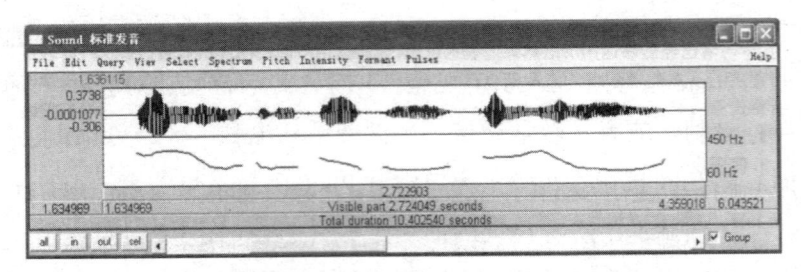

图2 "三年级的教材卖完了"标准发音声调曲线图

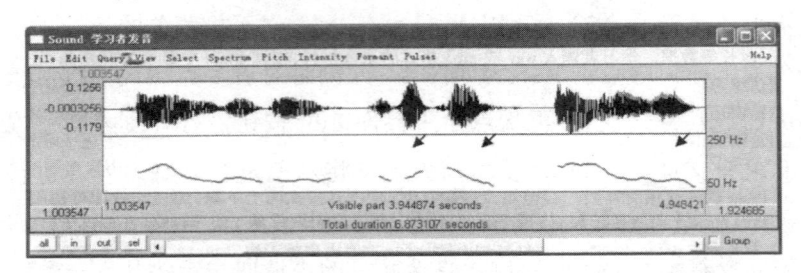

图3 "三年级的教材卖完了"学习者(美国)发音声调曲线图

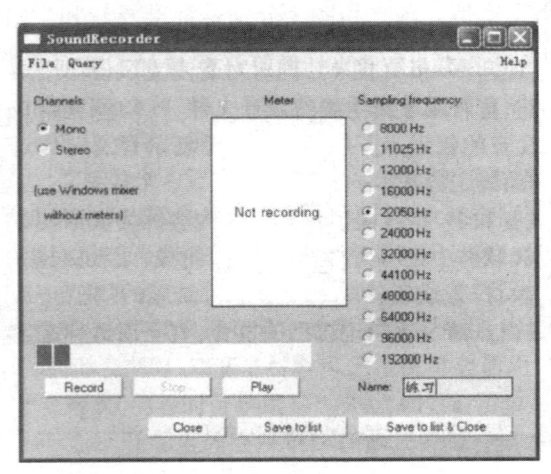

图4 录音界面

Praat 软件除了可以用于自学之外,还可以用作课程准备的辅助工具,教师依靠它总结声调变化的类型及特点,尤其是在语流中的声调变化情况;也可以用作课堂教学的辅助工具,让学习者直观地看到声调的高低变化,辅助声调练习。

四 结语

汉语声调教学的策略是对外汉语教学界一直关注的问题。声调教学的薄弱一定程度上反映了声调研究的薄弱,对于声调在语流中的表现,声调和语调的关系问题,研究尚不充分。[1]尤其是面向第二语言教学的语流声调研究,有待进一步拓展。只有研究充分了,才能找到最为合适的教学策略,促进对外汉语声调的教学。

---

[1] 宋益丹《汉语声调实验研究回望》,《语文研究》2006年第1期。

第四章

韵律及韵律教学研究

第一节 声调对比法与北京话双音组的重音类型 ①

北京话的词重音研究虽由来已久，但至今似乎收效甚微。许多核心问题长期缺乏明显的共识，且各家在研究方向、基本理论及其方法上不善交流、缺乏讨论，更鲜互相引证，使得这一汉语音系上的重大问题始终处于若明若暗的状态。就重音的有无来讲，虽像"汉语无重音说"② 已不再有人提起，但很多人仍仅停留在承认有轻声词的程度上，将带调音节一律看成重读音节。时至 21 世纪，就连一些在汉语音系学上的知名学者都不得不承认重音研究的困难。③ 究其因，恐怕一方面因为汉语是声调语言，区分词汇意义的主要音系手段是声调而不是重音，于是重音成了较为次要的音系特征；另一方面，由于声调的交织与覆盖，使重音的表现难以捕捉，尤其是除掉轻声以外的轻重区别。就像赵元任先生

---

① 本节摘自王志浩、冯胜利《声调对比法与北京话双音组的重音类型》，原载《语言科学》2006 年第 1 期。
② 高名凯、石安石《语言学概论》，中华书局，1963 年。
③ Chen, Matthew Y. (2001). *Tone Sandhi: Patterns across Chinese Dialects*. Cambridge University Press.

早年指出的那样，北京人对轻声以外音节轻重的判断很难达到一致。①Chen 更用 notoriously elusive 的字眼（可译为"众所周知地难以断定"）来形容这种情况。②本节的研究正是以探讨如何解决这一困难为出发点，力求在众多前人研究的基础上，建立起一种可行的方法来捕捉北京人对带调音节轻重的语感。我们从可以显示轻重音对比的最小单位双音组入手，选择了大量的语料反复检验推敲，对每个词语的判断在几个、十几个不同的北京人中间交叉核实，最终筛选出了几百对轻重表现不同的"最小差别对"（或"近似最小差别对"）。在这个反复调查的过程中我们认识到：重音的表现绝不像有些学者所断言的那样与声调无关。③恰恰相反，重音必须通过声调在轻重音节里的不同体现，通过声调的对比才能辨别出来。我们的研究一方面支持了厉为民、殷作炎、徐世荣等学者将北京话词重音分为重、中、轻三等的说法，④再次证明了左重的双音组除了"重轻"型的轻声词以外另有"重

---

① Chao, Yuen Ren (1968). *A Grammar of Spoken Chinese*. University of California Press.

② Chen, Matthew Y. (2001). *Tone Sandhi: Patterns across Chinese Dialects*. Cambridge University Press.

③ Duanmu, San. (2000). *The Phonology of Standard Chinese*. Oxford University Press. 原文是："I have argued that SC (Standard Chinese) has stress, which is easy to feel between a full syllable (stressed) and a weak syllable (unstressed). In addition, stress is hard to feel among full syllables because SC is a tone language, in which tone cannot be used to indicate main stress." 其中的第二句话可译为："此外，汉语重读音节的重音难以感觉到，这是因为汉语是声调语言。在这样一个声调语言中，声调不可以被用来表示主要重音。"

④ 厉为民《试论轻声和重音》，《中国语文》1981 年第 7 期；殷作炎《关于普通话双音常用词轻重音的初步考察》，《中国语文》1982 年第 3 期；徐世荣《双音节词的音量分析》，《语言教学与研究》1982 年第 2 期。

中"之说；另一方面又发现了重中词同轻声词之间的联系，以及带调①的右重组与左重组（即所谓"中重"与"重中"）之间的不对称现象，进而建立起了将北京话双音组基本上只分为"右重"和"左重"两大主要类型的新设想。这一结果的获得源于突破了以"带调"和"不带调"为主要区分的传统做法，把"重中"和"重轻"归作了一大类，更从音系的角度看到了所谓的"中重"词语同"重重"并无实质性区别，因而可以不做区分。

在这节里，首先简要评述以往有代表性的研究，然后介绍我们自己从反复不断的摸索中总结出的"声调对比法"，解释如何运用这一方法的道理，讨论与之相关的问题。尤其要讨论语料的重要性以及如何在研究中将考察的目标严格控制在北京话的口语语体上，以避免书面语体中重音的不同表现对调查结果的干扰。最后，将扼要报告通过声调对比法所测到的北京话双音组的重音类型，以及如何进一步确认和研究这一分类模式的理论构想。

一 文献综述

前面提到，词重音的研究必须从轻重对比的最小单位双音节词语入手。对此，大部分学者皆有共识，且对北京话里有轻声词的结论也均无异议，只是在除掉轻声词以外的那部分"带调"双音组中，不同的学者有不同的分析。有的通过逐个审词将重音类

---

① "带调"亦称"全调"，是针对轻声词的"失调"而言。轻声词的第二个音节因轻声而不再读本调，却将本来有鲜明对比的四声"中和"成一种同四个声调都不相同的弱调，在一、二、四声后调值偏低，在三声后偏高，有人将其称为"第五调"，也有人称之为"中和调（neutral tone）"。

型做出较细的区分，有的试图通过语音实验寻找倾向性的结论，也有的从语法和音系的角度做出论断。我们选择近二十多年里各类研究中有代表性的做些评述。

（一）审词定类

将带调双音组用审词的方法分类描写的作者包括厉为民、殷作炎、徐世荣等。这些研究的特点是作者从本身的初步观察出发，将所选定语料中的全部双音组逐个审核，根据自己对北京话的语感做出判断，从而归类。比如厉为民就用了《现代汉语词典》（简称《现汉》）和一本1966年由文字改革出版社出版的、加注拼音的《小学语文朗读文选》（简称《文选》），殷作炎用了中国文字改革委员会1959年编印的《普通话三千常用词表》，而徐世荣则审查了从各类语料里选出的两万个常用的双音节词。他们通过这样的审词，得到了几条相当一致的结果。一是发现轻声词在整个双音节词语里所占的比例极少。厉对《现汉》和《文选》的统计分别为6.65%和14%。[①] 殷对《词表》的统计也是14%。徐在两万个常用双音词中共选出了1500个轻声词，比例是7.5%。二是轻声词的不稳定性。三位作者分别举出大量例词来说明各个语料来源所标轻声的不一致性，如厉为民所列的下列三组：《文选》标轻声而《现汉》标非轻声，如"帮助、医生、犹豫、天气、解释、（好）容易、组织、太阳、跳蚤、臭虫"等；《现汉》标轻声而《文选》标非轻声，如"还是、道理、想法、看法、任务、教训、动静、态度"等；中央人民广播电台播音员读轻声而《现汉》标非轻声，

---

① 根据文献发表时间，所用的《现代汉语词典》应是商务印书馆1979年的旧版，不包括新版对轻声标注的修订。

如"克服、计划、项目、纪律、适应、建设、严重、组织、要求、迫切"等。三是关于双音词重音的等级和分类。三位作者都意识到：不带词缀也不属于叠字的那部分轻声词，如"朋友、豆腐"等，其前身为带调的"前重"或"左重"词，厉为民说它们之间是"流与源的关系"。为了准确描写那一部分既区别于"后重"或"右重"又区别于轻声词的双音组，殷作炎提出建立一个"中"等是"有必要的"。他将2100个双音词分为"中重"(67%+)、"重中"(17%+)和"重轻"(14%+)三等。徐世荣又在此基础上提出增加一个"次轻"级，以表示"重中"的"中"轻于"中重"的"中"，尤其是当后音节是三声的时候。[1]

我们认为这三位作者的研究成果很值得借鉴。其他持这种三等或四等重音观点的学者包括窦道明、郑锦全、Hoa 和 Kratochvil，[2] 其中尤数 Kratochvil 的一系列研究值得注意，我们

---

[1] 徐世荣《双音节词的音量分析》强调"重中"里后字的三声与"重轻"里后字的三声调值不同，我们认为前者恰是音节尚未失调的表现。有关论述可参见王志洁《词汇变调、词法变调和音系变调》，载徐烈炯主编《共性与个性——汉语语言学中的争议》，北京语言文化大学出版社，1999年；Wang, Jenny Z. (2000). *Neutral tone as a lexical phenomenon* (Annual Research Forum, Linguistic Society of Hong Kong, Hong Kong)。下文对此也将详加讨论。

[2] Dow, Francis D. M. (1971/1972). *The Analysis of Trochaic Words in Chinese*. University of Edinburgh; Cheng, Chin Chuan (1973). *A Synchronic Phonology of Mandarin Chinese*. Mouton. The Hague; Hoa, Monique (1983). *L'accentuation en Pekinois*. Editions Languages Croisés; Kratochvil, Paul (1964) Disyllabic stress patterns in Peking dialect. *Archiv Orientální*, 32, 383-402; Kratochvil, Paul (1969). Syllabic volume as acoustic correlate of perceptual prominence in Peking dialect. *Unicorn (Princeton Chinese Linguistics Project)*, 5, 1-28; Kratochvil, Paul (1974). Stress shift mechanism and its role in Peking dialect. *Modern Asian Studies*, 8(4), 433-458; 巴维尔《北京话正常话语里的轻声》，许毅译，《中国语文》1987年第5期。

将在下文专门介绍。

（二）语音实验

英国语音学家 Kratochvil 自 20 世纪 60 年代中期以来做了一系列关于北京话轻重音及声调的研究，这里重点评述由许毅译成中文的一篇。作者在文中报告了对一个中年北京女发音人的一段日常谈话片断所做的语音分析。这段谈话包括 1390 个音节，实验测量的重点是音节的轻重。由于作者认为基频（F0）、振幅（A）和时长（T）这三种音值交替形成的强弱离差（prominence deviation）较能反映音节的强弱，他在实验中便采用由这三个值的乘积得出的音量（V）来分析。其结果发现，正常北京话里的强弱模式是非常易变的，轻声词的界限"也许不像普遍相信得那么严格"。他把测得的双音组的重音类型分为 5 种，排成一个从右重到左重的序列，如下所示（例词后之注解系作者原话）：

（1）你看：抑扬格，松散的句法结构；
（2）服输：抑扬格，更紧凑一点的结构；
（3）就是：抑扬格或扬抑格，以句法功能形式化而不是以紧凑为特点的结构；
（4）爱情：扬抑格，但第二个成分是有声调的，紧密的构型结构；
（5）车子：扬抑格，第二个成分是轻声，完全形式化的结构。

这里且不管作者在结构上的描写，仅就他对重音类型的区分来看，在双音组的重音分为抑扬格和带调与轻声两种扬抑格这点上，Kratochvil 的结论同前述审词的研究大体一致。然而这种观点并没有得到其他语音实验研究的验证和支持，下面三个另外的语音实验就反映了不同的结果。

首先是由林茂灿等所做的实验。① 研究者选了 103 个涵盖 16 种声调组合及主谓、动宾等 5 种主要语法结构的双音组，请发音人照卡片所写的两个汉字逐个发音，之后由 8 个听音人听辨。实验结果表明，大多数的双音组为后重。林茂灿在重述这一听辨实验时报告说，两个发音人后重的比例分别为 91.2% 和 88.3%，"没有一个两字组一定要读前重"。②

或许是看到了林等这一实验在设计上的缺点，即仅仅选用孤立的双音组作为材料，因而无法避免后字在停顿前的拖长，王晶、王理嘉等将所测词放在了统一的负载句中，负载句是"书上没有□□这个词（这个人）"③。实验总共测了 83 个双音词、65 个三音词、68 个四音词和 270 个单音词，主要检验音节的时长。其得到的结果同上述林等的结果截然相反，即"双音词前字长于后字"，男女两个发音人前后音节相对系数平均值比例为 0.81∶0.66 和 0.77∶0.68。

第三个语音实验是毛世桢对 117 个"重中"格词的考察。④ 他用上海市普通话测试中心提供的材料，将这些词放在 22 个句子的句首、句中、句末等不同位置上，请两位北京人录音；之后计算这些词前后音节的时长比值，得到的结果是：117 个被列为"重中"的词中有 64% 同"重轻"格相同，32% 与"中重"格一致，

---

① 林茂灿、颜景助、孙国华《北京话两字组正常重音的初步实验研究》，《方言》1984 年第 1 期。

② 林茂灿《轻重音》，载吴宗济、林茂灿主编《实验语音学概要》，高等教育出版社，1989 年。

③ 王晶、王理嘉《普通话多音节词音节时长分布模式》，《中国语文》1993 年第 2 期。

④ 毛世桢《普通话二字词的轻重格式》，载吕士楠等主编《现代语音学论文集》，金城出版社，1999 年。

因而"在词汇平面上（词处在备用状态下）双音词只有前重与后重两种格式。所谓重中实际是犹疑于这两种格式之间的词，……有时发成前重，有时发成后重"。

（三）音系推断

这一部分我们主要介绍 Lin 和端木三两位学者从音系理论角度对词重音的研究。①首先需要指出的是，Lin 注明了她研究的目标语言是北方官话，尤其是北京话（Northern Mandarin），而端木三的研究对象是普通话（Standard Chinese）。②

Lin 主要反对以赵元任先生为代表的所谓"后重"的传统观点，即"当双音节词语的第二个音节不是轻声的时候其后音节稍重"，以及"当几个持有一般重音的音节连在一起的时候其语音上的轻重程度并不相同：末尾的音节最重，开头的次之，中间的最轻"。③Lin 用四条理由来证明双音组的重音应为前重后轻，④并提出两条音系规则来概括她的推断：一条叫"域首重

---

① Lin, Hua (1994). Mandarin stress revisited. In Camacho, Jose, & Lina Choueiri (Eds), *Proceeding of the 6th North American Conference on Chinese Linguistics*, Vol. II, 102-111; Lin, Hua (2001). Stress and the distribution of the Neutral Tone in Mandarin. In Xu, Debao (Ed) *Chinese Phonology in Generative Grammar*. Academic Press, 139-161; Duanmu, San (2000). *The Phonology of Standard Chinese*. Oxford University Press; Duanmu, San (2001). Stress in Chinese. In Xu, Debao (Ed), *Chinese Phonology in Generative Grammar*, Academic Press, 117-138; 端木三《汉语的节奏》，《当代语言学》2000 年第 4 期。

② 我们认为：研究重音必须限定方言，普通话不就是北京方言，因此这里以北京人的北京话为准。

③ Chao, Yuen Ren (1968). *A Grammar of Spoken Chinese*. University of California Press.

④ Lin, Hua (1994). Mandarin stress revisited. In Camacho, Jose, & Lina Choueiri (Eds), *Proceeding of the 6th North American Conference on Chinese Linguistics*, Vol. II, 102-111.

音规则（Domain-Initial Stress Rule）"，规定将重音加在每个最小音系领域[①]最左边的音节上。另一条叫"声调中和规则（Tone Neutralization Rule）"，规定将紧跟在域首重音节之后那个音节的声调变成中和调，即轻声。然而第二条规则的应用是选择性的，具体哪些词会变成轻声则由五个其他因素决定，即：正式语体或口语，说话者个人因素，音节原有声调，轻声词辨义功能及方言差异。[②]

端木三自20世纪90年代以来对词重音的论述集中总结在他的《普通话音系》（*The Phonology of Standard Chinese*）一书第六章第四节里。他提出了两个论点，一是每个普通词里的音节从左向右形成重轻重轻的系列，其中第一个重轻的组合最重；二是合成词和短语的重音均由"辅重"规则（Nonhead Stress）决定，即所有句法上的非中心词都得到重音，如名词短语里的状定成分、动介短语里的宾语等。他以两条理论交互使用为依据，分析了双音节、三音节和四音节的例字，结果如例（1）—例（3）所示（其中方括号标示词语的句法结构，数字是音节数，S=重，W=轻，M=中）：

（1）双音节：高山［11］　　　　S-W
（2）三音节：芝加哥［111］　　S-W-M 或 S-W-W
　　　　　　峨眉山［21］　　　S-W-M 或 S-W-W
　　　　　　老司机［12］　　　S-W-W 或 S-W-M（在末尾位置时）

[①] Lin给"最小音系领域"下的定义是"音系过程可以发生的最小的领域"。原文是 "a smallest domain over which a phonological process occurs"。
[②] Lin, Hua (2001). Stress and the distribution of the Neutral Tone in Mandarin. In Xu, Debao (Ed), *Chinese Phonology in Generative Grammar*. Academic Press, 139-161.

(3) 四音节：大西红柿 [13]　　S–W–W–M 或 S–W–W–W
　　　　　　　　　　　　　　　　　　（在末尾位置时）

　　　　　　　万丈光芒 [22]　　S–W–M–W

端木三认为他在上述分析中得到的音步同石基琳和陈渊泉分析三声变调时构成的音步大体一致，且其"轻"的位置也是轻声变为中和调的位置。① 至于其分析结果之所以不容易被感觉到，端木三认为是因为普通话是一个声调语言。在这个语言中，作为重音最重要语音表现的基频曲线（F0 contour）被用来表达词汇的声调，因而不再能随重音而任意变换。② 换句话说，北京人的内在音系只能判断声调而不能感知重音。

（四）几点评论

对于上述各家从词汇、语音、音系三种不同角度来分析北京话（或以北京话为语音基础的普通话）词重音的结果，我们有以下几点总括的评论，也可以说是提出几个值得讨论的问题。

第一，关于词重音的性质。我们觉得有必要考虑词重音到底是一个语法问题（这里的语法不只包括句法，也包括音系）还是一个词汇问题。换句话说，它是可以由规则来概括和预测的现象呢，还是比较不规则的、靠说话人记忆中储存的信息来决定的现象

---

① Shih, Chilin (1986). *The Prosodic Domain of Tone Sandhi in Chinese*. Ph. D. Dissertation, University of California, San Diego; Shih, Chilin (1997). Mandarin third tone sandhi and prosodic structure. In Wang, Jialing, & Novel Smith (Eds), *Studies in Chinese Phonology*. Mouton de Gruyter, 81–123; Chen, Matthew Y. (1996). *Tone Sandhi*. MS. UCSD.

② 端木三的原文是："...due to the fact that SC is a tone language, in which the most important phonetic cue for stress, F0 contour, is taken up for lexical contrast and so cannot be freely altered to indicate stress." 参见 Duanmu, San (2000). *The Phonology of Standard Chinese*. Oxford University Press。

呢？这是所有研究重音的人都要回答的问题。即使没有专门考虑或没有明确回答，其研究也必然会反映出他在这个问题上的立场或出发点。比如前面（一）中综述的几位作者，显然是把重音当作词汇现象来研究。尽管他们在各自的文章中均尽量寻求重音同词汇内部结构和语义之间的关系，但他们的总体研究是建立在对每个词条逐一考察的基础之上，而且对语料的覆盖面相当大，又用统计数字来说明重音的类型。（三）中谈到的研究则不然，那两位作者都试图将重音看成可以用规则来概括说明的系统现象，因而都在建立规则上下功夫。Lin 在提出"首重"论的同时虽然指出了五种干扰这一理论的因素，并用了词汇扩散理论来解释词重音的历史变化，但却没有说明在实际使用的词汇中，起码在北京话的双音组中，到底有多大比例的词目没有受到干扰而系统地表现为首重，从而验证其理论的普遍性。端木三提出的两条理论一为"左重"的音系规则，一为"辅重"的句法规则，似乎将重音完全看作一种有规律的语言现象。如果这一主张连同其两条理论所预知的所有词重音都能得到所有语料和说话人语感的证实，那么北京话（或普通话）的词重音就无须再继续争论和探讨，问题就会一下子变得非常简单。

第二，关于语料在研究中的地位。我们认为，无论研究者从什么角度出发，选择什么途径和方法，都必须尊重语料，既要充分照顾到覆盖面，又要让所用的语料有代表性。上面（二）中引述的几个语音实验，除 Kratochvil 用了包含一千多个音节的话语以外，其余三个实验都只考察了一百个左右的双音组，占《现汉》中总数约为三万的双音词的三百分之一，[①] 且读者并未看到全部

---

① 厉为民《试论轻声和重音》，《中国语文》1981 年第 7 期。

实验材料。(三)中引述的理论研究使用的语料就更为有限,而且作者并未注明其重音的判断是否经过了任何当地人的核实。比如上文中所引的端木三的语料,双音组的例子只有"高山"一词,读者既难以得知是否作者实际观察到了说话人发音时的确将此词发成前重后轻,又难以得知是否就此所有普通话的双音词(哪怕是所有的偏正式双音词)都是重轻式。不知作者是否将其理论上的发现返回到更多的语料中去核实过。

我们认为,在语音和音系研究中使用的语料要满足三个基本要求。一是要取于自然语言而不是规范语言。比如北京话是自然语言,而普通话是规范语言。尽管它以北京话为语音基础,但它只能是近似于北京话的一个各种发音的集合体。从讲普通话的各方言区的人嘴里得到的发音和判断存在着很大的差异,尤其是像重音这种微妙的成分。二是语料必须以口语语体为准。这在重音的研究中尤为重要,因为北京人嘴上的重音形式,往往有"文白"两读,①文读(正式语体)与白读(口语语体)并不一样。不明于此,则是非两淆,轻重莫辨。以往谈重音者未能深加分辨,故而你轻我重,莫衷一是。三是研究者要尽量客观,尽量做到观察上的贴切和描写上的准确。如果一个研究成果所依据的语料被大多数当地人判断为"我们不这么说",那这份成果就失去了它应有的价值和说服力。

第三,关于研究的方法。我们认为不仅应该鼓励各种方法兼容并蓄,而且尤应倡导不同类型研究之间的相互吸收和启发。我

---

① 这里的文白系指北京方言中共时的正式语体与口语语体之间的(重音)差异。

们既不赞成不参考实验数据和语料而凭空进行理论推断,也反对只相信仪器测出的数据,而把依赖说话人语感所做的判断一律斥之为非科学的"口耳之说"。语音实验如果没有整体音系理论的指导和对音系结构的理解,得到的数据可能因设计中的种种缺陷而丧失其应有的价值。反之,音系论证如果不是严格地建立在对语料的审慎观察和恰当描写的基础之上,如果不能尽量准确和客观地反映一个自然语言里大多数说话人的内在语感,如果不是首先建立设想而后用大量语料反复地审真辨伪,那就难免主观片面,甚至有"非科学"之嫌。

第四,关于研究的范围与层面。我们认为,上述所有研究对此均未给予足够的重视,也未给以充分的说明;只有 Kratochvil 稍稍提到重音的分析,有可能也包含像赵元任先生所讲的关于语调中那种"大波浪"和"小波纹"的关系。[1] 这一观点同我们自己在过去一段时间里探讨词重音所得到的理解正相吻合。我们初步认为:词重音和句中显示的语流节奏重音需要作为两个层面上"既相关又有别"的两种音系现象来研究。词重音更多地属于词汇的范围,研究的重点应当集中在那些并非可以由句法或音系规则直接推导出的表层分布,这很可能就是 Lin 所提出的那些同社会语言学相关的因素与音系规律交叉作用的结果,同时也是历时的词汇变化同共时的语言变异互动的产物。[2] 而当我们对词重音有了一个比较清楚的概念之后,当然就可以进而考察语流节奏重

---

[1] Chao, Yuen Ren (1968). *A Grammar of Spoken Chinese*. University of California Press.

[2] Feng, Shengli (1995). *Prosodic Structure and Prosodically Constrained Syntax in Chinese*. Ph. D. Dissertation, University of Pennsylvania.

音的"大波浪"到底遵循什么性质的音系规律,从而可以减少有意无意地将二者混为一谈的盲目性。①

第五,关于重音的表现。以上各家都谈到了语音学上常用音节的时长作为重音的体现,也有的用到基频和振幅,更有的如 Kratochvil 用到了由这三个值的乘积得出的音量,但这些大半是声学语音学上的征兆。在听辨和审词的实验中,恐怕只有音节长度比较容易感知,所以王晶、王理嘉等及毛世桢的实验都仅以考察时长为重点。但作为一种更全面的考虑,我们发现,以往研究对于另外一个与重音密切相关的变量——声调,似乎没有引起足够的重视,也没有哪一家详尽地探讨过。尽管林茂灿曾简单列述过如 Abramson 等人的有关看法,②谈到泰语的重音除了表现为音节时长的加大,还表现为"声调拱度接近于理想形式……"。③徐世荣认为重音使"声调特别分明,或者高些"④,Yip 也认同"汉语重音与声调有着密切的关系"⑤,但与此相反的是端木三对声调的否认态度,认为在一个声调语言中,声调根本不可以用来表示重音。我们认为这种全然否定的看法是值得商榷的,因为如果在声调语言中声调不能用来表示重音,重

---

① 本段中的观点系两位作者从多年研究中逐渐总结出的重要观点。限于篇幅,与此相关的具体讨论只得割爱。

② Abramson, A. L. (1979). Lexical tone and sentence prosody in Thai. *Proceeding of the 9th International Conference of Phonetic Sciences*, Vol. I, Copenhagen, 380-387.

③ 林茂灿《轻重音》,载吴宗济、林茂灿主编《实验语音学概要》,高等教育出版社,1989 年。

④ 徐世荣《普通话语音常识》,文字改革出版社,1980 年。

⑤ Yip, Moira (1982). Word and phrase stress in Mandarin. 载《第十届国际汉藏语言学会议论文摘要汇编》,北京。

音又没有用其他方式来表现的可能，那么，说北京话的人对于重音的语感又如何解释呢？这岂不是说北京人说的话里根本就没有重音，因而说话人也就没有支配轻重的语言能力了吗？倘果真如此，当代音系学在这方面的研究岂不成了无的放矢，而重音理论的真伪又将如何判断呢？

我们觉得，声调在以往研究中之所以没有被列为重音的一个表现，是因为它的变化多端及难以捉摸。这里且不谈它在声学上的表征如何不易捕获，起码在直接听辨时，大家往往会认为，声调的所谓"理想形式"或"特别分明"的程度并非那么容易鉴别。我们通过对词重音的反复研究得到了一些体会，这也就是本节即将重点介绍的所谓"声调对比法"。我们相信，只要对问题的性质能有较为深刻的理解，对语料能有较为细致的观察和分辨，就能对声调和重音交织形成的复杂现象给以恰当的描述和讨论。

二 声调对比法

这一节介绍我们如何认识到声调在表达音节（特别是带调音节）轻重差别时所起的作用，以及如何运用声调对比所得到的差别来确定带调双音组的重音类型。研究的重点是寻找"重中"（即左重）词，因为这是带调双音组中争议最大的类别。当然我们也同时考察其他的重音类型，譬如，除了"重中"以外，是否都是"中重"（即右重）？有没有可能还有一个（也许还是更大的一个）"重重"（即左右不分）的类型？我们的方法基本上也是厉为民、殷作炎、徐世荣等所用的那种"审词法"，语料是从《现汉》的大约六万个双音节词语中，参照几个其他常用字词的语料库所选出的两万个常用条目。[1] 我们两位研究者分别将两万个词条用自省加咨询的方法[2]确定为三类：左重、右重和"不分"（或称"同重"），取二人相同的判断进行统计。第一轮判断的结果大约有一万条一致，其中3个重音类型大体各占三分之一。[3] 第二轮的审词将在重新修订后的语料库中进行，这里只讨论我们审词过程中逐步建立起的认识和方法。

（一）最小差别对

由于我们在建立语料库时将声调作为一个重要的相关因素，[4] 因而每个条目都以北京话四个词汇本调的数字标注了调型，如11

---

[1] 我们开始建立语料库使用的是旧版《现代汉语词典》，后来又增加了《补编》里相应的内容。新版《现代汉语词典》出版后，又将整个语料库根据新版重新进行了核实。之所以总数达到将近六万，是因为我们不仅收了词典中按顺序列入的词条，而且收了所有例句中出现的双音节词语。

[2] 因为作者中冯为北京人，王为长期使用普通话并在北京生活过的天津人，所以后者较多地使用了咨询的手段，向不同的北京人进行调查后再决定分类。调查结果证明，王对大多数词条的重音判断同所调查的北京人是一致的。

[3] 我们对此结果并不满意，因为发现《现代汉语词典》的语料中包含太多的书面语、古语和方言词，而且所依照选词的其他语料库大都是以常用"字"为基础建立的，对我们选词的恰当性有一定影响，所以我们正在重新修订这一语料库，使其只含北京话口语里常用的双字组。

[4] 对双字组轻重音节声调差别的研究有一部分是源于对重音类型的解释，因为在我们参考的文献中包括像 Meridith 那种完全以声调决定重音的分析（Meredith, Scott (1990). *Issues in the Phonology of Prominence*. Ph. D. Dissertation, MIT），以及蒋平有关声调强弱顺序如何影响重音的论述（Jiang, Ping (1996). *An Optimality Account of Tone Vowel Interation in Northern Min*. Ph. D. Dissertation, University of British Columbia）。我们自己的有关看法在 Wang 中有所交待（Wang, Jenny Z. (1998). *Beijing syllabic tones and stress ability hierarchy*. Annual Research Forum, Linguistic Society of Hong Kong, Hong Kong），但本研究并不讨论这方面的内容，而只集中在对表层重音的观察、审定和判断上。

（鲜花）、24（煤气）、32（旅游）等。因为不包括轻声，所以一共有 16 个调型的搭配。下面讨论的声调对比都是按照这些调型来检验的。

我们审词时发现，的确如徐世荣等曾经指出的那样，中重里的"中"和重中里的"中"其实轻重程度很不一样：前者更接近于"重"而后者较接近于"轻"。换句话说，就每个双音组的前音节而言，中重和同重的区别相当不明显，所以在比较的时候，我们把焦点聚集在每个双音组的第二个音节上。只要能发现这个后音节既不同于中重型或同重型的"重"，又区别于重轻型的"轻"，那么这个区别就是有意义的，就说明有建立"中"这一等级的必要，也就可以随之证明北京话带调双音组存在前重与后重之分。

为了达到证实这一区分的目的，我们决定将二人一致判断为左重的双音组共同复审，并详细推敲已发现的左重结果到底是不是稳定可靠。就是在这样一个反复审核的过程中，我们发现：建立相同发音、相同声调而不同重音类型的"最小差别对"或"近似最小差别对"是最切实有效的方法。所谓"近似最小差别对"，是指两个词语的发音稍有不同，但十分相近，足以将重音孤立成唯一的差别。下面就将 16 个调型里初步判断为前重的例词每组选出 3 个，和它们相应的后重或同重的词语一起列出来，作为前后重音对比的最小差别对。为了对比的鲜明，后重的例子有许多是动宾短语而不是合成词，因为动宾结构是大家早就公认的后重类型。我们没有同时将前重词语和它们相应的轻声词对照列出，这是因为轻声词已在大部分字典上有所标注，且已

第一节 声调对比法与北京话双音组的重音类型

得到公认，无须再通过对照而重新验证。① 但在比较声调的时候，我们用了"子、头、了、的"一类的轻声词缀。比如下面的左重例子"[文]明"，② 其带调的后音节的声调显然不同于轻声的"[蚊]子"，"[新]交"也不同于"[新]的"，等等。这种对比因为比较有规律，且没有人会怀疑词缀的轻声性质，所以就不必一一列出了。

（4）

1-1：[初]期/初[七]，[新]交/心[焦]，[乡]亲/相[亲]
1-2：[工]程/攻[城]，[声]学/升[学]，[商]人/伤[人]
1-3：[公]有/工[友]，[梳]理/输[理]，[身]手/伸[手]
1-4：[交]代/胶[带]，[刊]物/勘[误]，[声]势/生[事]
2-1：[茴]香/回[乡]，[寒]酸/含[酸]，[头]胎/投[胎]
2-2：[文]明/闻[名]，[凡]人/烦[人]，[投]合/投[河]
2-3：[林]产/临[产]，[刑]法/行[法]，[荀]子/寻[死]
2-4：[谋]士/谋[事]，[茶]叶/查[夜]，[言]路/沿[路]
3-1：[厂]家/想[家]，[损]失/死[尸]，[瓦]工/打[工]
3-2：[敢]于/赶[鱼]，[裹]胁/裹[鞋]，[举]人 n/举[人] v
3-3：[手]法/守[法]，[古]板/鼓[板]，[老]酒/老[九]
3-4：[启]事/起[誓]，[简]陋/捡[漏儿]，[韭]菜/酒[菜]

---

① 例（4）里所列的左重词都以《现汉》的标音为据，但我们完全同意某些学者关于轻声词是一个不稳定的集合体的说法，也充分认识到轻声词的确定标准不易掌握，所以如果例（4）里所列的某些左重词语在北京当地读者看来应该是轻声，那只能说明《现汉》对轻声的标注没有充分反映北京人的语感。而如果《现汉》以所谓普通话的标准和以规范为原则，刻意将这些词语标为非轻声词，那就更加说明带调的双音组有相当数量应为左重。

② 注意：这里将"文明"判断为左重是指其口语语体的"白读"，如："老兄，你能不能[文]明点儿？"如果是"文读"，如称"世界文明"，或者报道"市民的文明程度有所提高"，那么"文明"就不是左重了。下引诸例均仿此。

4–1：［道］家／到［家］，［作］风／做［东］，［利］息／第［七］
4–2：［便］捷／变［节］，［进］程／进［城］，［泛］读／贩［毒］
4–3：［助］手／住［手］，［下］场／下［厂］，［话］语／画［雨］
4–4：［避］讳／闭［会］，［阅］历／月［历］，［限］制／县［志］

通过在每个最小差别对的左右重词语之间进行比较，我们发现音节的声调对重音不仅有着同时长一样明显的表现力，而且声调的差别甚至更为生动，更容易感知。这里所讲的声调差别主要是指每个调值在双音组的前后音节里实现的充分程度。比如一声本为高平调，调值是55，在重读音节上它表现得高而长，可是在轻音节里就不仅短，而且低。二声和四声分别为由中向高和由高向低的两个曲折调（英语文献中称 contour tones），调值为35和51，可是在左重之后的轻音节里，它们都会因时间缩短而不能实现其中包括的曲折度：上升的升不到应有的高度，下降的也降不到位。与此相反，同样的曲折调在右重的重音节里就实现得极为充分，表现出清晰、明朗、容易感觉到的升降程度。三声的现象更为有趣。它在右重的重音节里不仅能充分实现其本身应有的先降后升的曲折，即214的调值，而且会根据三声变调的音系规则触发前面的三声音节变成二声，如例（4）中3–3调型的"守［法］、鼓［板］、老［九］"，同2–3调型的"合［法］、铁［板］、十［九］"的声调就很相像。这与它们最小差别对里的左重词语形成了鲜明的对照，因为那里的三声后音节不但因时长被压缩而不得不丢失自己的升尾，变成众所周知的、通常出现在一声、二声、四声重音节之前的"半

第一节　声调对比法与北京话双音组的重音类型

三声"，① 更要紧的是它同时也失掉了触发前面三声音节变调的能力。所以例（4）中的"［手］法、［古］板、［老］酒"3个例词的前音节实际上还是标准的（甚至是夸大一点儿的）214调值，而后音节"法""板""酒"的半三声则又短又低，连剩下的 21 调值都被挤得不像还有任何曲折度了。

为了将这些声调的对比体现得更为系统，我们选例（4）中每组的第一个最小差别对，重新排在表 1 里。表格左列数字为前音节声调，上方横排为后音节声调，每个纵列里左边是左重，右边是右重。这样就更可以看到每一个带调轻音节（画线标示）在同一纵列里的相同表现。

表 1

	1	2	3	4
1	［初］期　初［七］	［工］程　攻［城］	［公］有　工［友］	［交］代　胶［带］
2	［茴］香　回［乡］	［文］明　闻［名］	［林］产　临［产］	［谋］士　谋［事］

---

①　这种调型在传统的分析中被确定为"三声之后的另一种轻声"，通常以"小姐、想法"等词为例，以同三声之后的"标准轻声"如"奶奶、耳朵"等加以区别。在 Chen, Chung-Yu 论述（Neutral tone in Mandarin:phono-tactic description and the issue of the norm. *Journal of Chinese Linguistics*, 12(2): 299-333, 1984）的启发之下，王志洁在《从轻声和变调看音系分析的范畴与层次》（载《第三届全国语音学研讨会论文集》，1996 年）和《词汇变调、词法变调和音系变调》（载徐烈炯主编《共性与个性——汉语语言学中的争议》，北京语言文化大学出版社，1999 年）两篇论文中对此提出异议，指出既然轻声的调值依随前音节的调值走向而定，在同样的前音节调值之后就只能有一种表现。类似"小姐、想法"这种同轻声词明显不同的调型，显然不是轻声词，而是应该重新考虑它们的音系归属。最恰当的描述就是将它们看成重中词里的带调轻音节，其调型表现为半三声（试比较"小姐"和"姐妹"，"想法"和"法院"，任何北京人都会说其中两词里的"姐"和"法"应属同一调类）。这种重新定性只有在充分考虑词重音及重音对声调的影响的前提之下才可以得到。

（续表）

	1	2	3	4
3	[厂]家想[家]	[敢]于赶[鱼]	[手]法守[法]	[启]事起[誓]
4	[道]家到[家]	[便]捷变[节]	[助]手住[手]	[避]讳闭[会]

我们强调，在对所有这些语料的审核判断中，一定要严格遵循三个原则。第一个是"地道北京话"的原则，即所有判断必须以北京人的语感为准，母语是其他方言（特别是南方方言）的人，尽管多年讲普通话，若他们对重音的判断同北京人的不同，则不足为据。第二个是"地道口语"的原则，即所有语料必须取自非正式的（informal）口语语体，也就是"文白"语体中的"白"，而不是"文"的或正式的（formal）"书面语体"。重音在这两种语体里的区别表现为两个方面，一为词语本身的用法，二为语境。词语本身的用法可由前面举过的"文明"一例看出。又如"圣明"，在口语语体里的"您[圣]明"和书面语体里的"天子圣明"中，重音形式也有天壤之别。在语境方面，我们发现，真正"说"一句话和"读"一句话也会把一个词语的重音表现为不同的形式。譬如在考察的初期设计过类似这样的"地道口语"语句："我就是要说我自己对，我没有你那么[谦]虚！"当不加任何限制、只请说话人把句子"读"出的时候，[谦]虚的左重音并不明显，而当我们将使用这句话的语境限制为两人谈话时发生争吵，某甲试图劝说某乙稍加收敛、不要盛气凌人，而某乙执意不听、固执己见之时，说话人不再看到纸上写的句子，而是看到一个想象中的争执对象，这时他（或她）再来以自然对话的"架式（此处为强硬争吵）"来"说"那句话，[谦]虚这个词就被说成明显的左重了。这样的实践使我们意识到：绝不能认为凡是口头得到的

语料都是口语。"地道口语"的语句一旦失掉了真实的语境,就又会在说话人的嘴里被转化成"口头的书面语体"。所以我们要指出:语体的差异在重音考察中实为关键,若不严格控制就很难得到真实的语料,甚至被误导。以往对这一原则的忽视正是造成词汇重音扑朔迷离的重要原因之一。第三个是"社会语言变异"的原则,即要考虑到词重音可能还会因说话人性别、年龄和社会地位的不同而有不同的表现。如测试中发现,许多双音词,如"道理、天气、砚台、解释、克服、帮助",在年长的和从事一般工作特别是体力工作的北京人嘴里,可以表现得不但十分"左重",甚至近于轻声,而在一些年轻大学生特别是女大学生的嘴里,就常常没有重音。所以提出,对每个可能是左重的带调词,都需要在许多个不同社会类型的北京人中反反复复地调查核实之后才能判定为左重。而一旦被列为左重词,最好马上找一个相应的右重对比词进行声调的复审。我们觉得,只有按照这3条原则来取得的语料才会是可靠的。

(二)被测词的位置

前面讨论了审词时的"交际"语境,即说话人会在什么场合、对谁说话时使用被测的词语,做法是将每个造好的口头语句在测试前将设计的语境详细解释给说话人,使其经过启发后自然地"说"出来。这里讨论词语本身的语境,即所谓的"上下文",或为被测词在语句中的位置。我们的经验是最好将词语放在句子的焦点位置,且避免在句尾或短语尾的停顿之前。[①] 将控制这一位置的两种做法分别叫作"焦点突出法"和"的字衬托法"。

---

① 这里的焦点(focus)系指句子的核心重音(Nuclear Stress)。

所谓焦点突出法，就是将被测词放在句子的语义焦点位置上，使整个双音组成为句子中的重读词语。一般来讲，在不进行并列对比的情况下，这很容易做到。只要是句中新的语义信息，就可以成为语义焦点而被重读，比如下面两个句子中的粗体词语：

(5) a. 我见过那个人，他好像还挺[文]明。
　　b. 我见过那个人，他好像还挺闻[名]。

由于整个双音组得到了句法和韵律结构上的突出地位，双音组中的重读音节就一定会充分地得以实现而不会受到削弱。相反，如果被测试的双音组不是句子中最突出的词语，其中左重或右重音节之间的对比模式就不容易最充分、最鲜明地显现出来，如下面的两句：

(6) a. 我看你是[文]明过分了。
　　b. 我看你是闻[名]过分了。

这里所突出的语义重点不再是"[文]明"和"闻[名]"，而是"过分"，所以被测词不再像例(5)中的两句话那样突出，于是词语本身的左重和右重的格局就被削弱了，两个词语都可能呈现无显著重音的表层实现，即分不出左重和右重，所以被测词在例(5)中的位置显然比例(6)好。

可是除了语义焦点这个正面的位置需要充分利用以外，还有一个负面的位置需要考虑避免，这就是域尾。上面例(5)里被测词的位置虽然比例(6)好，可是未能逃脱这个域尾位置所受到的延长效应。所以我们可以观察到，例(5)b的右重效果比例(5)a的左重效果要更明显，而例(5)a中的[文]明一词，则有可能会因其后音节的域尾延长，使得词语本身的左重音稍微减弱。

第一节 声调对比法与北京话双音组的重音类型

我们在解决这一干扰时所用的方法是将所有被测试的双音组后面都加一个"的"字，使其成为一个名词短语里传递新的语义信息的限制或修饰语，借此避开了停顿之前的位置。试看下面例（7）中的16对句子：

（7）a.（1–1）我点的都是［新］鲜的菜，你一定喜欢。/我点的都是新［添］的菜，你一定喜欢。

b.（1–2）他满口都是［商］人的话，真没法听。/他满口都是伤［人］的话，真没法听。

c.（1–3）这儿都是［公］有的财产，你不能拿。/这儿都是工［友］的财产，你不能拿。

d.（1–4）我们正在研究［刊］物的问题。/我们正在研究勘［误］的问题。

e.（2–1）那家小馆儿会让你尝到［茴］香的味道。/那家小馆儿会让你尝到回［乡］的味道。

f.（2–2）可不是，那些［男］人的事儿有什么意思？/可不是，那些难［人］的事儿有什么意思？

g.（2–3）这件事表明了公安部门［刑］法的威力。/这件事表明了公安部门行［法］的威力。

h.（2–4）孩子想要的是那只［陶］器的动物。/孩子想要的是那只淘［气］的动物。

i.（3–1）专案组讨论的是［损］失的问题。/专案组讨论的是死［尸］的问题。

j.（3–2）［法］人的权力？我看你没有！/打［人］的权力？我看你没有！

k.（3–3）这简直是［老］鼠的胆量，太让人吃惊了！/这简直是老［虎］的胆量，太让人吃惊了！

l.（3–4）你是没看见过她［土］气的时候，所以你把她说得那么好。/你是没看见过她堵［气］的时候，所以你把她说得那么好。

m.（4–1）他演的是一个［便］装的侦探。/他演的是一个变［装］

的侦探。

　　n. (4-2) 他对那件事做了很［复］杂的考虑。/ 他对那件事做了很负［责］的考虑。

　　o. (4-3) 那是一个［痛］苦的场面，你看了一定会难受。/ 那是一个动［武］的场面，你看了一定会难受。

　　p. (4-4) 争执不下时可以采取［避］讳的方式。/ 争执不下时可以采取闭［会］的方式。

　　经过这样的控制，不同重音类型之间的对比就可以尽量不掺杂其他的韵律效果，被测的双音组也就能充分地表现为应有的左重或右重了。

（三）基本模式的建立和作用

　　在用声调对比法寻找左重同右重的差别时，我们还注意到，不能把对比仅仅限于个别词语上，而是要从个别到一般，要试图建立起一个模式来描写每个调型组合中的声调表现。首先将前面表1中16对例词的声调表现用数字的调值尽量详细地描写出来，如表2所示。

表 2

	1		2		3		4	
1	55-3 [初]期	5-55 初[七]	55-3 [工]程	5-35 攻[城]	55-1 [公]有	5-214 工[友]	55-3 [交]代	5-51 胶[带]
2	35-3 [茴]香	35-55 回[乡]	35-3 [文]明	34-35 闻[名]	35-1 [林]产	5-214 临[产]	35-3 [谋]士	35-51 谋[事]
3	21-4 [厂]家	21-55 想[家]	21-4 [敢]于	21-35 赶[鱼]	214-1 [手]法	5-214 守[法]	21-2 [启]事	21-51 起[誓]
4	51-3 [道]家	53-55 到[家]	51-3 [便]捷	53-35 变[节]	55-1 [助]手	53-214 住[手]	51-3 [避]讳	5-51 闭[会]

第一节 声调对比法与北京话双音组的重音类型

在此基础上又发现，这种依据传统标调方法对声调的描述过于偏重细节，不易看出明显的格局，于是把传统所用的五度标调稍加概括，变成了只用1、3、5的三度标法，将1代表低调，3代表中，5代表高，并在重读长音节的数字调值上方借用了平时表示一声、二声、三声、四声的调号来分别表示平调、高升、低升和降调。这样表2就简化成了表3。

经过这样的简化，我们对北京话四个声调在左右重双音组的每个音节里的表现得到了以下四条总括的描写，这也就是我们在观察基础上得到的模式。

表3

	1		2		3		4	
1	ˉ53	55	ˉ53	ˊ55	ˉ51	ˇ53	ˉ53	ˋ55
	[初]期	初[七]	[工]程	攻[城]	[公]有	工[友]	[交]代	胶[带]
2	ˊ53	55	ˊ53	ˊ55	ˊ51	ˇ53	ˊ53	ˋ55
	[茴]香	回[乡]	[文]明	闻[名]	[林]产	临[产]	[谋]士	谋[事]
3	ˇ13	15	ˇ13	ˊ15	ˇ31	ˇ53	ˇ13	ˋ15
	[厂]家	想[家]	[敢]于	赶[鱼]	[手]法	守[法]	[启]事	起[誓]
4	ˋ53	55	ˋ53	ˊ55	ˋ51	ˇ53	ˋ53	ˋ55
	[道]家	到[家]	[便]捷	变[节]	[助]手	住[手]	[避]讳	闭[会]

（8）a. <u>左重组轻音节</u>（位置在后）：所有高调，包括一声高平调、二声高升调和四声高降调，一律下降成中短调［3］，而本来是低升调的三声则下降为低短调［1］。二声、三声、四声这三个曲折调不再有任何曲折变化。

b. <u>左重组重音节</u>（位置在前）：一律实现为充分的本调，调值及升降均无改变。①

　　c.右重组轻音节（位置在前）：所有高调都保持原有的高调值，包括三三连读变调变出的二声，但由于轻读、变短，而一律中和成无升无降的直调。

　　d.右重组重音节（位置在后）：一律实现为充分的本调，调值及升降无任何改变。

注意上面四条中（8）a是左重组的轻音节，是我们考察的重点。（8）中模式的建立，特别是（8）a里所有调值的下降，同其他三个位置的音节形成了鲜明的对比。这就突出了我们考察的结果，即左重双音组后音节因轻读而声调降低，而这种声调的降低又反过来证明了带调左重这一重音类型的存在，也同时说明了声调在体现重音时的重要意义。

在运用这个模式来进一步审核更多的双音词语时，我们一方面觉得更有信心和根据，一方面觉得仍是需要使用已经经过多个北京人用语感所证实了的例词，仍是要将被测的新词同已经确定了的"典范词"反反复复地进行比较，从比较中求得鉴别。在16个调型之下分别积累了一批较多人判断一致的左重的"典范词"（每个调型都已有上百个至几百个），又通过使用这些典范来继续增加每组里的新成员。在请北京人为我们鉴别时，首先介绍这个语料库里已有的"典范词"，一方面请他们再确认，一方面用

---

① 注意这里的三声在一声、二声和四声前（即在[厂]家、[敢]于和[启]事的声调中）被标为一个更低的低升调[ǐ]，这是因为三声本来在任何高调之前都实现为只降不升的"半三声"，其升尾被后面的高调所吸收，此处也不例外。但既然后面的轻音节调值下降为[3]，前面重读的半三也就表现得更低。但三声在另外一个三声前（即在[手]法的声调中），则同其他声调一样实现为并不变调的本调。

第一节 声调对比法与北京话双音组的重音类型

以启发他们的语感，并训练他们将语料模拟使用和从中比较鉴别的能力。在与他们一起比较的过程中，我们尤其发展出了一个所谓"调换歪曲法"的有效方法。"调换歪曲法"依靠的是最小差别对或近似最小差别对。做法是先找一个初步认定为左重的双音组，再找一个明显为右重的词与之对比，两对音节的发音尽量一样或相近，尤其是韵母，最好完全一样。然后将二者的重音类型调换，左重的说成右重，右重的说成左重，看这样"歪曲"以后说着和听着是否还舒服，是否"对劲儿"。如果得到的感觉是"这样也还行"，则说明重音的对比不能成立。反之则证明确有左重和右重之分。比如要测［痛］苦这个词是否是左重，就找了右重的动［武］作为对比词语，然后造两句话，把这两个词放在一样的位置上，如例（9）：

(9) a. 那个［痛］苦的场面太让人难受了。
　　b. 那个动［武］的场面太让人难受了。

当发现孤立地说这两句话对比不够明显的时候，就用动［武］的声调［53］来说［痛］苦，再用［痛］苦的声调［51］来说动［武］，这样就明显地感觉到"不对"了。尤其是当把右重的词语用左重的语调来说的时候，大部分人都能立刻反映出"不对"和"不行"的感觉，告诉我们"没人那么说话"。又比如例（10）里的两句，也是我们用过的"调换歪曲法"的实例。

(10) a. 你得选一个［政］治一点儿的题目。
　　 b. 你得选一个正［式］一点儿的题目。

歪曲的结果都被帮我们鉴定的北京人给否定了。

总结起来，我们觉得通过这种声调对比的方法来检测和验证模式，又反过来用模式审核、确定更多的左重词，是一种比较切实可行的研究方法，也比较适合我们所研究的对象——北京话的词重音。我们对词重音的总体认识是：相对于声调来讲，它可以被看成一种较为次要的音系特征（因为不会引起词义的对立），而且仅仅是北京人口语里的特征，但它确实存在于北京人内在的语言系统里，反映到他们的有声语言及他们的听觉判断之中，因而不能忽视，应该成为北京音系研究的一部分。然而它又不是一种可以由音系规则直接预知的、简单的现象，因而只能采取一种由下至上、由观察语料出发进而总结上升到模式的方法来研究。本部分中谈到的当然只是研究的一个方面，只限于如何确定什么是重音的实际表现，还没有涉及这些左重右重的模式从历时的角度看是怎么形成的，从语法、语义、语用和音系的层面上如何解释，等等。但仅就表现这一点而言，我们认为以上的研究成果及从中得到的方法都是足以值得介绍、值得引起注意的。下边简述一下在此基础上发展起来的对北京话词重音的整体构想。

三　关于北京话词重音的构想

（一）再论左重是实际存在的重音类型

从上述结果和（8）里运用声调对比法建立起的模式，可以更明确地肯定带调左重类型的存在。同前面所引的毛世桢的结论相反，我们审定出为数相当不少的一类双音组，它们绝不是"有时发成前重，有时发成后重"，而是被北京人肯定为"不会说成后重"。如果用歪曲法故意说成后重，他们就会"感觉不舒服"。

第一节 声调对比法与北京话双音组的重音类型

可这类词又不是轻声词。在比较的时候,大家都说可以感觉到"［政］治、［富］裕"这些带调的左重词同"［正］的、［负］的"这些失了调的轻声词不同。更可显现这种区别的是比较左重的"［正］数、［负］数"同轻声的"［正］的、［负］的",北京人感觉到的区别足可将"左重"建立成一个单独重音类型。

表4 左重（姓氏加称谓）

	1	2	3	4
1	［张］叔	［张］娘	［张］姐	［张］氏
2	［王］叔	［王］娘	［王］姐	［王］氏
3	［李］叔	［李］娘	［李］姐	［李］氏
4	［赵］叔	［赵］娘	［赵］姐	［赵］氏

表5 轻声（叠音亲属词及后缀词语）

	5	5	5	5
1	［姑］.姑	［丫］.头	［包］.子	［说］.过
2	［姨］.姨	［石］.头	［桔］.子	［提］.过
3	［奶］.奶	［镐］.头	［饺］.子	［买］.过
4	［妹］.妹	［木］.头	［粽］.子	［卖］.过

表6 右重（双音节姓名）

	1	2	3	4
1	张［中］	张［强］	张［雪］	张［志］
2	王［中］	王［强］	王［雪］	王［志］
3	李［中］	李［强］	李［雪］	李［志］
4	赵［中］	赵［强］	赵［雪］	赵［志］

如不将语料局限在合成词的范围内,应该说带调左重的例子比比皆是。徐世荣曾以妻子同旗子的对比来强调左重类别的

存在,① 如此可以引申到一些古代人名,如"老子、庄子、孔子、孟子、孙子、荀子"等,其中的子都不是轻声,却又不能读成像"鱼子"和"电子"里的子那样重。又如汉语所用的日本女孩儿的名字,"春子、阳子、久子、幸子"。我们也用了类似的例子,比如双音节的称谓词。如果姓氏后面跟的是亲属性的称谓,一般都会说成左重。如果是纯亲属的叠音称谓,就会是轻声。而如果是一个双音节的人名,就一定是右重,这三类之间不可以调换和歪曲。表4、表5、表6可以说明这些,但由于叠音称谓词两个音节的本调一样,只能得出16种调型中的4个,所以在表5的后三个纵列里补进了由单字调为二声、三声和四声的轻声词缀构成的轻声词语。各表的结构和以前一样,左列代表前音节的声调,上方横排代表后音节的声调,方括号代表重音。表5里新加进了后音节前的圆点,用以表示轻声。轻声音节一律标为第五声,但补进的后三列按失去声调之前的原调排列,以便同表4里相同位置的左重组进行比较。

上述三种轻重类型的分界更加证明了我们关于"左重类型确实存在"的研究结果。除此之外,还发现,大家日常惯用的专名词,如双音节地名和外来音译的人名地名,也有左重右重之不同,只不过人们习以为常,未加特别注意而已。下面是我们找到的几组例子,供北京人放到口语中去进一步证实。

表7 左重中国地名

	1	2	3	4
1	[天]津	[烟]台	[青]海	[遵]化
2	[邯]郸	[辽]宁	[河]北	[长]治

---

① 徐世荣《双音节词的音量分析》,《语言教学与研究》1982年第2期。

第一节　声调对比法与北京话双音组的重音类型　243

（续表）

	1	2	3	4
3	［陕］西	［满］城	［海］口	［保］定
4	［四］川	［大］连	［上］海	［肇］庆

表8　右重中国地名

	1	2	3	4
1	西［沙］	思［茅］	东［莞］	深［圳］
2	延［安］	台［南］	台［北］	宁［夏］
3	北［京］	沈［阳］	普［洱］	百［色］
4	汉［中］		旺［角］	大［庆］

表9　左重译名

	1	2	3	4
1	［科］拉	［埃］及	［伊］朗	
2		［荷］兰	［罗］马	［莱］克
3			［蒙］古	
4		［越］南	［曼］谷	［智］利

表10　右重译名

	1	2	3	4
1	多［哥］	车［臣］	刚［果］	希［腊］
2	伦［敦］	罗［德］	查［理］	福［特］
3	纽［约］	保［罗］	比［尔］	卡［特］
4	不［丹］	贝［宁］	克［理］	大［卫］

我们觉得，有了上面这些经过北京人验证的例子，有了如此明显的重音对立和如此实在的语感，如果仍不承认"左重类型"的存在，那就只能"视而不见"，要么就得"避而不谈"了。

从上述语料中，还可以看出一个强烈的倾向性，亦即：中国地名左重居多，右重为少；而外来译名则右重居多，左重无几。此外，在每组语料中，某些声调搭配的例词较多、较容易找到，而另一些较少，甚至很难找到。诸如此类都是我们一直研究的现象，但由于它们更多地关系到重音形成的相关因素，当需另文专述，故此不赘。不过，希望通过这些语料给大家一种启示，即双音节词语的左重右重问题显然不像前文所引的 Lin 和端木三的论断那样简单，而是带有相当程度的任意性，或者叫作词汇性。① 这一点在下文还会继续探讨，这里的目的仅仅是为了证明左重词语的存在。

（二）关于"右重"和"中重"

前面说过我们的研究基本上是遵循了上文所引的殷作炎和徐世荣那种审词定类的方针，并且是为了寻求更确凿的证据来证明带调双音组有左重，亦即殷等所提出的"重中"的类型。那么上述的初步成果是否仅仅证明了这一类型的存在，仅仅否定了林茂灿等的"一律右重"和端木三的"一律左重"，或者仅仅支持了将北京话双音组分为"中重""重中"和"重轻"这三类的看法呢？换句话说，在我们明确了左重词语里包含有带调和无调这两类的同时，是否认为其余的都是中重了呢？在上文我们曾提到徐世荣强调重中里的"中"应该更准确地描写为"次轻"，因为它轻于中重里的"中"。我们自己在表 3 和（8）的模式里也总结到这两种"中"的不对称现象：左重后音节里"中"表现为声调全面

---

① Feng, Shenli (1995). *Prosodic Structure and Prosodically Constrained Syntax in Chinese*. Ph. D. Dissertarion, University of Pennsylvania; Feng, Shengli (2002). *The Prosodic Syntax of Chinese*. Lincom Europa. Lincom Studies in Asian Linguistics.

第一节 声调对比法与北京话双音组的重音类型 245

下降,而右重前音节里的"中"充其量只是音节稍稍变短,曲折调稍稍变直。这些要不要反映到分类上呢?我们探讨的途径是从"中重"这一头入手,如表 11 所示,而保留将左重分为带调的重中和失调的重轻两类,尽管它们之间的差别仅在于声调的变化,也尽管徐世荣所提的"次轻"的建议很有道理。

表 11

带调				无调
？？？	中重	？？？	重中	重轻
右重			左重	

其实,我们早在研究的初期就已经在探讨:是不是右重的双音词语都是中重,还是也有的前音节没有变到"中"的程度?我们在审词时发现:大部分动宾结构的双音组,不论是已经固化为合成词的(如"吃[亏]")还是松散的动宾短语(如"洗[手]"),除了转化为名词的以外(如"[参]谋、[屏]风"),大都是典型的右重,[1]这与许多学者历来的看法[2]一致。由于明显的右重,前音节的确显示了变短和变直的特点。但是同时也发现了很多不那么明显、也不那么典型的右重或中重,像很多偏正及其他结构的合成词或短语,如"公安、延长、地震、民主、马列",甚至带所谓前缀的"第一、第二"等,都可能没有动宾结构那样前轻后重。所以在第一轮正式审词标类时所设定的类别包括了左重、右重和一个"不分"类。我们在二人判断一致的大约一千个常用

---

[1] 王志洁、冯胜利《双音节词语的内部结构和词重音研究》,现代汉语语法学国际会议学术论文,北京大学,1998 年。

[2] Chao, Yuen Ren (1968). *A Grammar of Spoken Chinese*. University of California Press.

双音词语中得到了 3 种类型各占三分之一的结果。在报告这个初步结果时，[①] 我们曾举出了一部分例词来说明这三类区分：

（11）1-4 调类中的左重、右重和"不分"举例：

左重：安静、帮助、包庇、猜测、仓促、方便、穿戴、刁难、吩咐、收获、声誉、干涉、估计、规律、恢复、督促、修炼、庄重、伤害、辜负、遭遇、装饰、家务、经验、科目、宽慰、方式、舒畅、温度、发育、亲切、敦厚、压力、忧郁、偏僻……

右重：包办、编队、编号、标价、参战、车库、充电、出众、担架、灯泡、登陆、抽空、发电、光棍、出错、发货、刀刃、开业、拉客、拍卖、拼命、签字、失控、输液、听话、偷税、销假、歇业、心细、宣战、支票、山洞、交账、生病、失业……

不分：安葬、搬运、鞭炮、出售、车速、当代、崩溃、方案、分店、干旱、更正、宫殿、关闭、规定、欢度、激战、交替、接近、经费、捐献、军备、科技、空运、趋散、升降、收购、书信、酸菜、通货、先进、相互、宣告、招聘、诸位、香料……

并且设想"不分"类型的词语可能比右重的还要多，如图 1 所示：[②]

图 1　北京话双音组各重音类型之间的关系

[①] 王志洁、冯胜利《北京话双音节词语重音初探》，香港城市大学中文、翻译及语言学系语言学研讨会论文，香港，1998 年；王志洁《北京话双音节左重词语的音系归属》，香港城市大学中文、翻译及语言学系语言学研讨会学术论文，香港，1999 年；王志洁《北京话"重中"词语的音系研究》，第十二届北美汉语语言学年会学术论文，圣地亚哥，2000 年。

[②] 图 1 的字母 X、Y、Z 表示介乎两个相近类型之间的"灰色地带"，即有些词语既可以属于左边的类型，又可以属于右边的类型。

第一节 声调对比法与北京话双音组的重音类型

这个图形也反映了早先我们有关现代汉语词化重音逐步左移的"现行变化"(an on-going change of Mandarin gradational destressing from right to left)的理论假设。①

然而,将各类词语开始又一番审核对比,就发现:其实在右重和不分这两类之间,北京人对很多词语的判断是十分不稳定的,即便是例(11)中所引的例词和未经引出的其他15种调型的例词,每次的复审和对每个人的咨询结果也会有很大的变动。比如上面例(11)里列为右重的"车[库]"和列为不分类的"[车][速]",其实并无区别,而如果将它们按照左重的"[科]目"的声调说成"[车]库"和"[车]速",就会被多数人否定。我们进而又将图1中设想的4类重音依照从右音节最轻到右音节最重的系列排在表12里对比,就看出:大类的区分其实还是在左重与右重之间,右重同不分的立类其实并没有太大的必要。

表 12

调	重轻/轻声	重中/带调左重	重重/不分	中重/右重
11	冤.家	官家	专家	搬家
12	丫.头	关头	葱头	梳头
13	桩.子	庄子	亲子	杀子
14	腥.气	风气	空气	争气
21	娘.家	杂家	国家	成家
22	拳.头	源头	矛头	抬头
23	裙.子	荀子	莲子	寻子

---

① Feng, Shenli (1995). *Prosodic Structure and Prosodically Constrained Syntax in Chinese*. Ph. D. Dissertarion, University of Pennsylvania; Feng, Shengli (2002). *The Prosodic Syntax of Chinese*. Lincom Europa. Lincom Studies in Asian Linguistics.

(续表)

调	重轻/轻声	重中/带调左重	重重/不分	中重/右重
24	俗.气	习气	毒气	服气
31	马.家	法家	老家	养家
32	镐.头	把头	乳头	点头
33	嫂.子	老子	犬子	产子
34	小.气	语气	暖气	喘气
41	赵.家	道家	大家	顾家
42	兆.头	教头	镜头	碰头
43	凳.子	孟子	半子	教子
44	秀.气	锐气	废气	泄气

这样再次比较的结果还使我们认识到，以往分类之所以总是首先在有调与无调之间划一条大界，乃是受了多年来所持传统观点的影响，认为轻声是毫无争议的大类，其他一切争论都只是在轻声以外的范围里去探讨，我们的研究也未能突破这个传统。八年时间里对上万条语料反反复复地比较审核，从语料到模式，又从模式到语料，使我们终于跳出了这个传统的框架，看到表12中的4个重音类型其实应该是将左右各两列归在一起，即将带调与无调的左重看作一个大类，而将无论是较为明显的（如动宾结构那样的）右重，还是不大明显的（如左右同重的）右重，都归在一起成类。这样做的根本原因就在于，它们之间的内部区别，其实大不过北京人对左重与右重的基本判断。不过对于右重的一类，我们采取了特别慎重的态度。除了对像"车库"和"车速"那样的词又经过反复核实以外，还对所有以前被列为右重和不分的两大类，都做了重新的审核。我们特别建立了像表13这种典型右重的动宾词语的模式，以此作为参照调

第一节 声调对比法与北京话双音组的重音类型 249

查其他、特别是以前被划作"不分"的条目,如表 14。调查的结果倾向于"差不太多"。

表 13 右重(动宾结构)

	1	2	3	4
1	吃[亏]	吃[糖]	吃[请]	吃[素]
2	骑[车]	骑[驴]	骑[马]	骑[象]
3	打[工]	打[人]	打[水]	打[字]
4	种[花]	种[田]	种[草]	种[树]

表 14 同重/不分

	1	2	3	4
1	[中][央]	[中][途]	[中][转]	[中][断]
2	[民][生]	[民][权]	[民][主]	[民][意]
3	[海][关]	[海][员]	[海][港]	[海][战]
4	[地][沟]	[地][皮]	[地][铁]	[地][窖]

这样我们就对前面表 11 中的问题有了一个初步的答复,以此作为我们对北京话双音组重音类型讨论的一个总结。我们提出不必再使用"中"的等级,甚至也不必再去追究左重以外的那一大部分双音组到底是更多地表现为左边有一点儿轻的右重(即原来所说的中重)还是左右差不多的右重。总而言之,它们不是左重。我们觉得在词汇的平面上可以把重音的类型总结成(12)中的三句话,并把表 11 里的分类示意图重新修改为表 15。

(12) a. 北京话的双音组分左重与右重两大类。
　　　b. 左重的一定右轻,但右重的不一定左轻。
　　　c. 左重是北京话唯一的词重音形式,涵盖带调与轻声两类。

表 15

左重	右重	
无重音词	带调左重词	轻声词
带调	无调	

　　这也就是说，左重词语的右音节可以是带调的，也可以是更轻的，甚至轻到失去了原有的声调，二者之间常常并无严格界线。但无论是哪一种，它们的左重属于词汇重音，是要经过对北京人的调查、由语言学家和字典编纂者确定下来，标在字典里的。左重类的重音是北京话里唯一的词重音；不是左重的双音词就没有词重音，其左右音节可以看作轻重不分或差不多。[①] 至于作为右重典型代表的动宾结构，我们认为它们的重音不是词汇性的，不是任意的，不需要像左重那样一个一个地确定，也不需要在字典上标出。所有未能获得左重音的双音组之所以如此，一定有某种原因：或是句法的，或是语义的，或出自书面语体，或出自声调搭配，等等。然而，我们的看法是，只要它们共同存在于那个没

---

　　① 关于"没有词重音"的这一大类，因牵涉到短语重音及汉语复合词的组合来源等一系列更为有趣也更为复杂的理论问题，此处不便详论。然而需要指出的是，本研究得到的成果同冯胜利 *Prosodic Structure and Prosodically Constrained Syntax in Chinese*（Ph. D. Dissertation, University of Pennsylvania, 1995）、冯胜利《汉语的韵律、词法与句法》（北京大学出版社，1997 年）、冯胜利《汉语韵律句法学》（上海教育出版社，2000 年）等关于汉语韵律词的多篇论述恰相呼应。简言之，由于汉语的复合词是最小句法单位"压合"的产物（参 Huang, C. -T. James (1992). Complex predicate in control. In Larson, R. K., Iatridou, S., Lahiri, U., & Higginbotham, J. (Eds), Control and Grammar. Kluwer Academic Publishers, 109-147."不遵构词句法的移位运作"），压合的对象是短语，压合的动力源于韵律，而压合的"尺寸"和结果为韵律词，这就造成了汉语"短语成词、词含短语"的特殊属性，一待反映到音系上，就造成"不词不语"且"左右音节轻重不分"的结果。

有词汇重音、不成为左重的大类里，它们的重音必然会在进入语流的时候，通过节奏重音的音系规律或因受到其他句法语义的支配而表现出来。现在的表15比以前明确了很多，也简单了很多。我们不必再在"重"和"中"的等级上比来比去，而是只用左右、只用"有重音"和"无重音"就可以解决分类的问题了。

四 结论

在本节里，我们较为详细地回顾了以往的重音研究，提出了扼要的评论；与此同时，也提供了自己过去近十年来的研究所得，并提出了一些与传统不同的新的方法和结论。所有这些，可统言为如下数端：

北京人对词汇重音有着真实的语感，研究重音必须以这种语感为目标。

词汇重音主要表现在口语语体之中。北京人文读，字字着力、抑扬不大；一旦说白，则轻重自显，泾渭分明。因而研究时必须区分文白，且以白话语料为据。

词汇重音不仅表现在音节的长短，还同时表现为声调的变化，因而可将声调表现作为检验重音的重要依据之一。

检测方法必须恰当。我们首先设计出以"最小差别对"为手段的"声调对比法"，其次发展出"焦点突出""的字衬托""调换歪曲"等不同方法，交替测探，终于使北京人口语里的重音类型从扑朔迷离的现象中显现出来。

左重类型，存在无疑。这既是以往重音研究的难点，也是本研究论证的焦点。本研究以大量语料为证，将此长期疑惑、争议不休的重音类型肯定下来,并提出带调左重组同无调轻声词同时体现北京话最小单位的词汇重音。

　　本研究随之提出了将北京话双音组的重音"一分为二"的新建议,将以往强调的"有调无调之分"和划分"重、中、轻"三等级之传统均视为实证欠妥的表面描写,而重新建立起"左重为词汇重音,非左重形式由词汇以外因素决定"的观点。

　　以上六条从研究目标、语料、重音表现、检测方法、结果、建议及从宏观角度看到的研究方向等六个方面总结了全文要点,既是本研究的核心,也是我们多年的心得。其中涉及的问题还有很多,限于篇幅,只得割爱。以讨论的深度而言,有些分析我们也只能点到为止,详征博论则有待来日。至于是耶非耶,尚祈方家是正。

第二节　重音理论及汉语重音现象[①]

一　*重音理论的起源、发展和争议*

　　重音这个概念,在西方语言里应该是由来已久。本节所说的重音理论,特指20世纪50年代以后出现的生成语法的一部分。几十年来,重音理论有了不少发展,不过尚待研究的问题仍然很

---

① 本节摘自端木三《重音理论及汉语重音现象》,原载《当代语言学》2014年第3期。

多。因篇幅有限，本节不可能面面俱到。

（一）起源

重音理论的英语直译是 stress theory，不过常见的说法是 metrical theory，其中 metrical 来自 meter（诗律）或 metrics（诗律学），所以 metrical theory（或 metrical phonology）直译成汉语就是"诗律理论"（或"诗律音系学"）。为什么把重音理论跟诗律相提并论？一个原因是，西方的诗律多数跟重音有关，要研究诗律就需要研究重音可出现的位置。还有，不少重音理论的创始人也研究诗律，如 Morris Halle，Samuel Jay Keyser，Paul Kiparsky 等。而且，他们认为，传统的 metrics 不是解释诗律的正确方法，重音理论才是解释诗律的正确方法。[1]

（二）发展

最早讨论英语重音的经典文章是 Chomsky 等 1956 年的论文，[2] 其中提出了一个重要的概念，即循环规则（cyclic rule）。这个概念在 Chomsky 和 Halle 1968 年的文章中又得到详细的阐述。[3]

---

[1] Halle, M., & Keyser, S. J. (1996). Chaucer and the study of prosody. *College English*, 28(3), 187-219; Halle, M., & Keyser, S. J. (1971). *English Stress: Its Form, Its Growth, and Its Role in Verse*. Harper and Row; Kiparsky, P. (1975). Stress, syntax, and meter. *Language*, 51(3), 576-616; Kiparsky, P. (1977). The rhythmic structure of English verse. *Linguistic Inquiry*, 8(2), 189-247.

[2] Chomsky, N., Halle, M., & Lukoff, F. (1956). On accent and juncture in English. In Halle, M., Lunt, H., Maclean, H., & van Schooneveld, C. (Eds), *For Roman Jakobson: Essays on the Occasion of his Sixtieth Birthday*. The Hague: Mouton, 65-80.

[3] Chomsky, N., & Halle, M. (1968). *The Sound Pattern of English*. Harper and Row.

循环规则包括两个内容。第一，语音规则可以反复使用（即循环使用）。第二，这种规则的使用范围由句法结构决定，先从最小结构开始，然后一步一步逐渐用于更大的结构。假如有个重音规则如（1），将其用于两个不同的句法结构，其结果就可能不同，见（2）和（3）。

（1）假设的重音规则（左重）：A、B为任何句法单位，下划线表示重音。

[AB] → [A̱B]

（2）左分支结构重音推导：[[XY]Z]

第一步	[XY]	A=X, B=Y, X得重音
第二步	[[XY]Z]	A=[XY], B=Z, [XY]得重音

（3）右分支结构重音推导：[X[YZ]]

第一步	[YZ]	A=Y, B=Z, Y得重音
第二步	[X[YZ]]	A=X, B=[YZ], X得重音

在[[XY]Z]中，循环规则先用于最小分支[XY]，重音落在X上。第二步，规则用于整个结构，重音落在[XY]上（具体落在[XY]已有的重音位置，即X上）。最终结果是，只有X有重音。

在[X[YZ]]中，循环规则先用于最小分支[YZ]，重音落在Y上。第二步，规则用于整个结构，重音落在X上。最终结果是，X和Y都有重音。

循环规则的操作十分简单，但是因为句法结构种类很多，其结果也十分多样。特别是，有的语音结果还需要调整，结果就更多样化。比如，如果（3）的X、Y都是单音节，那么Y的重音很可能被删除，因为理想的节奏是重拍、轻拍交替出现，所以会尽量避免两个重音连续出现。

早期的重音理论把重音的程度看成是叠加（或递减）的。比如，Chomsky 和 Halle 用数字表示重音的程度，1 表示最重，2 次重，3 更轻，4 再轻，等等。① 重音规则每用一次，其他重音就要相对调整，理论上重音的程度是无限的。试看［X［Y Z］］的推导过程，见（4）。

（4）数字重音的推导过程
［X　［Y　Z］］
　1　　1　　1　　　开始：所有词从 1 开始
　　　　1　　2　　　第一步：［Y Z］的 Y 获重音，Z 减 1 成 2
　1　　2　　3　　　第二步：X 获重音，Y、Z 分别减 1，成 2、3

Liberman 及 Liberman 和 Prince 提出一个不同的概念，即重音是两个单位之间的相对轻重，只有两分，或轻（weak，以 W 表示）、或重（strong，以 S 表示）。② 如果规则仍然是（1），那么［X［Y Z］］的分析见（5）。

（5）两分法重音分析

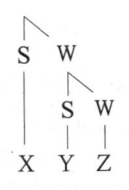

```
S   W
    S   W
X   Y   Z
```

---

① Chomsky, N., & Halle, M. (1968). *The Sound Pattern of English*. Harper and Row.

② Liberman, M. (1975). The intonational system of English. Ph.D. diss., MIT, Cambridge, MA; Liberman, M., & Prince, A. (1977). On stress and linguistic rhythm. *Linguistic Inquiry*, 8(2), 249–336.

（5）的结构需要解释为 X 最重、Y 次之、Z 最轻。这些解释规则有不同的说法，因为跟本研究关系不大，这里不仔细讨论。

下一个重要发展，是重音理论和声调的关系。[1] 其关键的概念是，声调和重音是两个不同的系统，但它们之间有个对应关系，可称之为"声调—重音连接律"，陈述见（6）。

（6）声调—重音连接律（Tone-Stress Alignment）
声调必须和有重音的音节连接（边界调除外）。

这条规律被用来分析各种语言，包括英语[2]、日语[3]、汉语[4]以及各种非洲语言[5]。

有的学者只着眼于推导重音的位置，[6] 不考虑节拍是否还会组成音步（或更大的单位）。Hayes 提出，音步在重音理论里是

---

[1] Goldsmith, J. A. (1981). English as a tone language. In Goyvaerts, D. L. (Ed), *Phonology in the 1980's*. Ghent, Belgium: E. Story-Scientia, 287–308; Liberman, M. (1975). The intonational system of English. Ph.D. diss., MIT, Cambridge, MA; Pierrehumbert, J. (1980). The phonetics and phonology of English intonation. Ph.D. diss., MIT, Cambridge, MA.

[2] 同[1]。

[3] Pierrehumbert, J., & Beckman, M. (1988). *Japanese Tone Structure*. The MIT Press.

[4] Yip, M. (1980). Tonal phonology of Chinese. Ph.D. diss., MIT, Cambridge, MA; Duanmu, S. (1999). Metrical structure and tone: Evidence from Mandarin and Shanghai. *Journal of East Asian Linguistics*, 8(1), 1–38.

[5] Goldsmith, J. A. (1976). Autosegmental phonology. Ph.D. diss., MIT, Cambridge, MA. Reproduced by the Indiana University Linguistics Club, Bloomington, IN.

[6] Chomsky, N., & Halle, M. (1968). *The Sound Pattern of English*. New York: Harper and Row; Prince, A. (1983). Relating to the grid. *Linguistic Inquiry*, 14(1), 19–100.

个关键的概念。① 音步和重音的关系可以用（7）来阐述。

(7) 重音和音步定义

  一个音步是节拍的一次轻重交替。

  重音是音步的重拍。

  根据以上定义，每个音步必有且只有一个重音。反过来讲，每个重音必须属于且只属于一个音步。只谈重音不谈音步，或只谈音步不谈重音，都是不全面的。

  20世纪80年代初，Chomsky开始用参数（parameter）来分析不同的句法类型。② 很快也有学者开始用参数来分析重音的类型。③ 常见的重音参数见（8）。

(8) 常见的重音参数举例

  节拍是莫拉（mora）还是音节

  音步是两拍还是多拍

  音步是左重还是右重

  构建音步是左起还是右起

  第一音节是否可以不计

  末一音节是否可以不计

  等等

  经过几十年的发展，重音理论逐渐开始成熟。不过，仍然有

---

① Hayes, B. (1980). A metrical theory of stress rules. Ph.D. diss., MIT, Cambridge, MA; Hayes, B. (1995). *Metrical Stress Theory: Principles and Case Studies*. University of Chicago Press.

② Chomsky, N. (1981). *Lectures on Government and Binding*. Dordrecht: Foris.

③ Prince, A. (1983). Relating to the grid. *Linguistic Inquiry*, 14(1), 19-100; Hayes, B. (1995). *Metrical Stress Theory: Principles and Case Studies*. University of Chicago Press; Halle, M., & Vergnaud, J.-R. (1987). *An Essay on Stress*. The MIT Press; Idsardi, W. (1992). The computation of prosody. Ph.D. diss., MIT, Cambridge, MA.

不少问题有待进一步研究，学者们对此尚无共识。

（三）现状和争议

这里我们从几个方面列举一些重音理论里有争议的问题。首先，在重音和音步的结构方面，有一系列争议，见（9）。

(9) 重音和音步结构方面的争议
节拍单位：莫拉和音节是否只选其一，还是两者皆选？
音步长短：两音节以上的音步是否可能？单音节音步是否可接受？
自由音节：自由音节（不属于音步的轻音节）是否可接受？
重音方向：右重音步是否可以分析为左重音步？
音步：音步是否有必要？
重音与音节的关系：重音是否必须落在长音节上？

关于节拍单位，Hayes 认为，每个语言只选其一，要么是莫拉，要么是音节。[1] 不过，一种语言选的是莫拉拍还是音节拍，有时很难判断。比如英语，Hayes 认为是莫拉拍，而 Halle 和 Vergnaud 认为是音节拍。[2] Duanmu 提出，一种语言可以同时有莫拉拍和音步拍，包括汉语和英语。[3]

---

[1] Prince, A. (1990). Quantitative consequences of rhythmic organization. In Deaton, K., Noske, M., & Ziolowski, M. (Eds), *The Parasession on the Syllable in Phonetics and Phonology*. Chicago Linguistic Society, 355-398.

[2] Hyman, L. (Ed), (1977). *Studies in Stress and Accent*. Southern California Occasional Papers in Linguistics 4. Department of Linguistics, University of Southern California, Los Angeles, CA.

[3] Selkirk, Elisabeth, & Shen, T., (1990). Prosodic domains in Shanghai Chinese. In Inkelas, S., & Zec, D. (Eds), *The Phonology-Syntax Connection*. CSLI, Stanford University, Stanford CA. Distributed by University of Chicago Press, 313-337; Duanmu, S. (1999). Metrical structure and tone: Evidence from Mandarin and Shanghai. *Journal of East Asian Linguistics*, 8(1), 1-38.

音步长短中，两拍步（即双拍步）最常见，三拍步诗歌里有时有，其他长度就非常罕见。假如只有两拍步和三拍步，那么三拍步也可以用两拍步来分析，即每两步之间多了一个自由音节，见（10），其中 S 表示重拍，W 表示轻拍，方括号表示音步界。

（10）用两拍步分析三拍步

　　　三拍步：［SWW］［SWW］［SWW］...
　　　两拍步：［SW］W［SW］W［SW］W...

两种分析中，重音节、轻音节的位置完全一样。当然，两种分析的选择跟自由音节是否成立有关，跟音步界的确定也有关，这些都是有争议的问题。

关于重音方向，左重音步的语言很多，右重音步的语言较少。而且，右重音步有时可以用左重音步来分析。比如，英语诗歌里，右重的抑扬五步格（iambic pentameter），可以分析为左重的扬抑五步格（trochaic pentameter），见（11），其中 W 表示轻拍，S 表示重拍，末尾的 0 表示空的轻拍。

（11）用左重步分析右重步[①]

　　　右重：［WS］［WS］［WS］［WS］［WS］
　　　左重：W［SW］［SW］［SW］［SW］［S0］

两种分析所得的重音位置完全一样，所以，孰对孰错不容易判断。不过，左重分析有两个好处。第一，诗歌的音步和词重音

---

① Duanmu, S. (2008). A two-accent model of Japanese word prosody. *Toronto Working Papers in Linguistics*, 28, 29–48.

的音步统一了。英语的词重音，学者们都认为是左重步，[①] 如果诗歌也是左重步，理论就更简单。第二，重音理论简单了，音步得到统一，全部是左重。当然，（11）的分析还牵涉到另外一个争议，即如果能够正确推导重音位置，到底还需不需要音步这个概念。

很多语言里，长音节往往有重音，短音节往往无重音。[②] 长音节的韵母有两个韵位，可以是双元音、长元音或元音加辅音，如［mai］［mi:］［man］等。短音节的韵母只有一个韵位，即一个短元音，且没有韵尾。音节和重音的这个关系可称为"韵母—重音对应律"，其中 weight 指韵母的"重量"（即长短），见（12）。

（12）韵母—重音对应律（Weight-Stress Principle）
　　　　长音节有重音，短音节无重音

这个规律有多严，它的基础或来源是什么，是不是所有语言都有所体现，还是个有待研究的问题。

其他还有一些问题，学者们尚无共识，有待进一步研究，我

[①] Cinque, G. (1993). A null theory of phrase and compound stress. *Linguistic Inquiry*, 24(2), 239-297; Duanmu, S. (1990). A formal study of syllable, tone, stress and domain in Chinese languages. Ph.D. diss., MIT, Cambridge, MA; Duanmu, S. (1999). Metrical structure and tone: Evidence from Mandarin and Shanghai. *Journal of East Asian Linguistics*, 8(1), 1-38; Duanmu, S. (2007). *The Phonology of Standard Chinese*. 2nd Edition. Oxford University Press; Zubizarreta, M. L., & Vergnaud, J.-R. (2000). Phrasal stress and syntax. In van Oostendorp, M., & Anagnostopoulou, E. (Eds), *Progress in Grammar* (and electronic book). Amsterdam/Utrecht/Delft: Roquade. http://www.meertens.knaw.nl/books/progressingrammar/[accessed 28, Feb. 2014]; Truckenbrodt, H. (2005). Phrasal stress. In Brown, K. (Ed) *Encyclopedia of Language & Linguistics*, 2nd edition, Vol.9. Oxford: Elsevier, 572-579; 端木三《重音，信息和语言的分类》，《语言科学》2007 年第 5 期。

[②] Hayes, B. (1995). *Metrical Stress Theory: Principles and Case Studies*. University of Chicago Press.

们列举于（13），并略加说明。

(13) 有关重音理论的一些其他争议
    是不是所有的语言都有重音？
    词重音：可预测的（无别义功能的）词重音，是否也是分析的对象？
    语重音（phrasal stress）：不同语言的语重音是否有共同规律？
    重音和语义有什么关系？
    重音和句法，除了循环规则外，还有什么关系？
    重音理论和韵律音系学是什么关系？
    重音的级别，有没有限制？

不少人认为，有的语言有重音，有的语言无重音。[1] 不过，有的语言，有人认为无重音，有人研究却发现有重音。比如，Selkirk 和 Shen 认为上海话无重音，而 Duanmu 认为上海话有重音。[2] 而且，人们往往着眼于不可预测的或是有别义功能的重音，却忽略了可预测的、无别义功能的重音。比如，研究日语的学者，一般着眼于跟声调下降有关的重音位置，因为该位置不可预测而且可以别义。可是，有理由认为，日语的第一音节往往也有重音，[3] 这点前人很少讨论。

重音的研究，多数是关于词重音的，讨论语重音的较少。语重音的规律，不少语言都很相似。比如，语重音不但需要考虑句法结

---

[1] Hayes, B. (1995). *Metrical Stress Theory: Principles and Case Studies*. Chicago, IL: University of Chicago Press; Halle, M., & Vergnaud, J.-R. (1987). *An Essay on Stress*. Cambridge, MA: The MIT Press.

[2] Duanmu, S. (2007). *The Phonology of Standard Chinese*. 2nd Edition. Oxford University Press.

[3] Abercrombie, D. (1965). *Studies in Phonetics and Linguistics*. Oxford University Press.

构的分支（循环规则），还需要考虑句法的关系，即分支之间，哪边是中心词，哪边是辅助成分。所以，有人提出，无论什么语言，语重音的规律基本上都是一样的。[1]当然，这种想法有待进一步验证。

跟重音理论有关的一个理论是韵律音系学（prosodic phonology），后者用于构词研究时叫韵律构词学（prosodic morphology），用于语句研究时叫韵律句法学（prosodic syntax）。两个理论都跟韵律有关，也都牵涉韵律跟词汇和句法的关系。那么，人们不禁会问，这两个理论，到底是针对不同的问题还是针对同一类问题的两种不同看法呢？我们先考虑韵律音系学，其中心思想是韵律层级（prosodic hierarchy），其中有从小到大的几个单位，见（14）。

（14）韵律音系学的韵律层级单位
　　　莫拉（mora）
　　　音节（syllable）
　　　音步（foot）
　　　韵律词（prosodic word）
　　　音系短语（phonological phrase）
　　　语调短语（intonational phrase）
　　　语段（utterance）

Selkirk 最先提出了六个单位，McCarthy 和 Prince 增加了莫拉，Nespor 和 Vogel 又增加了"附着词短语"（clitic group）。[2] 可以

---

[1] Halle, M., & Vergnaud, J.-R. (1987). *An Essay on Stress*. The MIT Press; Hayes, B. (1995). *Metrical Stress Theory: Principles and Case Studies*. University of Chicago Press.

[2] Selkirk, E. (1980). The role of prosodic categories in English word stress. *Linguistic Inquiry*, 11(3), 563–605; McCarthy, J., & Prince, A. (1986). Prosodic morphology. Ms., University of Massachusetts, Amherst and Brandies University; Nespor, M., & Vogel, I. (1986). *Prosodic Phonology*. Dordrecht: Foris.

看出，前三个单位属于重音理论的概念。最后三个单位，一般跟停顿和边界调有关，不必将其看成是前后有域的单位（domain）。而中间的韵律词，却是一个很有问题的单位，下面我们略加说明。

Selkirk 提出一个概念叫 Strict Layer，[①]汉语可叫"层次对应"，即高层次的边界必须对应于低层次的边界。比如，韵律词的左界必须是个音步的左界，韵律词的右界必须是个音步的右界。根据层次对应律，每个韵律单位必须由一个或多个下一级的单位组成。比如，一个韵律词必须由一个或多个音步组成。那么音步以上的韵律单位是怎么确定的？Chen 对厦门话的分析给了 Selkirk 一定的启发。[②]于是，Selkirk 提出，韵律词由实词的边界确定，每个韵律词只能包括一个实词（还可以包括一个或多个虚词）。[③]换言之，每个实词必须属于不同的韵律词。现在我们来分析上海话的变调域，见（15）。

（15）韵律词的问题（方括号表示上海话的变调域）

一个韵律词包括一个实词：［炒］［饭］（动宾），［荷兰］［蘑菇］（偏正）

一个韵律词包括两个实词：［炒饭］（偏正）

词界跟音步界不一致：［南加里］［福尼亚］

可以证明，上海话的变调域由音步决定。动宾结构的［炒］［饭］有两个实词，每个实词一个音步（一个韵律词），符合 Selkirk 的

[①] Selkirk, E. (1984). *Phonology and Syntax: The Relation between Sound and Structure*. The MIT Press.

[②] Chen, M. (1987). The syntax of Xiamen tone sandhi. *Phonology Yearbook,* 4, 109-149.

[③] Selkirk, E. (1986). On derived domains in sentence phonology. *Phonology Yearbook*, 3, 371-405.

说法。同样，［荷兰］［蘑菇］也是两个实词，每个实词一个音步（一个韵律词）。可是，偏正的［炒］［饭］也是两个实词，却一共只有一个音步（一个韵律词）。而［南加里］［福尼亚］有两个实词，两个音步，但音步界和词界却不吻合。根据 Selkirk 的说法，上海话的偏正结构应该用［炒］［饭］、［南］［加里］［福尼亚］，可事实并非如此。

以上可见，重音理论和韵律音系学的确有很多重复之处。可是，研究重音理论的学者很少讨论韵律音系学，而研究韵律音系学的学者很少讨论重音理论。不过，两个理论终究可能会合并为一。

最后，我们考虑重音的级别是否有限。早期学者认为，重音的级别理论上是无限的。[①] 可是，Gussenhoven 提出，重音只应该分两级，要么有重音，要么无重音。[②] 我们以英语单词 compensation 为例，分析见（16）。

（16）英语单词 compensation 的重音分析（X 为重音符号）

前人：三级重音　　　　　　Gussenhoven：两级重音

```
           X                              H
  X        X                    X         X
 com-     pen-     sa-    tion  com-    pen-    sa-   tion
```

---

① Chomsky, N., Halle, M., & Lukoff, F. (1956). On accent and juncture in English. In Halle, M., Lunt, H., MacLean, H., & van Schooneveld, C. (Eds), *For Roman Jakobson: Essays on the Occasion of his Sixtieth Birthday*. The Hague: Mouton, 65–80; Chomsky, N., & Halle, M. (1968). *The Sound Pattern of English*. New York: Harper and Row; Liberman, M. (1975). The intonational system of English. Ph.D. diss., MIT, Cambridge, MA.

② Gussenhoven, C. (1991). The English rhythm rule as an accent deletion rule. *Phonology*, 8(1), 1–35.

前人认为，第一音节次重，第三音节主重，第二、第四音节无重，一共三级重音。Gussenhoven 却认为，第一、第三音节有重，第二、第四音节无重，一共两级重音。第三音节感觉上更重，是因为它有个高调 H，不必再加一层重音符号。

二　重音在汉语里的体现

中国学者对汉语声韵以及诗律的研究，都有很长的历史，可是对重音的讨论却很少。也许可以说，中国学者从来没有提出过重音理论。为什么这个题目被忽略了这么久？是不是汉语的重音不好判断（为什么如此）？是不是汉语没有重音？下面我们讨论这些问题。

（一）重音的判断

英语的重音位置往往很容易判断。比如，一个双音节（或多音节）的单词，重音在哪个音节，普通人（略加指点后）都能正确判断。而汉语的双音节（或多音节）词组，重音在哪个音节，连学者们都意见不一。正如赵元任指出，汉语除了轻声字和普通字容易区别外，普通字之间的重音区别是很难判断的。[1] 不过，英语的重音有时候也很难判断。试看（17）。

（17）英语的重音
　　a. 容易判断：table，today 等
　　b. 不易判断：bamboo，Red Cross，black eye 等

---

[1]　Chao, Y.-R. (1968). *A Grammar of Spoken Chinese.* University of California Press.

(17) a 中，table 重音在前，today 重音在后，没有意见分歧。而 (17) b 中，有人说是前后等重，[①] 有人说是后面的音节略重。[②] 对比汉语和英语，我们发现有一个共同规律，见 (18)。

(18) 重音的判断

容易：有声调区别　　　　　　　不易：无声调区别（或重音可移动）

英语：table, today 等　　　　　英语：bamboo, Red Cross, black eye 等

汉语：哥哥、木头等　　　　　　汉语：番茄、大学、汽车等

英语的单词，有重音的音节一般有个高调，[③] 其他音节无高调（或无调），所以容易判断。同样，汉语（北京话）的"哥哥、木头"等，轻声字无调，其他字有调，也容易判断。两个音节都有声调时，如英语的 Red Cross, black eye 等，汉语的"大学、汽车"等，两个语言的重音都不容易判断，感觉上都是两个音节差不多。还有，英语的 bamboo 一类词，重音可移动，单读时高调在后，但如果后面的词以重音开始，如 bamboo chair 或 bamboo table，bamboo 的高调就移到第一个音节。同样，北京话的"大学"一类词，单读时下字略重，但后面有词时，如"大学教师"，重音就前移到"大"上。

以上事实说明，汉语和英语的重音特性实际上没有本质区别。唯一不同的是，汉语的无调音节（轻声字）出现不多，而英语的

[①] Kenyon, J. S., & Knott, T. A. (1944). *A Pronouncing Dictionary of American English*. Springfield, MA: Merriam.

[②] Chomsky, N., & Halle, M. (1968). *The Sound Pattern of English*. New York: Harper and Row.

[③] Goldsmith, J. A. (1981). English as a tone language. In Goyvaerts, D. L. (Ed), *Phonology in the 1980's*. Ghent, Belgium: E. Story-Scientia, 287-308.

无调音节很多，基本上每个双音节（或多音节）单词都有无调音节（而 bamboo 一类单词实在是少数）。所以总体上给人的感觉是，英语的重音好判断，汉语的重音难判断。这种感觉，却掩盖了重音的本质，掩盖了两种语言的共性。还有，汉语的重音难判断，不等于不能判断。比如，有重音的词往往有较宽的调域。① 还有，普通话两字组的相对重音虽然不容易判断，但是学者们还是有不少共识，这点还会讨论。

（二）汉语的重音现象

一旦认识到汉语的重音性质跟英语的没有什么根本区别，就会发现汉语还有很多重音现象，特别是一些以前难以解释的现象，如（19）所列。

（19）汉语的重音现象
　　　　轻声字
　　　　普通话的上声变调
　　　　吴语的变调域
　　　　汉语诗歌的节奏
　　　　词长搭配问题
　　　　词长和词序的问题
　　　　词长和句法的问题

汉语的音节，有的有声调，有的无声调（轻声字）。而且，前者听上去比后者重。这个现象，正好符合上面提到的"声调—重音连接律"②。而且，轻声字往往韵尾弱化，变成短音节，这

---

① 沈炯《北京话上声连读的调型组合和节奏形式》，《中国语文》1994年第 4 期。

② Goldsmith, J. A. (1981). English as a tone language. In Goyvaerts, D. L. (Ed) *Phonology in the 1980's*. Ghent, Belgium: E. Story-Scientia, 287-308.

也符合上面提到的"韵母—重音对应律"[1]。

普通话的上声变调,是个十分复杂的问题,讨论过的学者不少。可以证明的是,如果使用循环规则和音步,[2] 比起不用循环规则不用音步,[3] 分析会优越得多。而且,如果使用普通的、有重音的音步,[4] 比起使用特殊的、无重音的音步(所谓最小韵律单位(minimal rhythmic unit)[5],分析又会更加简单。

吴语的变调,讨论过的人也不少,其中调域的确定是个难点。有人用语法功能分析,[6] 有人用韵律音系学分析,[7] 有人用重音理论分析。[8] 用重音分析的好处是,吴语和普通话变调域的分析可

---

[1] Duanmu, S. (2007). *The Phonology of Standard Chinese*. 2nd Edition. Oxford University Press.

[2] 沈炯《北京话上声连读的调型组合和节奏形式》,《中国语文》1994年第4期; Shih, C.-L. (1986). The prosodic domain of tone sandhi in Chinese. Ph.D. diss., University of California, San Diego, CA; Chen, M. (2000). *Tone Sandhi: Patterns across Chinese Dialects*. Cambridge University Press.

[3] Cheng, C.-C. (1973). *A Synchronic Phonology of Mandarin Chinese*. The Hague: Mouton.

[4] 同[1]。

[5] Shih, C.-L. (1986). The prosodic domain of tone sandhi in Chinese. Ph.D. diss., University of California, San Diego, CA; Chen, M. (2000). *Tone Sandhi: Patterns across Chinese Dialects*. Cambridge: Cambridge University Press.

[6] Kennedy, G.A. (1953). Two tone patterns in Tangsic. *Language*, 29(3), 367–373.

[7] Selkirk, Elisabeth, & T. Shen (1990). Prosodic domains in Shanghai Chinese. In Inkelas, S., & Zec, D. (Eds), *The Phonology-Syntax Connection*. CSLI, Stanford University, Stanford, CA. Distributed by University of Chicago Press, 313–337.

[8] Duanmu, S. (1990). A formal study of syllable, tone, stress and domain in languages. Ph.D. diss., MIT, Cambridge, MA; Duanmu, S. (1991). Metrical structure and tone: Evidence from Mandarin and Shanghai. *Journal of East Asian Linguistics*, 8(1), 1–38; Zhu, X. (1995). Shanghai tonetics. Ph.D. diss., Australian National University, Canberra; Chen, M. (2000). *Tone Sandhi: Patterns across Chinese Dialects*. Cambridge University Press.

以统一起来，而且还可以解释为什么吴语的变调跟非洲语一样，是分调（tone split）传调（tone spreading）式的，而其他汉语方言的变调却不是。①

前人强调汉语的诗歌要有声调和押韵的要求。②Chen 和 Yip 提出，如果用音步来分析，还可以解释一些其他的问题，特别是句法和节奏的关系。③Duanmu 提出，光用音步还不够，还必须考虑语重音的循环规则。④Duanmu 又提出，律诗和顺口溜都与重音理论有关。⑤

汉语的词长搭配，见于一些四缺一现象，如"技术—工人、技术—工、技—工、*技—工人"，或"种植—大蒜、种—大蒜、种—蒜、*种植—蒜"，每例的前三项可用，第四项不用（星号表示不用项）。这种四缺一现象，语料中有充分的数据，⑥讨论的人也不少。Lu 和 Duanmu 认为，这个现象只能用重音理论来解释。⑦

词长和词序的问题，来看"汉语大词典"（不是"大汉语词

---

① Duanmu, S. (1991). Metrical structure and tone: Evidence from Mandarin and Shanghai. *Journal of East Asian Linguistics*, 8(1), 1-38; 端木三《重音，信息和语言的分类》，《语言科学》2007 年第 5 期。

② 王力《汉语诗律学》，新知识出版社，1958 年。

③ Chen, M. (1979). Metrical structure: Evidence from Chinese poetry. *Linguistic Inquiry*, 10(3), 371-420.

④ Duanmu, S. (2004). A corpus study of Chinese regulated verse: Phrasal stress and the analysis of variability. *Phonology*, 21(1), 43-89.

⑤ Duanmu, S. (2007). *The Phonology of Standard Chinese*. 2nd Edition. Oxford University Press.

⑥ Duanmu, S. (2012). Word-length preferences in Chinese: A corpus study. *Journal of East Asian Linguistics*, 21(1), 89-114.

⑦ Lu, B.-F., & Duanmu, S. (2002). Rhythm and syntax in Chinese: A case study. *Journal of the Chinese Language Teachers Association*. 37(2), 123-136.

典"），上海的"四川北路"（不是"北四川路"），深圳的"沿河南路"（不是"南沿河路"）等。其他还有"切菜刀"（不是"菜切刀"），"蔬菜加工刀"（不是"加工蔬菜刀"），"苹果削皮刀"（不是"削苹果皮刀"）等。这类情况，用重音理论也很好解释，[1] 否则就很难解释。

词长和句法问题的关系，冯胜利讨论很多。[2] 比如，"负责招生"可以，"负责任招生"却不用。这类问题的解决，也需要考虑韵律和音步。

（三）普通话两字组的重音

普通话两字组的重音讨论过的人不少，不过尚无令人满意的答案。我们先把基本事实总结于（20），下划线表示有重音音节。[3]

（20）普通话两字组重音的基本事实
  a. 单字一般不单用
  b. 两字组在停顿前（包括单用时），重音一般在右，如"大<u>学</u>"
  c. 两字组在其他位置，重音一般在左，如"<u>大</u>学（教师）"

像（20）a 的例子很多，[4] 比如称呼不说"王"，要说"老王、小王"等；国家、城市不说"法、通、沙"等，要说"法国、通县、沙市"等；山不说"泰、华"等，要说"泰山、华山"等，但是

---

[1] Duanmu, S. (2007). *The Phonology of Standard Chinese*. 2nd Edition. Oxford University Press.

[2] 冯胜利《汉语韵律句法学》，上海教育出版社，2000年。

[3] Chao, Y.-R. (1968). *A Grammar of Spoken Chinese*, University of California Press; Hoa, M. (1983). *L'accentuation en pékinois*. Paris: Editions Langages Croisés. Distributed by Centre de Recherches Linguistiques sur l'Asie Orientale, Paris; 王志洁、冯胜利《声调对比与北京话双音组的重音类型》，《语言科学》2006年第1期。

[4] 吕叔湘《现代汉语单双音节问题初探》，《中国语文》1963年第1期。

双音节的可以说"峨眉、普陀"等。从重音理论上看，单字不单用跟音步结构有关：音步需要两拍才能体现轻重交替，如果拍音节，就需要两个音节。从韵律音系学来看，最小使用单位是韵律词，而一个韵律词起码是一个音步。所以，两者的说法差不多。

根据重音理论，音步的重音位置应该一致，要么全部在左，要么全部在右，不能有时在左有时在右，即不能像（20）b 和（20）c 那样变化。

有的学者认为，有的音步有重音，有的音步无重音（或与重音无关）；[①] 普通话的音步可以是无重音音步，所以，（20）b–c 的重音变化不影响音步结构。这个说法有两个缺点。第一，多出一种特殊音步，使理论变得更复杂，是否有必要，有待验证。第二，（20）b–c 的重音现象仍然存在，光提出无重音音步仍然没有解释重音的位置和变化。

Duanmu 提出，音步一律有重音，而且一律是左重。[②] 对双音节的分析见（21），方括号表示音步界，下线表示重音，0 表示空拍。

(21) 普通话两字组重音分析
   停顿前：大［学 0］   非停顿前：［大学］（教师）

停顿前的音步结构不是"［大学］"，而是"大［学 0］"，其中"学"跟一个空拍组成一个左重步，而"大"是个自由音节，在音步以外。非停顿前的音步结构是"［大学］"，也是个左重步。

[①] Chen, M. (2000). *Tone Sandhi: Patterns across Chinese Dialects*. Cambridge University Press; 王洪君《试论汉语的节奏类型——松紧型》，《语言科学》2004 年第 3 期。

[②] Duanmu, S. (2007). *The Phonology of Standard Chinese*. 2nd Edition. Oxford University Press.

以上的分析有个缺点：如果自由音节是多余的，单字加空拍可以组成一个双拍步，那么如何解释（20）a 呢？为什么最小语段需要两个音节（两个字）呢？

还有一种说法是，普通话的音步是右重。[1] 停顿前的"[大学]"正好这样，可是非停顿前的"[大学]"却需要另加说明。

可见，前人的分析尚不完善。这里我们提出一个新的分析。我们认为，汉语的最小语段是个双音节音步，在停顿前有时可以产生重音移位，规则见（22），例示见（23）。

（22）普通话两字组的新分析（[ ] = 音步，S = 音节，下线 = 重音，0 = 空拍，# = 停顿）

   最小语段：[SS]
   重音移位：[SS]# → S[S0]#

（23）例示
   原结构： [大学]# [大学][教师]#
   重音移位：大[学0]# [大学]教[师0]#

空拍需要时间，而停顿正好有时间，所以重音移位限于停顿前，有一定的合理性。不过，重音移位看来是普通话特有的，因为很多方言没有。比如，成都话、上海话的"大学、教师"一律左重，无论是否有停顿。英语的 recount，finite，magpie 等，也无重音移位。还有，重音移位限于两个长音节，下字是短音节时不用，如普通话的"哥哥"在停顿前也是左重。

---

[1] Chen, M. (1979). Metrical structure: Evidence from Chinese poetry. *Linguistic Inquiry*, 10(3), 371-420.

三　汉语对重音理论的发展有何意义

上面看到，重音理论可以解释汉语的一系列疑难问题。反过来，汉语的重音现象对重音理论的发展也有很多意义，我们列举几点，见（24）。

(24) 汉语的重音现象对重音理论的意义
　　　重音的普遍性
　　　莫拉音步和音节音步共存
　　　重音和声调的关系
　　　音节和重音的关系
　　　重音和信息的关系
　　　重音和语法的多方面互动

汉语的一大特点是重音的感觉不明显。因此，以前有人得出结论说汉语无重音。有人还进一步推断，有的语言有重音，有的语言无重音。[①] 也就是说，重音无普遍性。如果研究说明，汉语仍然有重音，而且规律和英语的一样，那么，有可能其他类似汉语的语言（即重音不明显的语言），也都有重音。这样，重音规律就可能是非常普遍的。

不少学者认为，一种语言只能要么选莫拉音步，要么选音节

[①] 王力《汉语诗律学》，新知识出版社，1958 年；Hyman, L. (Ed), (1977). *Studies in Stress and Accent*. Southern California Occasional Papers in Linguistics 4. Department of Linguistics, University of Southern California, Los Angeles, CA; Selkirk, Elisabeth, & Shen, T. (1990). Prosodic domains in Shanghai Chinese. In Inkelas, S., & Zec, D., (Eds), *The Phonology-Syntax Connection*. CSLI, Stanford University, Stanford, CA. Distributed by University of Chicago Press, 313–337.

音步，不能两项皆选。① 汉语的现象说明，一个语言里莫拉音步和音节音步有可能共存。② 那么，英语里（或者其他语言里）是不是也是莫拉音步和音节音步共存呢？值得指出的是，英语用的是莫拉步还是音节步一直存在两种看法，有的说莫拉步，③ 有的说音节步。④ 看来也许莫拉和音节都需要，跟汉语一样，这个问题值得进一步讨论。

重音和声调的关系，即（6）所述的"声调—重音连接律"，人们先从非洲语、英语中发现。汉语的现象说明，这条规则完全适合，因此给理论提供了有力的证据。

音节和重音的关系，前人讨论不少，即长音节跟重音有共同出现的情况。不过，这个关系有多密切，不是十分清楚。从汉语各方言来看，这个关系比前人的想象更密切，正如（12）的"韵母—重音对应律"所述：长音节都有重音，短音节都无重音。⑤

关于语重音，Chomsky 和 Halle 提出两条循环规则：复合词左重，其他结构右重。⑥ 还有一个规则是，功能词（虚词）无重。后人将这三条合并成一条，即核心词无重，辅助词有

---

① Hayes, B. (1995). *Metrical Stress Theory: Principles and Case Studies*. University of Chicago Press.

② Duanmu, S. (1999). Metrical structure and tone: Evidence from Mandarin and Shanghai. *Journal of East Asian Linguistics*, 8(1), 1-38; 端木三《重音，信息和语言的分类》，《语言科学》2007 年第 5 期。

③ 同①。

④ Halle, M., & Vergnaud, J.-R. (1987). *An Essay on Stress*. The MIT Press.

⑤ Duanmu, S. (2007). *The Phonology of Standard Chinese*. 2nd Edition. Oxford University Press.

⑥ Chomsky, N., & Halle, M. (1968). *The Sound Pattern of English*. Harper and Row.

重。[1] 以上说的是普通重音。特殊的情况还有对比、强调、焦点、信息的新旧等。从这些现象还可以进一步归纳出信息和重音的关系，即"信息—重音原则"，见（25）。

（25）信息—重音原则（Information-Stress Principle）
　　信息量大的词有重音，信息量小的词无重音。

信息量的定义来源于信息论，即由预测性（出现概率）决定，预测性高的（出现率高的）词信息量小，预测性低的（出现率低的）词信息量大。[2]

最后，汉语中还可以观察到重音和语法的多方面互动，包括词序变化[3]以及其他语法结构的变化[4]。这些都是英语里很难观察到的。

---

[1] Gussenhoven, C. (1983). Focus, mode and the nucleus. *Journal of Linguistics*, 19(2), 377-417; Duanmu, S. (1990). A formal study of syllable, tone, stress and domain in Chinese languages. Ph.D. diss., MIT, Cambridge, MA; Cinque, G. (1993). A null theory of phrase and compound stress. *Linguistic Inquiry*, 24(2), 239-297; Zubizarreta, M. L., & Vergnaud, J.-R. (2000). Phrasal stress and syntax. In van Oostendorp, M., & Anagnostopoulou, E. (Eds), *Progress in Grammar* (and Electronic Book). Amsterdam/Utrecht/Delft: Roquade. http://www.meertens.knaw.nl/books/progressingrammar/[accessed 28, Feb. 2014]; Truckenbrodt, H., Phrasal stress. In Brown, K. (Ed), *Encyclopedia of Language & Linguistics*. 2nd edition, Vol.9. Oxford: Elsevier, 572-579.

[2] Shannon, C. E. (1948). The mathematical theory of communication. *Bell System Technical Journal*, 27(3), 379-423; 27(4), 623-656; 赵元任《语言成分里意义有无的程度问题》，《清华学报》1961年第2期；袁毓林《定语顺序的认知解释及其理论蕴涵》，《中国社会科学》1999年第2期；端木三《重音，信息和语言的分类》，《语言科学》2007年第5期。

[3] Duanmu, S. (2007). *The Phonology of Standard Chinese*. 2nd Edition. Oxford University Press.

[4] 冯胜利《汉语韵律句法学》，上海教育出版社，2000年。

四　结语

我们看到，汉语的重音现象是十分丰富的，而且很多重音规律跟英语是一样的，如循环规则、声调—重音连接律、音步的定义和结构、韵母—重音对应律以及信息—重音原则。这些研究不但可以进一步完善重音理论，而且说明，各种语言在重音方面的特性比前人想象的少，而重音的共性比前人想象的多。

第三节　对外汉语的轻声教学 ①

一　对外汉语轻声教学的现状

对外汉语教学界很少把轻声作为一个独立的问题来讨论，迄今为止，只有米青、郑秀芝等专门从对外汉语的角度探讨过轻声教学。② 而在有限的研究成果中，对轻声教学的意见很不一致，比如轻声词的范围，米青主张缩小范围，只教有规律的轻声词；郑秀芝认为轻声体现北京话语音特色，轻声词的教学范围应非常宽泛，甚至包括类似宾格人称代词的轻读现象。

北京语言大学汉语学院为一年级学生专门开设两个学期的

---

① 本节摘自张燕来《对外汉语的轻声教学探讨》，原载《语言教学与研究》2009 年第 6 期。

② 米青《普通话轻声教学刍议》，《语言教学与研究》1986 年第 2 期；郑秀芝《谈谈对外汉语课的轻声教学问题》，《外语与外语教学》1996 年增刊。

《朗读与正音》课，在该课的教学中，轻声和其他四声放在一起作为声调部分的语音知识进行介绍和学习，在包括声、韵、调的六个语音练习中，有一个练习是专门操练轻声的，说明轻声教学被视为语音教学中的重点和难点。然而，学生对轻声的学习和掌握并不理想，轻声的偏误并不比其他四声少。2008年第二学期末我们曾对北京语言大学汉语专业一年级两个班的35名留学生进行了一项听写测验，内容是听写20个双音节词语的拼音，其中有15个轻声词。学生听写轻声音节的情况如下：（1）没有一个学生能够将15个轻声词音节全部正确地听写出来，而96%的同学能正确听写非轻声词；（2）15个轻声词听写错误率最多的可达到100%，轻声词音节听写正确率最高仅为73%；（3）听写轻声的错误主要是将轻声误听为四声中的某个声调；（4）对"咳嗽""招呼""祖宗"的听写，有98%将"嗽""呼"标为去声，将"宗"标为阴平。这说明我们的轻声教学并不能有效帮助学生听辨实际语境中的轻声。

从教师和教材的角度看，轻声的相关问题尚需进一步明确，对轻声教学的处理也有可改进之处。首先，轻声的调值在教学和教材中或表述为"又轻又短"，或描写成五度标调制中高度不等的"2、3、4、1"，这种调值描写方法一方面不好把握，另一方面也不符合语音实际，导致了学生的轻声发音短得不自然，或常常发成短的升调。其次，轻声标调的原则不一致。比如，现行教材将出现在语篇中的"慢慢地""好好儿"的第二个"慢""好"标为阴平，而"慢慢""好好"的第二个"慢""好"又不作为轻声标记标调。再次，对外汉语教学的轻声词范围不明确，哪些词读轻声，哪些词不读轻声没有系统的参考标准。

轻声教学和研究的现状说明，对外汉语教学界虽在主观上把轻声作为教学的重点和难点对待，但又不太注重对轻声教学的研究并探讨更加有效的教学方法。事实上，在教学中碰到的跟轻声相关的难题和分歧大多能在轻声的本体研究中得到较好的回答。

二 轻声本体研究中可供教学借鉴的成果

相对于轻声教学研究的不足，轻声的本体研究拥有足够深入、丰富并可供教学借鉴的成果，如轻声的性质、轻声词的内部分类、轻声的调值等。

（一）关于轻声的性质

"轻声"属于连读变调，这基本上已成为学界的共识。但是轻声作为连读变调在语言系统中的发生机制却是在最近的研究中渐趋明确的。以往孤立地看待北京话的轻声，难免将轻声的性质和北京话轻声的调值特点联系在一起，对轻声的研究也仅仅停留在语音层面上。然而，随着汉语方言学界对连读变调的调查和研究逐渐深入，发现了越来越多的与北京话轻声相似的方言现象。比如，北方官话中"不轻不短的轻声"[1]、南部吴语的"零调"[2]"虚调"[3]。作为连读变调，它们和轻声在类型学上的共性是：声调变异同时跨越语音层面和语义层面，语义或结构上的左重右轻表现在语音上就是处于后字位置的不同调类、调值失去

---

[1] 曹志耘《敦煌方言的声调》，《语文研究》1998 年第 1 期；钱曾怡《山东方言研究》，齐鲁书社，2001 年。

[2] 潘悟云《连调与信息量》，《温州师院学报》1993 年第 4 期。

[3] 曹志耘《南部吴语语音研究》，商务印书馆，2002 年。

对立,不再具有别义的作用。变调的调值表现可以是轻短,也可以是不轻不短,[1] 这意味着用"连读时变得又轻又短的调子"来概括轻声的性质是不全面的。

所以,根据已有的研究成果,如果要对北京话轻声性质进行描述,至少应该有以下几个方面:(1)轻声是跨越语音层面和语义层面的连读变调;(2)轻声变调的特点是轻声音节失去了原来声调;(3)轻声音节的调值可能轻短,也可能不轻不短。

(二)轻声词的内部分类

北京话轻声词内部是有差别的,比如语气助词(了、吗、呢、么)、名词和动词词缀(-子、-着、-了)、重叠亲属称谓,与方位词、重叠动词、单音节副词、宾格人称代词在语法上的预测性以及是否必读轻声等方面的表现是不同的。较早对这两类轻声词进行明确区分的是陈重瑜,分别称为"真正轻声(neutral tone)"和"轻读(non-stress)有调音节"。[2] 路继伦、王嘉龄系统地区分了普通话"轻声"的两个含义,一是重音层面上与重音相对的轻音(unstressed syllable),二是声调层面上的与四声相对的中和声调(neutral tone),主张分别使用"轻音"和"轻声"两个术语,二者的关系是轻声从轻音而来,认为"声调层面上的轻声都是从重音层面的轻音经过一个轻声规则映射过来"。[3]

伴随"轻声"与"轻音"区分而来的另一个新鲜的观点是承

---

[1] 王福堂《汉语方言语音的演变和层次》,语文出版社,1999年;魏钢强《调值的轻声和调类的轻声》,《方言》2000年第1期。

[2] 陈重瑜《华语、普通话、"国语"与北京话》,《语言教学与研究》1985年第4期。

[3] 路继伦、王嘉龄《关于轻声的界定》,《当代语言学》2005年第2期。

认汉语中的轻声字，路继伦、王嘉龄认为属于轻声的"名词后缀'子'、助动词'了''的'等在词库没有声调"，因此，"北京话声调先可分为有声调与无声调两大类"，轻声"是本身没有调值而要靠协同发音和音系作用来获得调值的一种寄生性质的调"。① 魏钢强也认为"轻声是一个调类"。② 但轻声的"调类说"并不是学界广泛接受的。徐世荣曾明确指出，汉字中并没有所谓"纯轻声字"，轻声是与单字调相对的变调，所以不是调类，但具有特定的调值。③

这种轻声的分类基础是汉语存在词重音。虽然这个观点还没有在学界达成共识，但北京话轻声词的内部差异是客观存在的，并不影响我们对轻声词分类的认识：（1）普通话轻声词可以分为两个大类；（2）两类轻声词关涉的连读变调规则、语法规则（构词重叠和句法重叠）都有不同；（3）但二者不是天渊之别，轻声由轻音发展而来。

（三）轻声的调值

实验语音学（或声学）对轻声调值的认识做出了重要的贡献，我们将林茂灿和颜景助、曹剑芬、王韫佳、邓丹等人的轻声实验结果概括为以下观点：（1）轻声与音高、音长、音强、音色都有关系；（2）轻声与音高的关系比音长、音强更重要；（3）轻声具有曲折变化的音高，音高的作用方式不是起点音高，即传统认为的一个点，而是调型；（4）轻声音节与非轻声音节在音高

---

① 路继伦、王嘉龄《关于轻声的界定》，《当代语言学》2005 年第 2 期。
② 魏钢强《北京话的轻声、轻音及普通话汉语拼音的注音》，《中国语文》2005 年第 6 期。
③ 徐世荣《关于"纯轻声字"问题》，《语文建设》1995 年第 9 期。

方面的差异表现在轻声音节的调域窄于非轻声音节；（5）轻声在非上声后有下降的音高特征，低降调最容易被感知为"轻声"，其中，阴平、阳平对降调的要求比去声高，去声后高音点与前接音节差别最大；（6）轻声与去声同为降调型，在语流中有趋同倾向，尤其在阳平后轻声与去声差异甚微；（7）上声后轻声为中平调，感知试验为低降调或低平调。①

与轻声调值问题相关的是轻声的重读现象。其中最为典型的是双音节形容词重叠为 AABB 式后，原来的轻声会变读如阴平，②例如"阴+轻"的"规矩"重叠为"规规矩矩"，"上+轻"的"马虎"重叠为"马马虎虎"。此外，北京话口语中也存在"轻声去化"现象，③这种读同去声的"轻声"一般出现于非上声音节后面，例如"人家、玫瑰、石榴、倒腾"等。"轻声去化"甚至使一些非去声字经过长期的口语强化变成了去声字，例如"瑰、绩、迹"。与此同时，上声后的轻声具有读同阴平调值的倾向，例如"耳朵、显摆"。语气词是属于"在词库没有声调"的轻声词，但在一定语境下也可以重读。④轻声重读现象林林总总，但魏钢强认为轻声重读只是重音模式的改变，并不改变调类。通常情况下，不管

---

① 林茂灿、颜景助《北京话轻声的声学性质》，《方言》1980 年第 3 期；曹剑芬《普通话轻声音节特性分析》，《应用声学》1986 年第 4 期；王韫佳《轻声音高琐议》，《世界汉语教学》1996 年第 3 期；王韫佳《音高和时长在普通话轻知觉中的作用》，《声学学报》2004 年第 5 期；邓丹、陈明、吕士楠《汉语去声和轻声音节的韵律特征研究》，《语言科学》2004 年第 2 期。

② 赵元任《汉语口语语法》，吕叔湘译，商务印书馆，1979 年；魏钢强《调值的轻声和调类的轻声》，《方言》2000 年第 1 期。

③ 王旭东《北京话的轻声去化及其影响》，《中国语文》1992 年第 2 期。

④ 鲁允中《轻声和儿化》，商务印书馆，2001 年；张彦《语气词也能重读》，《语文建设》2006 年第 7 期。

它变得像阴平、像阳平还是像去声,从调类上看都还是轻声。[①]

三 轻声教学改进的思路

根据轻声教学的现状和问题,我们结合本体研究的成果,认为轻声的教学可以从轻声词、调值、变调和标调等方面进行改进。

(一)轻声的词汇教学

轻声教学传统上只局限于语音教学中,但是这样的教学对学生来说,只是教什么学什么,不可类推,也不可转化为自学的能力。如果在词汇教学中补充轻声教学的内容,解决轻声词的规律和词汇范围,可以减少学生学习轻声词的压力。

从声调、重音、语法各角度看,普通话的轻声词都有两个层次。(1)由构词法产生的轻声词属于词汇中的封闭类,有规律可循,学习者可以记忆,具体包括:语法虚词,如"着、了、过、的、地、得,们,吧、吗、啊、呢"等;词缀,如"子、头、么"等;叠音的亲属称谓,如"爸爸、妈妈、爷爷、奶奶、姐姐"等;趋向动词,如"来、去、上、下"等;方位词,如"里、边、搭"等;叠音动词,如"听听、闻闻、想想、看看"等;(2)另一类轻声属于词汇现象,如"蘑菇、菩萨、骆驼"等,一部分是两个实语素构成的复合词,如"朋友、月亮、地方、东西"等。这部分轻声词没有规律,进行连调描写时需要逐一列举,学习者需逐一记忆。

在词汇教学中,首先应该确定哪些轻声词要进入词汇教学

---

① 魏钢强《调值的轻声和调类的轻声》,《方言》2000 年第 1 期。

的范围。参照针对母语者的普通话水平测试用轻声词语表,"必读轻声词语表"(共 543 条)主要包括上述第一类轻声词,同时也有第二类轻声词;"可轻读词语表"虽有第一类轻声词,但主要包括第二类轻声词。对于第二语言学习者,是否也同等程度地要求,或者有无必要制定一份不同于母语者的轻声词语表呢?我们检查"必读轻声词语表"时,发现《现代汉语词典(修订本)》中"连累、作坊"都标了声调,"白净、困难、能耐"在母语者的语感中也不是必读轻声。所以,给外国学生提供的进入词汇教学的轻声词范围应该更小,如米青曾强调要教学有规律可循的轻声词。[①] 对于有规律可循的由构词法产生的轻声词是否需要进一步区分呢?答案是肯定的。根据陈重瑜的研究,[②] 真正轻声(neutral tone)只有语气助词(了、吗、呢、么)、名词和动词词缀(-子、-着、-了),重叠亲属称谓,趋向动词、方位词、叠音动词都不是真正轻声;普通话水平测试也将"趋向动词(来、去)、方位词(里、边)、叠音动词(听听、闻闻)"处理为"可轻读词语",即可读轻声也可不读轻声。更重要的是,上述构词法产生的轻声词具有不同的连读变调方式,说明这部分轻声词内部并不同质。

鉴于此,进入词汇教学的轻声词也分为"必读轻声词语"和"可轻读词语"两个部分。"必读轻声词语"包括:(1)语法上的虚词(着、的、们、呢,等等);(2)词缀(子、么,等等);(3)叠音的亲属称谓(爸爸、妈妈,等等);(4)具有别义作

---

① 米青《普通话轻声教学刍议》,《语言教学与研究》1986 年第 2 期。
② 陈重瑜《华语、普通话、"国语"与北京话》,《语言教学与研究》1985 年第 4 期。

用的轻声词（大意、大爷、地道、地方、东西、利害、人家、照应，等等）。"可轻读词语"包括：（1）趋向动词（来、去）；（2）方位词（里、边）；（3）叠音动词（听听、闻闻）。

属于词汇现象的轻声词，无论必读轻声词语还是可读轻声词语，都不进入词汇教学。如联绵词"蘑菇、菩萨、骆驼"等，复合词"朋友、月亮"等，在教学中作为生词逐个学习。对于这部分轻声词，可考虑在语音教学大纲中制定一个"必读轻声词语表"，作为学习参考。

（二）轻声的调值教学

我们在教学中大多将轻声的调值描写为"2、3、4、1"，并常常用五度标调制图示轻声调值与其他四声的差异；进行轻声的语音操练时，一般倾向于将轻声音节的"轻短"特点发得很夸张，要和前一音节形成鲜明对比，导致学生的轻声发得很不自然，并难以听辨自然语境的轻声。用"0"或高度不等的"2、3、4、1"来描写轻声的调值是不符合语音实际的，用于教学是与实际语言事实脱节的。所以，我们尝试将轻声处理为具有特定调型的"声调"进行教学，即"阴平、阳平、去声"后是一个降调（比去声低），"上声"后是一个"平调"（类似阴平）。

具体的做法可以从听读两方面操练。轻声的听辨操练不仅要听单独的轻声词，还要听语段中的轻声词。然后是读的操练。由于轻声是和其他四声相对的，所以训练不必仅限于轻声本身，而要与其他四声结合进行。我们可以借鉴国际音标的训练方法，对外国学生进行调域训练。外国学生声调学习的难点多在调域而非调型，[1] 轻声音节与非轻声音节在音高方面的差异表现在轻声音节的调域窄于非轻声音节。举例来说，51、41、31 同为降调，31 更容易被感知为轻声；55、44、33 同为平调，44、33 被感知为轻声的可能性更大。所以，在操练四声的时候，不仅仅练 55、35、214、51，还可以同时练 44、33、22、11、35、24、13、315、51、42、31 等。操练轻声的时候，可以先结合阴平进行平调 11、22、33、44、55 的练习，33、44 均可以作为上声后的轻声调值；然后结合去声进行降调 21、31、41、51 的练习，21、31 均可以作为阴平、阳平、去声后的轻声调值。这种训练不仅有利于学生把握轻声的调值，对阴平、去声的学习也很有帮助。

（三）"上声 + 轻声"的变调

轻声前上声字的变调是轻声本体研究中的热点，也是教学中的难点。一般认为"上声 + 轻声"有两个变调式，以轻声后字的本调调类作为变调条件分别为："上声 + 非上声"的轻声词读"21+44"，"上声 + 上声"的轻声词一部分读"21+44"、一部分读"35+21"。根据轻声词的规律，连调式为"21+44"的主要是由构词法产生的轻声词，具体是语气助词（了、吗、呢、么）、名词和动词词缀（–子、–着、–了）、重叠亲属称谓，如"走了、我的、椅子、奶奶"。但由构词法产生的轻声词里，方位词和叠音动词与词汇现象的轻声词具有相同的变调方式，如"哪里、想想、打点"连调式是"35+21"。即"必读轻声词语"和"可读轻声词语"

---

[1] 赵元任《语言问题》，商务印书馆，1980 年；赵金铭《从一些声调语言的声调说到汉语的声调》，载《第二届国际汉语教学讨论会论文选》，北京语言学院出版社，1988 年；沈晓楠《关于美国人学习汉语声调》，《世界汉语教学》1989 年第 3 期。

的变调方式不同。目前教学中既没有对两类轻声词语加以区分，更没有揭示变调规则。如，教材中"上声+轻声"只出现读"21+44"的例词，而操练时却出现了"洗洗衣裳""喜欢打扮""打听消息"，由于从注音上看不出任何特殊的变调信息，从而导致学生过度类推，将"洗洗""喜欢""打听"统一处理为"21+44"的变调方式。

在学生还没有接触到轻声词的词汇教学时，一个办法是在教学中展现"上声+轻声（本调上声）"两个变调方式的例词，提示完整的变调规则。也就是说，在"上声+轻声（本调上声）"的轻声词教学里，需要总结两条规则，而这两条规则直接与轻声词语的分类有关。我们可以在初学阶段用尽量丰富的例词总结变调规则，使学生具有对"必读轻声"和"可读轻声"进行分类的感性认识，到词汇教学中则可以通过轻声词构词法来推导变调规则。如"上声+轻声（本调上声）"中的"必读轻声词语"按照"21+44"变调，"可读轻声词语"按照"35+21"变调。

当然，若与理论研究的步调一致的话，考虑到"可读轻声词语"为非真正轻声，"上声+轻声（本调上声）"可减去"35+21"，"35+21"放在轻重音规则里，[①] 此时轻声变调规则就是严整的四声与其后轻声变调一一对应了。不过，"35+21"这条规则在教学中始终无法避免。

（四）轻声的标调

轻声的标调有很多不一致甚至形成了一定程度的混乱。尽管《汉语拼音方案》中有一条明确的标调原则，即"轻声不标"，但现行教材以及一些注音读物将出现在语篇中的"慢慢地""好

[①] 魏钢强《调值的轻声和调类的轻声》，《方言》2000年第1期。

好儿""马马虎虎"的"慢""好""虎"标为阴平,学生质疑"慢""好""虎"的声调,教师需解释标阴平的"慢""好""虎"是轻声。如果按照"轻声不标"的原则,"慢""好""虎"是不应该标调的。与此相应的是"哪里""想想""洗洗"的第二个音节不标调(为轻声)。其实,轻声标调的分歧反映了这部分词语是否属于真正轻声的分歧,也反映了轻声标调是标调值还是标调类的分歧。

"慢慢地""好好儿""马马虎虎"是形容词的重叠式,其中"慢""好""虎"读阴平是形容词重叠的重音模式,属于轻声重读现象。轻声重读只是重音模式的改变,并不改变调类,[①]"慢""好""虎"都还是轻声。如果贯彻作为调类的"轻声不标"的原则,"慢""好""虎"不必标为阴平。"哪里""想想""洗洗"的"里""想""洗"是可轻读音节,而非轻声,相应地,可轻读音节也不必标为轻声,普通话水平测试的"可轻读词语表"的标调方式是"注音上标调号,注音前加圆点提示",其实也是可轻读词标本调的做法。依照这种标调标准,"上声+上声"的轻声词中,不标调的读"21+44"、标调的读"35+21",学生区分两类连调方式的问题解决了。然而,若在教学中完全遵循作为调类的"轻声不标",轻声重读音节不标调,又会让学生觉得标调与实际的音值不符。看来轻声标调的问题用一条"轻声不标"并没有完全解决,还有待于进一步的研究。

---

① 魏钢强《调值的轻声和调类的轻声》,《方言》2000年第1期。

第五章

面向不同母语背景学习者的语音教学研究

第一节 韩国学生韵母偏误的发展性难度和对比难度分析[①]

韩国汉语学习者的发音受其母语影响呈现出很多共同的特点。以前有关韩语和汉语语音的纯语言平面的对比分析研究成果已经颇丰,但是多只是静态的有关韩语语音系统与汉语音系的对比研究,或韩语中汉字音与普通话发音的对比。[②] 近年来开始出现了一些以实验和定量方式来进行语音研究的。[③] 也有学者以概述的方式讨论了韩国学生语音的常见偏误,[④] 但对于学生具体的

[①] 本节摘自陈珺《韩国学生韵母偏误的发展性难度和对比难度分析》,原载《云南师范大学学报》(对外汉语教学与研究版)2007年第2期。

[②] 朱英月《韩国语汉字音声母和普通话声母的比较》,《汉语学习》2000年第2期;李得春《韩国汉字音声母系统的几个特征》,《延边大学学报》(社会科学版)2003年第3期;李得春《韩国汉字音韵母系统的几个特征》,《东疆学刊》2005年第1期;马洪海《摸清规律,有的放矢——韩国学生学习汉语普通话语音的几个问题》,《天津外国语学院学报》2004年第2期;马洪海《从朝、韩留学生普通话语音的偏误看汉字音的影响》,《天津师大学报》(社会科学版)1997年第3期。

[③] 高美淑《汉韩塞音、塞擦音的对比实验研究》,《汉语学习》2001年第4期;王韫佳《韩国日本学生感知汉语普通话高元音的初步考察》,《语言教学与研究》2001年第6期。

[④] 王秀珍《韩国人学汉语的语音难点和偏误分析》,《世界汉语教学》1996年第4期。

偏误形式及各形式的比率，初、中、高级阶段的语音发展变化的统计，以及声韵之间的相互影响所做的定量性研究还不多。笔者拟就韩国学生语音发展的情况做一个全面的纵向研究，具体分为声母、韵母和声调三个方面。本节主要讨论韵母方面的情况。

一　调查对象和语音材料的设计

2004年7月我们在中山大学留学生的语言进修生中选取了12名韩国人进行了一次语音调查。初、中、高级各4人，每级男女各2名，学生年龄均在20—30岁之间，来自韩国各个地区，南北口音均有。初级在中国学习汉语半年至一年，中级一年半至两年，高级三年。

笔者采用了中山大学李丹丹等根据汉语拼音的声韵拼合表设计而成的语音调查材料，设计理念是用尽可能常用的双音节词、尽可能少的音节数量将所有的声韵母全部呈现，既保证了声韵母各自一定的重现率，又可以使发音自然，还可以考察声韵的相互影响以及它们在一个词前、后位置时的不同情况。最后设计而成的语音调查表共出现常用双音节词107个，包含214个音节，重复8个；生僻词7个，共8个音节，重复1个；句子3个，出现13个音节，与前重复6个，所考察不重复的音节共220个。所有的词都采用上注拼音，下标汉字的形式，鼓励学生先看汉字，后看拼音，避免学生对汉字输入和拼音输入依赖以前的程度不同的影响。调查时让每个被试用适中的语速朗读调查表中所有的音节与句子。笔者录音。

二 调查结果的初步统计

在我们调查的结果中韵母所出现的偏误,存在一部分随机性、无规律的偏误,其原因比较复杂,可能是个人的语音失误,看错汉字或拼音等。但是我们依然可以看到一些非常集中的偏误趋势。因为汉语韵母较多,现分开从单韵母、纯元音复合韵母和鼻韵尾复合韵母三个方面来看看有哪些较集中的偏误趋势并分析其原因。我们将各类韵母的出现次数、总偏误率(偏误总次数除以韵母出现次数与总人数的乘积)、各级的偏误形式和相对偏误率(偏误次数除以韵母出现次数和人数的乘积)列为表1、表2、表3。表1中1—9是单韵母,表2中10—22是纯元音复合韵母(10—18是二合元音、19—22是三合元音),表3中23—38是鼻韵母(23—30是前鼻音韵母,31—38是后鼻音韵母)。

(一) 单元音韵母的偏误情况

表1 单元音韵母的偏误形式及比率统计

韵母		出现次数	总偏误率	偏误形式	初(4人)		中(4人)		高(4人)	
					偏误次数	偏误比率	偏误次数	偏误比率	偏误次数	偏误比率
1	A	18	2.3%	iA	1	1.4%	2	2.8%	1	1.4%
				ai	0	0	0	0	1	1.4%
2	o	5	40%	o 太圆	14	70%	3	15%	4	20%
				ou	0	0	1	5%	1	5%
				ɑu	0	0	0	0	1	5%
3	ɤ	16	10.4%	ʌ	6	9.4%	6	9.4%	7	10.9%
				ei	0	0	1	1.5%	0	0
4	i	11	0	/	0	0	0	0	0	0
5	ɿ	3	30.6%	i	8	66.7%	1	8.3%	2	16.7%

(续表)

韵母	出现次数	总偏误率	偏误形式	初（4人）偏误次数	初（4人）偏误比率	中（4人）偏误次数	中（4人）偏误比率	高（4人）偏误次数	高（4人）偏误比率
6 ɿ	4	31.3%	i	4	25%	0	0	1	6.3%
			ɯ	4	25%	3	18.6%	3	18.5%
7 u	19 shu 重复 1	8.8%	y	12	13.6%	4	5.3%	2	2.6%
			un	1	3%	0	0	0	0
			uo	1	1.3%	0	0	0	0
8 y	6	2.8%	ui		4.7%				4.7%
9 ɚ	1	0	/	0	0	0	0	0	0

单韵母中错得较多的有o[o]、-i[ɿ]、-i[ʅ]、e[ɤ]和u[u]。原因如下：

1. o[o]、e[ɤ]是受母语负迁移。

韩语中也有o和e这两个元音，但与汉语的有些细微差别。汉语的o[o]嘴型较扁，韩语中的오[o]嘴型很圆、很突出，与汉语u[u]发音方法更近似，只是稍低一些。所以韩国学生发汉语的单韵母o常太圆，以至他们发复韵母uo和ou时，两个音显得非常相似。韩语中的어[ə]比汉语的e[ɤ]开口大，从高低来看处于半高和半低中间。从前后来看属央元音但是偏后，有时听起来有点像[ʌ]，尤其和g[k]、k[kʰ]、h[x]这些舌根后音相拼时更加明显。

这样细微的差别教师虽然能从听力上察觉出学生的发音不妥，但是说不出细微差别在哪，通常只能听到时纠正个别音节的发音，而无法系统引导学生掌握其正确发音。

2. -i[ɿ]、-i[ʅ]、u[u]是受声母和拼读规则的共同影响。

-i[ɿ]、-i[ʅ]偏误形式[i]、[ɯ]：汉语的-i[ɿ]、-i

[ʅ]实际上是两个舌尖元音,但是在《汉语拼音方案》中将其与[i]归于一个书写形式i。这会对学生造成一定的误导。同时,由于韩国学生不会发舌尖前音 z [ts]、c [tsʰ]和舌尖后音 zh [tʂ]、ch [tʂ]、sh [ʂ]。在发这些音的时候,他们就用韩语中的舌叶音ㅅ[ʃ]、ㅈ[ʒ]等来顶替。而韩语中的这些舌叶音是可以和[i]相拼的。如韩语中有 s [s]这个音,但是可与[i]相拼,发出来类似汉语的 xi [ɕi],而不是[sʅ]。所以在发 zi [tsʅ]时他们会用지[tʃi]来顶替,发 zhi [tʂʅ]时会用즈[dzɯ],发 ri [ʐʅ]时就用韩语中星르[ɾɯ]顶替。

u 偏误形式 ü [y]:u 的情况也很类似,汉语中只有 l 和 n 既可与 u 相拼,也可与 ü [y]相拼,只有与这两个声母相拼时,二者有两点的区别。而在其他音节里,u 和 ü 出现的情况是互补的,ü 只和 j、q、x、零声母 y [ø]相拼,u 与其他声母栢拼。因此在与 j、q、x 及零声母相拼时 ü 上都是没有两点的。在学生掌握拼读规则不太好时,就可能会读错。另一方面,z、c、s 或 zh、ch、sh、r 与 u 相拼的时候,韩国人有意翘起舌头,嘴型变圆,发得类似汉语的 ü,听起来就像 ju、qu、xu。

(二)纯元音复合韵母的偏误情况

表 2 纯元音复合韵母的偏误形式及比率统计

	韵母	出现次数	总偏误率	偏误形式	初(4人)偏误次数	初(4人)偏误比率	中(4人)偏误次数	中(4人)偏误比率	高(4人)偏误次数	高(4人)偏误比率
10	iA	5	3.3%	iaŋ	2	10%	0	0	0	0
11	uA	7	13.1%	ua ɫ	7	25%	3	10.7%	1	3.6%
12	uo	15	3.9%	o 太圆 uo—ou	1 3	1.7% 5%	2 1	3.3% 1.7%	0 0	0 0

第一节 韩国学生韵母偏误的发展性难度和对比难度分析

(续表)

韵母		出现次数	总偏误率	偏误形式	初（4人）偏误次数	初（4人）偏误比率	中（4人）偏误次数	中（4人）偏误比率	高（4人）偏误次数	高（4人）偏误比率
13	iɛ	12	4.2%	iæ	1	2.1%	1	2.1%	4	8.3%
14	yɛ	6	8.3%	yœ	3	12.5%	2	8.3%	0	0
				y	0	0	0	0	1	0.3%
15	ai	17	0.49%	uai	0	0	0	0	1	1.5%
16	əu	19	31.1%	ou（o太圆）	14	18.4%	17	22.4%	11	14.5%
				o	7	9.2%	2	2.6%	1	1.3%
				iou	4	5.3%	8	10.5%	2	2.6%
				uo	2	2.6%	1	1.3%	2	2.6%
17	ɑu	19 cao重复1	1.3%	iɑu	1	1.3%	1	1.3%	1	1.3%
18	ei	14	3.6%	e 短	4	7.1%	1	1.8%	0	0
				iɛ	1	1.8%	0	0	0	0
19	uai	7	7.1%	ui（丢ɑ）	1	3.6%	0	0	1	3.6%
				uɑ（丢i）	2	7.1%	0	0	0	0
				ai（丢u）	1	2.6%	1	3.6%	0	0
20	uei	13	15.4%	韵腹e太短	3	5.8%	1	1.9%	0	0
				yi	11	21.6%	4	7.8%	2	7.8%
				ei	1	1.9%	0	0	0	7.8%
21	iɑu	11	0	/	0	0	0	0	0	0
22	iou	8	3.1%	iu（丢o）	0	0	0	0	3	9.3%

纯元音复合韵母中错得较多的有 ou［əu］、ui［uei］。较单韵母而言，复韵母的问题更多。除受单个元音音素的准确发音、拼写规则的干扰外，还有多个音素连贯发音的动程问题。

从音素发音的准确性上来看：韩国学生问题最大的二合元音是 ou，汉语 ou 中 o 的实际发音是［ə］，但是写作［o］。韩国学生很容易发成韩式的两个元音오［o］和우［u］的加合。因

为这两个音在韩语中本来就较汉语更为接近,且在韩语中是不能在一个音节中出现的,所以韩国学生随机地把它读作"o、ou、uo"。韩国学生也常常会把这个[o]发得更圆(接近韩语오),听起来十分别扭。

从发音的动程上来看:在发二合元音时,汉语的两个元音的发音都比较分明,滑动没有明显的主次之分;而韩语的常以韵腹为主,一个元音比较响亮,而另外的韵头较弱,动程也比较快,接近单元音。在发三合元音时,因为韩语只有二合元音,没有三合元音,所以韩国学生常常会随机地丢掉其中一个元音,而将其发成二合元音。如 uai 韩国学生会随机地丢掉其中的一个元音,uei 会丢掉中间的 e(注:韩语中有위[ui]这种元音拼合)。

从拼读规则上的影响来看,最突出的是 uei:汉语拼音中常写作 ui,因此学生常常丢掉中间的韵腹 e[e],直接由 u 滑向 i。当然韩语没有三合元音也可能是其中的重要原因。

(三)鼻韵母的偏误情况

表3　鼻韵母的偏误形式及比率统计

韵母		出现次数	总偏误率	偏误形式	初(4人)		中(4人)		高(4人)	
					偏误次数	偏误比率	偏误次数	偏误比率	偏误次数	偏误比率
23	an	19	1.3%	añ 后鼻化	1	1.3%	2	2.6%	0	0
24	ən	17	4.9%	ei	1	1.5%	0	0	0	0
				ʌn	2	2.9%	4	5.9%	1	1.5%
				əŋ	0	0	2	2.9%	0	0
25	in	8	0	/	0	0	0	0	0	0
26	yn	4	2.1%	un	1	6.3%	0	0	0	0
27	iɛn	11	3.8%	iʌn	5	11.4%	0	0	0	0

第一节 韩国学生韵母偏误的发展性难度和对比难度分析

（续表）

韵母		出现次数	总偏误率	偏误形式	初（4人）		中（4人）		高（4人）	
					偏误次数	偏误比率	偏误次数	偏误比率	偏误次数	偏误比率
28	uan	15	9.4%	u 短	1	1.7%	0	0	0	0
				uÃ	1	1.7%	0	0	0	0
				uɑŋ	2	3.4%	1	1.7%	0	0
				yan	9	15%	2	3.4%	1	1.7%
29	yɛn	4	12.5%	ɥɛn	5	25%	0	0	1	5%
30	uən	12 dun 重复1	27.8%	un（丢ə）	11	22.9%	7	14.6%	3	6.25%
				yn	10	20.8%	5	10.4%	4	8.3%
31	ɑŋ	18 rɑng 重复1	2.8%	iɑŋ	2	2.8%	1	1.4%	0	0
				oŋ	1	1.4%	1	1.4%	0	0
				an	1	1.4%	0	0	0	0
32	əŋ	18	1.9%	oŋ	0	0	1	1.4%	1	1.4%
				ən	0	0	0	0	1	1.4%
33	iŋ	12	1.9%	in	1	2.1%	0	0	1	2.1%
34	uŋ	14	1.2%	un	1	1.8%	0	0	1	2.1%
35	iɑŋ	5	0	/	0	0	0	0	0	0
36	yŋ	3	2.8%	iɑŋ	1	8.3%	0	0	0	0
37	uɑŋ	7	1.2%	ɑŋ	1	3.6%	0	0	0	0
38	uəŋ	1	8.3%	uŋ	0	0	1	25%	0	0

鼻韵母中错得较多的有：un［uən］、üan［yɛn］和 uan［uan］。

从音素发音的准确性上看：(1)与单韵母［u］情况成系列，［u］与舌尖音相拼时会受声母的影响，把 u 发得类似 ü，复韵母中以 u 开头的鼻韵母如 un、uan 与舌尖音相拼的时候常常会读成 ün、üan。(2)许多韩国学生十分奇怪地将 üan［yɛn］中的 ü 发成卷舌元音［ɥ］，[1] 这可能是受声母影响，与学生发不好舌面声母 j、

---

[1] 国际音标［ɥ］并非卷舌元音，此处有误。——编者注。

q、x而用舌叶音代替有关。在以往的语音分析中有些教师凭印象判断说韩国学生的ü是个难点，但是我们看到在单元音ü上韩国学生偏误不多，而在复合元音中ü的问题才多起来，可见ü之难对于韩国学生而言不在音素本身，而在于与声母的结合以及与u的拼读规则的区分上。

从发音的动程上来看：同样受韩语影响有时会丢掉介音，有些学生将ian读成an，uan常常略掉韵头读成an或韵尾脱落读成ua等。

从拼读规则影响上看：un［uən］在拼音中常写作un，因此有些学生常常丢掉中间的韵腹e［ə］，直接由u滑向n（注：韩语中有운［un］这个音）。

鼻韵母还涉及一个韵尾的问题：韩语中有前（ㄴ）后（ㅇ）鼻音，其区分对韩国学生理论上说不构成难度。但汉语中只有鼻音n和ŋ可做韵尾，而韩语范围宽得多。而且受元音影响，韩国学生发前后鼻音时，有时好像处于二者之间。如汉语的an中［a］是前元音，韩语中안［ɑ］是后元音，因此我们听韩国人发这个音时感觉有后鼻化的倾向。我们还发现学生在发ua这个音时会习惯在后面加上一个"ɨ"，有可能是受韩语以ㄹ［ɬ］做韵尾的影响。

三 偏误情况的发展分析

现在我们来看看各类型的韵母偏误在各阶段的发展情况。根据前面表中的数据，我们得出以下三图，可以有比较直观的印象：

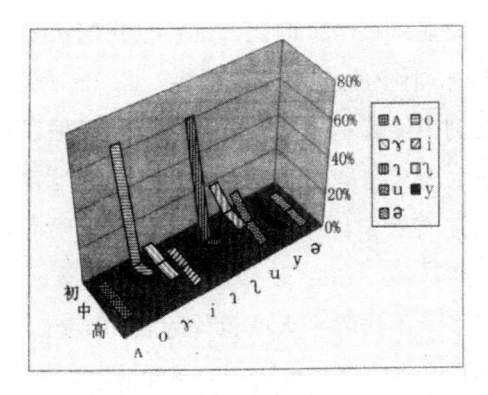

第一节 韩国学生韵母偏误的发展性难度和对比难度分析

图1 单元音韵母发展图

从图1我们可以看到,在初级阶段偏误就非常少的是 a、i 和 er;初级阶段偏误较多到中级时减少,高级时偏误很少的是 e、u;ü 的偏误率一直不高但到高级时有所反弹;o、-i [ɿ]、-i [ʅ] 初级偏误率高,到中、高级时虽有下降,但到一定阶段后出现僵化现象。-i [ʅ] 偏误率小于 o、-i [ɿ]。

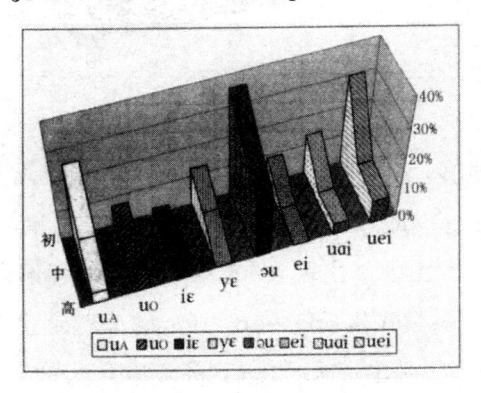

图2 纯元音复韵母发展图

在纯元音的复元音中初、中级毫无偏误的有 ɑɪ、ɪɑo、ɪoʊ;还有个 ɪɑ 是在初级时出现2个偏误,后来就没有偏误了;ɑo 则

从初、中、高级都只有一个偏误。这几个我们认为均可视为偶有偏误，不成系统。因为复韵母数量太多，图 2 中就没有统计这些。初级时有偏误到中级就基本没有的是 ei；初级偏误较多，到中级减少，高级基本没有的是 uo、üe；在初级偏误率高，中、高级下降，但高级时还有一定比率的是 ua、uai；偏误率高且到中、高级后下降很少的是 ou、uei；比较奇怪的是 iɛ，初、中级偏误少，高级反而增多了，不排除个人或意外因素的影响。这个音对韩国人来说应该不是难点，因为韩语中有这个音 애（[iɛ]）。

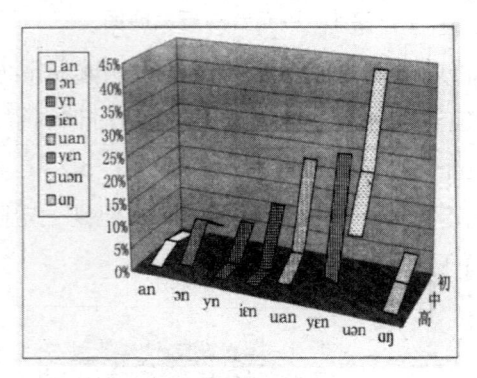

图 3　鼻韵母的发展图

鼻韵母虽多，但很多难度不大，in、iang 全无偏误，eng、ing、ong、iong、uang、ueng 都只有一两个偏误，这样的我们认为难度不大，图中不出现。ün、ian 初级时有偏误，但是到中级以后很快消失；an 和 ang、en、uan 这些都是初、中级有，但逐步减少，到高级基本消失；üan 到高级略有反弹；只有 uen（un）初级时偏误最多，虽有下降趋势，但到高级时偏误率依然远远高于其他韵母。

四 余论：对语音教学的一些思考

（一）发展性难度与对比性难度

笔者认为语音也存在难度等级，从发展角度可将汉语的韵母分为以下几个层次：

1. 初级没问题的（0级难度）：单韵母 a、i、er；复韵母 ai、iao、iou；鼻韵母 in、iang、eng、ing、ong、iong、uang、ueng。

2. 初级有偏误、到中级基本没有的（1级难度）：复韵母 ei；鼻韵母 ün、ian。

3. 初、中级有偏误，初级多、中级少，高级才消失的（2级难度）：单韵母 e、u、ü；复韵母 uo、üe、ie；鼻韵母 an、en、ang、üan。

4. 初、中、高级一直保留，但高级已经相当少，僵化现象不明显的（3级难度）：复韵母 ua、uai；鼻韵母 üan。

5. 初、中、高级一直保留，高级仍然很多，僵化现象比较明显的（4级难度）：单韵母 o、-i [ɿ]、-i [ʅ]；复韵母 ou、uei；鼻韵母 u(e)n。

从母语和目的语对比的角度来看，可做以下划分：

1. 母语和目的语中都存在的音，应该是0级难度。这样的语音在学习之初就基本没有问题，学生在发这些音的时候只需要少量练习就可以很牢固地掌握这些音。如韩语和汉语都有的 i、a、u。

2. 目的语中有，但母语中完全没有，也没有任何近似的音，这样的音对于成人学生来讲，因为发音器官的肌肉已经比较僵硬，所以一般极难习得，但学生对于这样的音听辨能力比较强。这样的音应该是1级难度（如声母中的舌尖后音）。对于这样的音教师应加强听读训练，提高对听辨的要求，不必过高要求读的水平。

3. 目的语和母语中没有直接对应的音，但十分近似，这样的音难度大，应属于2级难度。学生很容易以母语中的音顶替目的语中的发音，如用［ɯ］代替［ɿ］和［ʅ］。用［ui］或［ɥ］代替ü［y］。

4. 目的语和母语在宽式国际音标中都以同一符号出现，但实际上发音部位和方法有细微差别的音，这样的语音最难，应属于3级难度。这样的音容易出现偏误且持续性长，严重者还会出现语音僵化现象。如韩国学生发汉语的o、e、ou。教师首先自己应具备敏感辨别能力，并在语音学习的初期就尽可能利用一切手段让学生明白二者的细微差别，不断以适当的训练加强学生对其差别的敏感程度，从听力入手，最后落实到认读。

（二）拼合规则、拼写规则对韵母的影响

发展性难度与对比性难度有重合也有交叉，这是因为对比主要是音素对比，但同样的音素在不同的语言中却有不同的拼合规则和拼写规则。

从拼合规则上看，汉语中的［s］不能和［i］相拼，但韩语可以。汉语韵母习得中有大量的偏误来于此类。单个的音素练习不难，关键是要把不同的语音拼合起来。有些音素单独发音很难，而作为整体音节反而容易掌握，如zi、ci、si和zhi、chi、shi、ri，有些音素单独读没有问题，但在某些音节中就容易错，如二合或三合韵母中音素的动程就十分复杂，需要整体操练。汉语韵母教学中，除了对元音音素听读的训练以外，也要注意对复合韵母动程的强调。

对于拼写规则不明而引起误读的情况,应针对性地提醒学生注意。这样的偏误只要教授得法,应该是比较容易避免和矫正的。如 uen(un)、uei(ui)应提醒学生注意实为三合元音,并集中训练。像 u、ü 可多强调拼写规则和 ü 有点儿没点儿的区别,还可以将同一症结的相关韵母放在一起进行操练,如单韵母中的 u—ü,复韵母中的 u—ün,uan—üan 等。

第二节　语音感知与汉日语音比较[①]

笔者在日从事对日汉语教学 15 年半。在教学中感到必须跳出传统的过于精细的语音学分析,而改从较为贴近常人感受的"感知"去认识两种语言之间的语音差异,并试着以此作为教学的基础。今整理主要之点如下,以求教于方家。

一　语音的感知分析和语音教学

(一)提出感知分析的缘由

1.《现代汉语词典》(第 5 版)"感知"条释义为"①名客观事物通过感觉器官在人脑中的直接反映。②动感觉:已能感知腹中胎儿的蠕动。"其中①正是本节所依据的探索角度。根据上

---

① 本节摘自史有为《语音感知与汉日语音比较》,原载《汉语学习》2012 年第 2 期。收入本集前作者做了多处必要修改,并增写了结语。

述解释，"感知"是心理学的概念，是"知觉"或"感觉"的另一种表达方式，也是"认知"的另一层次上的表达。我们将此用于言语，即表现于外的话语，尤其是语音方面。一般把语音方面的"知觉"用于语音和语义/词语相联系的方面，即如何感觉到某个音具有了某种意义，并确定为某个词语。本节则用于日本学习者在有日语语音背景时对汉语语音的心理感觉。教学心理学中有认知的问题，而且早就是个重要课题。感知无疑也属于认知的一个方面。本节企图从感知方面系统地开辟一个新的教学领域，以利于实用的语音教学。

2. 语音学和音系学、音位学都属于理论语音学，实验语音学属于机器感知的语音学，它们并不适合教学。如果从教学角度着眼，需要一种超越它们并部分吸纳二者的分析。其理由是：

首先，教学是从人的直觉、印象、感知出发的行为，需要从人的特点出发去设计语音理论的框架，让一般人都能操作或操控。教学上需要的不是高深的理论，缜密的分析也不是学生都需要的，而一般只是教育者甚至只是研究者所必须掌握的技术。这已经为许多未经教师指点而能在生活中学好目标语的事实所证明。

其次，教学的目标是，让大多数生理和心理方面均在可习得年龄范围内的学习者，都能习得足以沟通交际的必要的目标语语音和其他语言项目。要求所有的学习者都能在有限时段内学到非常地道的目标语的发音，那是一种不切实际的想法。这也已经为无数测试和成绩统计的事实所证明。而且，语音学习是较长时间的过程，教学只能为学习者确立一个基础，完全达到目标语的标准语音，是学习者自身长期努力的结果，并非教学时间内的任务。

由此，我们觉悟到需要从语音教学理论的起点考虑，需要改变以往学院式的传统做法，于是就自然地产生了一种新的尝试，提出了一种新的可能模式，即"语音感知分析"。这一分析并不排斥语音学中的音素、音位分析，只是二者适用的领域不完全相同。

（二）语音感知的基础与基准

1. 根据。物理—生理—心理是感知的根据。在物理—生理—心理的综合作用下，常人对包括语言在内的事物通常有两种反应：敏感与熟悉。敏感与熟悉都是一种被动的感知反应。它们往往相互矛盾。从主动角度看，与感知相对的就是专注。一般说，专注与熟悉的程度往往成反比，而与敏感的程度成正比。前者即所谓"习焉不察"；后者则是"触景生情"。在超音段（字调、句调等）感知上也是如此。

2. 年龄。年龄越大，其语音感知的心理模型越稳定并且越固执、越有成见，对生理和物理的差异也就越不敏感。这种情况在超音段感知上也就越为突出。在少年期（即到12岁左右为止的母语习得关键期，对二语来说虽然并非断然的关键期，却也是影响习得效率的重要时期）过后，对超音段的感知，会随年龄的增加而感知程度越来越浅，越来越不敏感，或者在两种语言之间的对比感知越来越不强烈或明显，学习也因此而更感困难，练习的强度也将更大，所需时间更长。我们常常会见到本民族人在学习标准语或另外一种方言时，年龄越小，其字词音调和语调越接近被模仿的目标语音，而年龄越大越难以达到模仿标准，其字词音调和语调更容易露出马脚。而相同的情形也发生在第二语言学习者的身上。这其中必有人脑在生理和心理机制上的原因。

3. 基准。感知由生理、物理和心理三种因素参与作用。感知的量度同样存在生理、物理和心理三方面的因素。生理和物理的量度是客观的。心理则有主观性。第二语言学习者在感知二语时都是以母语为基准的,是对生理和物理的主观认知。心理因素是感知的特质所在。但学习者个体的心理差异往往很大。其心理感知很难使用仪器量度,只能用抽象方法或自省对比的描写,以及使用调查法归纳,得出一种概率意义上的相对数值。

（三）感知的本质

感知,是人的一种本能,也是人的一项心理和生理交互作用下的能力。用于语言教学上的感知分析,实际上是人对语言的天然对比能力及其在教学上的运用。在语音教学上亦复如此。通过许多实际学习事例和调查所得,才可以由感性察觉到达目前感知分析的理性阶段。感知分析是贴近普通人的,是符合普通人的感觉的,而且又符合一般语音学的音理和知识,因此也就有可能获得最大教学效果。不同的人往往因其天赋和后天训练的不同而具有不同的感知。同样的声音,有的人敏感,能够区别,有的人却不敏感,无法区别。另外,不同的语音对人际交流的影响程度不同,而学习者的目标也不同,有的要求做口语翻译或汉语语音学家,有的只需要满足一般口头交流,所以也不需要人人在所有的语音点上都一一过关。根据这两个负面的考虑,我们决定把感知的基准设定在一般人的水平上。他们既不是辨音天才或语音学专家,也不是痴呆者或低能儿。我们还应从教学角度考虑,把目标缩小到一般人交流时必须区别的层面上,不是为了做播音员,也不是做语音老师或语音学家。这样,我们就必须对科学上通用的是/否两极的判断和分类做出修正。

（四）根据感知区分的语音类别

根据一般人对两种语言的语音直接感受的不同程度,可以把第二语言的语音分为三类，除相同感知和不同感知两类外，再增加中间状态的感知一类，即相似，也即是有些差异。教学经验又告诉我们，中间状态的"相似"这一类其实际感知又有两种大略的不同，并因此而影响实际教学，所以在这一类中还需要再分成两类。这样就可以把目标语语音在与母语语音做感知对照的情况下分为以下四类：相同（无差异），几无感知的相似（差异极小，以致差异感知几近于无），有感知的相似（差异较小，但仍有感知），不同（差异较大）。

从通行的理论语音学看，语音之间只有相同和不同两种，这是一种绝对的二分法。但从教学语音学看却有必要把相似语音再析为有感知的和几无感知的两种。所谓"几无感知的相似"，是指这几种情况：有些人可以感知到二者不同，也有人感知不到区别，还有人可能有时感觉差异很明显，有时又感觉不到差异。这和其他三类是不同的。由于相似语音在教学上有其特殊地位。也由于发音最为困难的可能不是明显不同的语音，而是有感知的相似语音。因此有必要设立这一感知类。

（五）感知单音和提取音

为了便于教学，我们尝试放弃以传统的语音学或音位学、音系学作为分解比较单位的平台，而改以感知角度的"感知单音"为基本的比较单位。在"感知单音"中可以提取出不同程度的更小的"提取音"，例如汉语的声母、韵母、声调。人对自然语言的感知都是具体的。不同民族或操不同母语的人对语音和语音单位的感觉或感知也是不完全相同的。"感知单音"的概念就是在这个基础上提出的。它是某个语言社群的人们对某语言语音具体感知的语音单位。这种对自然单音的具体感知重复许多次，然后再进入另一步的抽象，即提取更小的"提取音"的阶段。现在的语音学已经把单位越分越小，即提取的程度越来越高，从音素、音位到语音的区别性特征。这样提取出的越来越小的"提取音"对于一般的教学往往没有很多用处，还时常徒增麻烦。

提取是一种较高级的抽象活动，需要特别的训练，而人们直感的却是自然区分的单位。在中日两种语言中，这种共同的自然感知的语音单位就是"音/单音"。对汉语而言，基本上就是一个一个的"字"，而对日语而言大体上相当于大部分的假名。中国人以及日本人所说的一个"音/单音"正是平常人的一种感知单位。比如用"音"来感知英语的发音，那么英语的 good、stop 在中国人或日本人听来，前者是两个感知单音，后者则是三个感知单音，虽然它们在语音学中都是一个音节。如果他们使用各自的文字去转写，中国人就会写成类似"古得"和"司多普"这样的字，日本人也会写成"グド"和"ストップ"。这就是感知的作用。教学上必须充分考虑这种因素，才能化解某些教学困难。当然汉语和日语都是音节结构比较单一的语言，没有复辅音（st-），也没有开尾音（非唯闭尾音 -d、-p）。这些音对于汉语都不是音节内的感知单位，不能据此提取出汉语声母、韵母那样的"提取音"，而只能被感知为单音字，如 st- 的前一 s 必然单独被感知为"斯"音，而 -d 也必然会单独感知为"德"音。对于日语，这些英语音也不能作为音节内的感知单位，只能对应为以假名为代表的语音单位。在中国学生的普通话学习中，汉语音节总表常常被认为是没有什么用，而日本学生却相反，他们觉得这个总表对他们很有用。这个不同反应说明，日本人是非常看重整体型的实用单音的。这可能与他们的感知特点有关，也与他们习得语音的特点有关。

"提取音"与传统的音素、音位和音节是不同的。提出前者，并不否认后者。前者是出于教学的目的，后者则是出于语音学研究的目的。首先，教学和语音学毕竟是不同的两个领域，不能简单地用抽象的科学切分来代替甚具感性的教学活动。其次，提取本来也会在言语行为中逐渐自然发生，教学的程度越深，抽象的提取行为就越多越自然，也越成功。提取的结果将形成一种模式，即音位系统中的音素聚合模式（音位）和语音匹配模式（音位组合、音节）及再提取模式（区别性特征）。人是具有这种本能的，因此可以采用诱导形式逐步深入地提取。这是一种"能动式"的教学原则，启发学习者本身的天然能力并调动其能动性的教学原则。但实际上我们无须这样细致地提取。以汉语而言，提取到声母与韵母即可。甚至在某些位置的"韵头"也无须提取。例如 ian 我们建议整体去感知去学习，而不必分成 i 与 an。因为 ian 形成后，其中 an 的音质已经与无韵头的 an 有很大区别，分别析出不利于教学。

二 中日语音感知差异大势

语速不同：日语语速快，因而导致发音器官活动度低，影响发音的音色，例如清塞辅音特有的轻送气，元音有央化倾向。而汉语语速相对较慢，音色区分明晰（地道北京人的轻声音节除外）。两个音节连读时，日语由于语速快，就很容易发生语音同化，而汉语就很难。

音长基准不同：日语元音分长短，音节因此也就有长短，而且短音节多。因而以 mora[①]（相当于短元音、短音节）或短音节为基准就可以理解。与日语比较，汉语基本音节大致相当于日语的长音节，还有少量短于日语短音节的"极短音节"，即轻声音节，因而必然以长音节为基准。日语的长音节比汉语的基准音节长。汉语的轻声短音节又比日语的短音节短。儿化音节在感知上又略长于一般音节。而根据实验语音学的测定，儿化音节的音长并没有加长。

音节结构不同：在感知上只觉得日语音节远较汉语简单。实际上也是如此：日语基本音节结构为 [C] V [Cn]，比较简单。汉语基本音节结构为 [C][M] V [Cn/ng]，格局比较丰富。这样的不同与中日语速不同存在平行性和相关性。

音高因素的功能与分布不同：人们感知上只觉得日语没有抑

[①] "莫拉"是英语 mora 的汉语音译，也可译为"拍/音拍"或"音分"。日本语译为"モーラ"。莫拉是音系学中的基本音韵单位，是含有"节拍"概念的术语；它与语音学中的语音单位"音节"正好相对待。它不是音节，但可以相当于音节，也可以小于音节。《语音学和音系学词典》（1996年，中译本 2000年，语文出版社）这样解释"莫拉"（mora）："介于音段和音节之间的音系单位。轻音节通常由单莫拉组成，重音节由双莫拉组成。对一些语言而言，像日语和古希腊语，莫拉似乎是一级重要的节奏单位，但对其他语言而言，可能没什么作用。"为什么日语就存在莫拉这样的单位，而汉语就可以不要？这种区别说明莫拉实际上具有心理单位的特征，所谓的节拍或节奏也含有心理因素在内。而各个民族的心理因素常常是不完全相同的。由于这样的原因，对莫拉的掌握常常因人而异，例如 N. Trubetzkoy 在其《音韵论原理》中曾经把世界的语言按照莫拉组织和音节组织一分为二，说德、英、荷兰、俄、捷克、保加利亚、乌克兰、意大利、西班牙、葡萄牙、罗马尼亚、匈牙利、近代希腊等语言是以音节组织的语言，而芬兰、立陶宛、斯洛伐克、波兰、丹麦、日本、汉、缅甸、非洲的祖鲁等语言是以莫拉组织的语言。（参见金田一春彦《日本語音韻の研究》（第二版），1967年/1981年，東京堂出版）略为知道一些汉语的人一望便知，这个分类是大有问题的，别的不谈，至少是把汉语放错了地方。汉语是很强烈的音节语言，与日语大不相同。由于莫拉属于韵律范围，也可以是一种音长的单位，因此不适合作为音段教学的单位。但可以在音长方面进行相对性的对比。

扬顿挫，而汉语音节高低升降特别丰富。事实上也是如此。日语音高只用于重音，是一种基本不具辨义作用的特殊音高重音。汉语音高主要用于辨义作用的声调。二者完全不同，属于两类范畴。

句调趋势不同：人们感觉日语的句调是接近平的，汉语陈述句的句调是下降的；日语最后的音节是清楚的；汉语最后的音节往往有点儿模糊。事实上，日语的动词在句末，导致日语句末音重，句调音高下降少，句末语气词也无轻声类型汉语的动词在句中，导致句末音轻，句调音高下降多，句末语气词全为轻声类型。

三 与日语比较的汉语音段感知

（一）音段感知对比分析

1. 感知单音对比表。

以下将58种汉语单音与日语相应语音做对比。选取的原则是：选取"系内音"，不选取"系外（边缘）音"；① 选取在感知上有较明显的区别或根本不能对应（用"——"或"—/"表示）的系内音。这些音是教学的重点和难点。以下附国际音标表示，以便与语音学的音素描写做一总的对照。之后我们再就其特别的难点提取或提出另节分析：

---

① "系内音"是指音系内的语音，具有明显的系统性。它们在发音部位、发音方法上都具有系列表现，可以形成矩阵，而且可以与意义结合后组成合成词。像汉语的声母表和韵母表内的音、日语五十音图内的音就都是系内音。"系外音"指的是不能收入音系内的边缘音，孤立音。汉语的许多拟声词、叹词多为"系外音"。关于"系外音"的问题，在赵元任（1968/1979，《汉语口语语法》中译本，商务印书馆）和史有为（1993/2000，《北京语音的柔性处理》，载《汉语如是观》，北京语言文化大学出版社）均有专节论述。

表 1 汉语单音与日语相应语音对比

汉：	1) a[ᴀ]	2) i/yi[i/ji]	3) ê[ᴇ]	4) in/yin[jin]
日：	あ [ɐ/ʌ]	い [i]	え [ᴇ]	いん [in/iɴ]
汉：	5) ma[mᴀ]	6) mi[mi]	7) na[nᴀ]	8) sa[sᴀ]
日：	ま [mɐ]	み [mi]	な [nɐ]	さ [sɐ]
汉：	9) mo[mo]	10) ni[ni]	11) xi[ɕi]	12) ha[xᴀ]
日：	も [mɔ]	に [ɲi]	し [ʃi]	は [hɐ]
汉：	13) ba[pᴀ]	14) da[tᴀ]	15) ga[kᴀ]	
日：	ば [bɐ]	だ [dɐ]	が [gɐ]	
汉：	16) za[tsɿ]	17) zi[tsɿ]	18) ji[tɕi]	19) qi[tɕʰi]
日：	ざ [dzɐ/zɐ]	ず／づ [dzɯ/zɯ]	じ／ぢ [dʒi/ʒi]	ち [tʃi]
汉：	20) pa[pʰᴀ]	21) ta[tʰᴀ]	22) ka[kʰᴀ]	23) ca[tsʰᴀ]
日：	ぱ [pɐ]	た [tɐ]	か [kɐ]	つあ [tsɐ]
汉：	24) an[an]	25) ang[ɑŋ]	26) -un/wen[uən/wən]	27) -ing[iˀŋ/jiˀŋ]
日：	あん [ɐɴ]	あん [ɐɴ]	うん [ɯɴ]	いん [iɴ]
汉：	28) -u/wu[u/wu]	29) -ü/yu[ˀy/ˀɥy]	30) e[ɣ/ˠʌ]	31) er[ɚ/eɹ/eˀ]
日：	う [ɯ]	ゆ [jɯ]	－／う [ɯ]	－／あ [ɐ]
汉：	32) zu[tsu]	33) fu[fʊ]		
日：	ず／づ [dzɯ/zɯ]	ふ [ɸɯ]		
汉：	34) ai[aɪ]	35) ei[eɪ]	36) -uai/wai[waɪ]	37) -ui/wei[weɪ]
日：	あい [ɐ'i]	えい [ᴇː]	うえ [ɯᴇ]	うえ [ɯᴇ]
汉：	38) ao[aʊ]	39) ou[əʊ]	40) -iao/yao[jaʊ]	41) -iu/you[jəʊ]
日：	あお [ɐ'ɔ]／あう [ɐ'ɯ]	－／おう [ɔː]	——	ゆ [jɯ/jɯ]
汉：	42) -ian/yan[jæn/jɛn]	43) -uan/wan[wan]	44) -üan/yuan[ˀɥɛn]	
日：	无／やん [jɐɴ]	わん [ɯɐɴ/ɯɐɴ]	——	
汉：	45) en[ən]	46) -ün/yun[ˀɥyn]	47) -iang/yang[jɑŋ]	48) -uang/wang[waŋ]
日：	えん [ᴇɴ]	－／いん [iɴ]	やん [jɐɴ]	わん [ɯɐɴ/ɯɐɴ]
汉：	49) eng[əŋ]	50) -ong/weng[ʊŋ/wəŋ]	51) -iong/yong[ˀɥʊŋaʊ]	
日：	おん [ɔɴ]	おん [ɔɴ]	よん [jɔɴ]	
汉：	52) zha[tʂᴀ]	53) cha[tʂʰᴀ]	54) sha[ʂᴀ]	
日：	－／ちや[dʒɐ]／さ[dzɐ]	－／ちや [tʃɐ]／つあ [tsɐ]	－／しや [tʃɐ]／さ [sɐ]	
汉：	55) la[lᴀ]	56) ri[ɻ]	57) le（轻音）[lə]	58) de（轻音）[tə]
日：	ら [ɾɐ]	り [ɾi]	－／ら [ɾɐ]	－／だ [dɐ]

2. 难点之一：元音韵母或零声母音节。

中国传统使用音韵学术语，现在也使用语音学术语，而日本只使用语音学术语。为了与日语对比，只能以语音学为主，并将二者术语适当做些协调。于是，可以做出下面的分析：

（1）日语只有单元音，没有前响二合复元音。因此学习汉语复元音会有一点儿困难，即会发成两个等长度、等响度的单元音组合，发不成强弱连续过渡的复元音。

（2）日语没有撮口元音 ü［y］。日本学生发 ü 有相当难度，可能会发成半元音［j］+ 元音［u］的组合。

（3）日语的许多元音呈央化性质，具体说是低元音 ɑ 和后元音 u 开口度相对于正则元音都靠"央"，日本一般用国际音标分别标作［A］［ɯ］，笔者根据多次实际听辨认为是 ɑ 在短音节时实际为中央化的［ɐ］，u 应该是中度圆唇央元音的［ʉ］。相反，汉语绝大部分非轻声元音都是非央元音。

（4）日语发音动作中缺乏卷舌动作，没有卷舌元音，也没有卷舌的儿化音。汉语中的这些音对日本学生有一定的难度。其中"儿"音的发音特点是舌头中间部分向下凹陷，使整个舌头的边缘相对上翘，成为一种浅碟形状。这是发音的关键所在，也与美国英语的卷舌音不同。

（5）元音异体的分布，中日不同。日语元音异体主要在 u，汉语元音异体主要在 ɑ。

（6）零声母音节：日语在零声母音节 i、u 时前面不带半元音；汉语 i、u、ü 必带半元音。日语在 a、e 时前面没有隐藏的辅音；汉语则常有喉塞音。

（7）介音：日语只有［j］［w］两种半元音（介音），共有［ja］［jo］

［ju］［wa］四种组合。而且［ja］［jo］［ju］三个的介音一般已经与前辅音合成，演变成"腭化辅音"，因此也可以增加腭化辅音，而不将介音列入；而［wa］只是单独成音节，前面不能与辅音结合。汉语有［j］［w］［ɥ］三种介音（韵头），共有［j］：ya、ye、yo；［w］：wa、wo；［ɥ］：ɥa（n）、ɥe 等七种组合。日语"介音"的地位是薄弱的，而汉语"韵头/介音"的意识是强烈的，所谓"字正腔圆"就是对"韵头"的描写。

3. 难点之二：鼻韵尾。

（8）日语只有一个鼻尾音 –n，是属于［N］的那一种，实际上也是一种央化，与日语元音倾向相平行。汉语的 –ng，在日语中均已演变成元音（–i，–u）。汉语有两个鼻韵尾 –n、–ng。日本学生常常把汉语 –ng 发成日语的［N］。在低元音情况下，这样的走样还没有太大问题，由于 a 的变异，–n 和 –ng 音节的区别还是可以显示出来。但在前高元音（i 或 e）情况下，它们的混淆就是无法解救的。而日本学生对这二者的分辨实在困难。

4. 难点之三：声母/辅音。

（9）日语只有清浊对立，没有送气不送气对立。

（10）日语缺汉语的齿唇音［f］，日语ふ罗马字转写为 f，实际上并非［f］，而是双唇音［ɸ］（日语只出现于 fu［ɸɯ］的组合，即假名ふ）。早几年很难纠正，这些年由于英语教育的关系，日本学生在 f 的发音上有了显著的变化，对于大部分学生来说已不再是个难点了。

（11）日语没有翘舌的 zh、ch、sh，很多日本人也没有舌面前的 j、q、x，它们都很容易发成舌叶音［ʒ］［tʃ］［ʃ］。但是一部分日本人发日语时，不是舌叶音，而是跟汉语的舌面前音基本一致。因此，必须特别纠正在发 zh、ch、sh 时的音，务必接近准确。

（12）日语没有边音 l [l]，也没有翘舌半元音 r [ɻ] 及其组合 ri [ɻʅ]，只有闪音 [ɾ] 及其组合 [ɾi]。因此，发汉语的 l 和 r 会发成闪音。近年来由于学英语的关系，已逐渐能够发出边音，但翘舌半元音 r [ɻ] 及其组合 ri [ɻʅ] 仍非常困难，可能会发成闪音 [ɾ] 或舌叶音 [ʒ] 及其组合 [ɾi] 或 [ʒi]。

5. 难点之四：辅音+元音组合。

（13）日语没有舌尖元音 –i [ʅ] / [ɿ]，发汉语的 zi、ci、si 和 zhi、chi、shi 时很容易发成 zu [dzʉ] / [zʉ] / [zʉ]、tsu [tsʉ] / [tsʉ]、su [sʉ] / [sʉ]；发 zhi、chi、shi 时很容易发成 ji [ʒi]、chi [tʃi]、shi [ʃi]，特别容易影响交际和辨义，必须注意纠正。

（14）日语没有汉语的 iou [jəu]，日本学生一般都会发成 ゅ [jʉ]，与发汉语 ü [y] 时不标准音的相混。必须注意纠正。

（15）日语没有 uen [wən]，日本学生一般都会发成 うん [ʉN]，与发汉语 en [ən] 时不标准的音相混。必须注意纠正。

（16）日语鼻辅音 n 与 i 结合时发生音变，成为舌叶鼻音 に [ɲi]。但这种组合一般不被人发觉，也没有产生辨义或交际问题，所以一般可以先不管。

（二）儿化、儿化韵和儿化音节的感知分析

儿化是语音学、词汇学的两用术语，儿化的特点是在构词法上缀加了一个语法后缀，即"儿"尾。在发音上则是使元音卷舌化表示。其机制与特点有三：

从音理上看，其卷舌特征 –r [ɻ] 贯穿于除韵头以外整个韵母部分。这种贯穿是音质的,而不是韵律的,因此,儿化不是韵律特征。

从生理上看,儿化对于韵母的影响基本上是生理机制所致。北京话的儿化音是一种凹型卷舌音。[①] 由于凹型卷舌需要空间和适当位置,因此处于前高舌位的元音(如i[i]、e[e]和-i[ɿ]/[ʅ])就会央元音化或增加央元音,韵尾i和n就必然要脱落,韵尾ng脱落后元音鼻音化。因此,只要理解这个生理机制,儿化韵和儿化音节的掌握并不特别困难。并非教学难点。请看:

表2

	无韵尾儿化	–i/–n 脱落	–ng 脱落·元音鼻化
a. 原韵腹后加 er	yir/yur	inr/yunr	ingr
b. 韵腹央化后卷舌化	yer/yuer	eir/air/anr/ianr	
c. 韵母直接卷舌化	ar/uor/ur	yuanr/uenr	angr/engr/ongr
d. 韵母改为 er	–ir (zh/z 等后)		

从韵律上看,儿化以后使儿化韵母或儿化音节增加了半个心理上的莫拉。这半个莫拉仅存在于心理,是因为构词语素的增加而导致心理上的音感变化,在语音实验上可能无法测出来。

四 与日语比较的汉语超音段感知

(一)音高感知对比分析

1. 音高的量度分级。

我们使用中日语言中最高和最低两个端点之间的距离作为音

---

① 吴宗济《汉语普通话单音节语图册》,中国社会科学出版社,1986年。

高域来进行对比，而不采用"绝对"音高的概念。这样感知的范围就比较明显，也容易控制。在音高域中使用宽式的量度分级，而不采取一般的五级量度。高中低三级或高低二级正是一般人在初接触某外族语时的感知状态。以此粗线条量度二者，则汉语和日语之间的感知对比可以有如下的主要区别：

一是汉语音节内音高的三级都具有别义功能，它们与语音学 1—5 度的分级可以做如下比较：高——相当于 1—2 之下，中——相当于 2—4 级，低——相当于 4—5。对于普通话而言三级已完全足够应付别义。而日语用于表示重音的音高则可以做高、低二分，它们很少具有别义功能。①

二是中日两种语言在字/词层次的高音阶比较接近，可以忽略其差异。汉语的中音阶相当于日语的低音阶；汉语的低音阶则在日语中基本没有对应物。也就是说，日语低音阶的音高要高于汉语的低音阶，大致相当于汉语的中音阶的音高。

三是汉语的音高是字/音节内部的要素。而日语的音高是在 2 "莫拉"以上词语范围内的要素，是一种音高型重音系统内的高低描述。二者有很大不同，只能勉强对比。

四是汉语的音节内音高的变化是渐变的，即过渡音高的音程较长较明显；而日语在 1 莫拉内的音高变化是接近顿变的（参见

---

① 日语在词语方面的音高系统和重音系统可说是合二为一，或是音高型的重音。也许就是 stress-tone 的类型。日本语音学界对日语重音有几种看法，有主张高中低三分的，有主张高低二分的。从实际的音高测量看的确可以高中低三分，但从音位角度看却只能做二分。现在一般多主张高低二分，认为在音位上只有这两个重音音位（如金田一春彦 1967/1981，《日本語音韻の研究》）。

下表）。①

现将两种语言的音高大略对比如下（日语暂取双音节词）：

表 3

汉语调类（调值）单字调特征	一声（55）高→高	二声（35）中→高	三声（214）低（→中）	四声（51）高→低
（变调）			低—低（211）/中—高（35）	
例字	蒿｜摊	豪｜谈	好｜坦	浩｜炭
日语音高类型 高·低（1–2 莫拉）	短音 A 型 高（1 莫拉）	后高型 低＋高（2 莫拉）	短音 B 型 低（1 莫拉）	头高型 高＋低（2 莫拉）
例词	shi（市）	ame（糖）kaki（柿）	ji（字）	ame（雨）kaki（牡蛎）

---

① 日语的音高类型有其特殊之处。以 2 莫拉词语为例，如果局限于这 2 莫拉词语内，则一般分成头高型、后高型（"后高型"的名称是笔者设立的）两种，前者是"高＋低"组合，后者是"低＋高"组合，类似于汉语的四声和二声的走向。只是：一，高低的幅度小于汉语；二，带有顿变味道；三，高低两个部分基本是横的走向，这与汉语斜的走向不同。其中后高型又根据后接助词音调的高低而再分成平板型、尾高型两小类，但这已不超出词语本身而具有形态意义的区别。如果是 3 莫拉的词则还增加一个"中高型"，这种类型在汉语中没有相当的形式。而 1 莫拉的词，虽然也可以分成平板型和头高型，但这是根据后接助词的音调高低区分的，并非音系学上的区分。后接 1 莫拉的格助词是高的，前面的词即为"平板型"，后接格助词是低的则前面的词为"头高型"（据金田一春彦《明解日本语アクセント辞典》）。因此 1 莫拉的所谓重音实际上是该词与后接助词组合的重音类型。如果以 1 莫拉词本身的音调看，则只有一种极短的平调（这里在表内称为"短 1/短 2 型"），如果根据纯粹的音高看，则因辅音的清浊不同依然有高低两种不区别意义的音高，但不能作为韵律音位。这里因为要与汉语对比而故意分出短音 1 型和短音 2 型。

2. 中日音高对比。

汉语音节的音高，即字调，是用来区别意义的。汉语在物理和生理方面的特点是：同一个音节内的音高变化实际上受到生理上扰动，现在的许多描述不过是其主要区别特征。其实还可以做如下更细致的描写：一声的特征描述是 5-5，记为 55 调，实际上是 ^{4}5-5^4，其头尾由于受到生理的扰动而都有一个极短的过渡音，但其本质是"高"。二声的特征描述是 3-5，记为 35，实际上在末尾也有一个生理紧张下降的无声音程 4，即 3-5^4，其本质是"升"。三声的特征描述是 2-1-4，记为 214，实际上是 ^{2}1-1^{44}，开头的 2 只是一个调头，是个因生理原因而产生的过渡性成分，只不过比上述两个声调的过渡性成分明显些，而后的 1 的音程稍长，然后滑向 4。4 也是一个出于生理放松需要的自然延伸，并非上声的本质。因此在变体中这两个部分就被分别强调了出来，一个成为半三声（半上声）211，一个变成 35，后者被归入二声的模式。三声的本质是"低"，而非"曲"。第四声的特征描述为 5-1，记为 51，实际上由于生理和音节连读上的原因常常不能到达这个 5 和 1 两端，或者是 4-1、5-2，甚至更近的音阶距离。因此，四声的本质就是"降"。从日本人的感知来看，汉语一声特征是"高"，二声特征是"中升"，三声特征是"低"，四声则是"高降"。汉语声调音高的变化都是滑动型的，以滑动为特点。

日语音高的主要特点是：在一个词语片段内，不同莫拉或莫拉群之间都具有对比音高的变化。在每个词语片段（多莫拉音段）内，必然有一个莫拉或莫拉群是高的，其他部分是低的，因此被认为是一种高低重音。只有在一个单莫拉的词内，日语才有单独的高音阶或低音阶，但这样的高低一不稳定，二无辨义作用。
日语1莫拉词很少，大都是来自汉语的汉字词。单莫拉词就其
本身而言应该没有什么重音的问题，只有与其他语素/词对比后
才有非重音的音高。1莫拉语素/词的高低只和辅音的清浊有关，
清辅音一般总是高些，浊辅音一般总是低些，古代汉语以清浊
分阴阳，也就是这个道理。有的实际上与所处位置有关，但这
些单莫拉成分一般都被作为更大片段内的一个组成成分，其所
谓的单独音高被纳入整个片段的高低重音框架。这是就其一般
而言，当然也会有例外。日语双莫拉词的高低变化是跃动型的，
与汉语二声、四声的滑动型不同。总之，中日语言的音高有体
系归属的不同，有音高变动类型不同，还有各自音高的相对高
低不同等三个方面。日本学生对汉语声调的感知，应该以四声
的本质（高、升、低、降）为基础，并充分考虑日语音高特点，
在对比中寻求最佳的教学切入点。

（二）音长感知对比分析

1. 莫拉的性质和长度。

在某一具体语言的系统中，音长只具有相对的长度和相对
的价值，不能像仪器那样测量绝对的长度。因此，音长除了物
理性质以外，也必然要从音系方面去认识，因此它又是一种音
系学概念。一般使用"莫拉"来作为音系范畴内的音长量度单
位。"莫拉"是一种音系单位，是韵律长度的最小单位，它不
具有绝对的长度，而只有相对长度，即可以在某语言的音节内
区分若干莫拉，也可以在不同语言之间对比得出各自音节内相
对的莫拉数量，从而比较出不同语言的音节的相对长度。此外，
即使在同一种语言内，同样的一个莫拉，其物理长度也不是绝

对相同的。常常有这样的情况，在某语言中，母语者认为是两个莫拉的，但仪器测量的绝对长度却可能只有一个半莫拉量度单位。例如，日语的长元音的物理长度不一定就是两个短元音相加的长度，可能略短于也可能稍长于两个短音，但却是两个莫拉。① 而汉语的儿化音节虽然只是一个音节，但从心理感知上看却是两个单位，即一个音节加一个儿化成分，长于一般2个莫拉的音节，相当于3个莫拉。这进一步说明莫拉还具有主观感知性，即属于心理范畴，而不只是具有一定的生理特征和物理特征。

2. 不同民族对长度的感知。

不同语言的母语者的音感是不同的，其中对音长的感知也是如此。中国人对汉语的音长感知不同于日本人对日语的感知。汉语母语者对音长并不特别敏感，在学习英语的长短元音（如，含短元音的 ox[ɒks]和含长元音的 law[lɔ:]，在 indeed[ɪndi:d]中前一短[ɪ]和后一长[i:]）时，往往只侧重长短元音音质的不同，而忽略其音长的不同。相反，日语母语者却对音长特征特别敏感，而对音节的感知较弱。与此相平行的是汉语母语者，绝大多数人对莫拉的感知非常弱，几乎等于零，而对音节和音高的感知则十分强烈，不管是长度中等的一声、二声、四声音节，还是长度略长的三声音节（念单字），都当作同样的"足音

---

① 日语元音中的短音（1莫拉）和长音（2莫拉）之比大约在1:1.6—1:2之间，即发音的长度为短音的1.6倍时听觉上就可认作一个长音，如果发音的长度为短音的2.5倍时就感知为3个莫拉，即一个长音再加一个短音（见李怀塽《日语语音答问》商务印书馆，1996年）。由此可知，莫拉的划分虽然有物理基础，但又不必是短音的整倍数，显示其与心理感知有关。

节"① 单位。中国人把主要特征是短音的轻音音节称作"轻声"②，这也从另一方面证明汉语母语者对长短的不敏感。相对而言，日语母语者则对莫拉十分敏感。音的长短在日语中不仅仅是音长问题，而且关系到节奏或韵律。因此，音长又具有明显的社群感知特性，不同民族或语言社群的人有不同的感知。如果这样，那么汉语基本上每个字/音节都相当于2个莫拉（轻声音节是极短音节，甚至小于一个莫拉，但仍可当作1个莫拉），而日语的每个短音节所表示的音都只有1个莫拉。中日语言这样的差别也是很容易理解的：因为汉语是声调语言，又是注重韵母介音③的语言，没有充分的时间或音长，就无法足够清楚地表达这样的声韵调特征。而日语缺乏音节声调，语速又快，因此没有汉语这样的音长需要，所以日语的基本音节④只有1个莫拉。

---

① 某语言内往往有多种长度的音节，其中应用分布最广、出现频度最高的某长度的音节可以作为该语言的标准音节,也可以称之为"足音节"。"足音节"也是一种韵律单位。在一些语言中它是诗歌中的韵律标准，以比作为基础构成节拍和节拍群。例如汉语具有四声的音节是足音节。在汉语诗歌中，轻声音节不能作为一个足音节构成节拍，只能作为足音节的缀加音，而以足音节作为节拍的主要依凭。而在旧体诗中，轻声音节则由于不是足音节，因此完全没有地位，也不能存在。超过标准长度的音节（如"超长音节"）应该看成是一种特殊的足音节，它可以构成节拍，并且常常有别的标记作用。诗歌中有许多在朗读时需要延长的音节，实际上往往就是节拍群的界限，这就是一种特殊的标记作用。

② 轻声实际上具有四种特征：音长、音强、音质和音高。根据声学和心理实验，现在认为轻声以音长特征为主，即发音特别短暂。其实从整体角度看音强也很重要。再其次是受到音强和音长影响而出现的音质变化，最后则是音高的特征。轻声没有独立的音高，它受到轻声前一音节的音高的影响，因此，这也就是轻声的一种音高特征。

③ 在汉语中，有时介音与声母合二为一，即所谓腭化辅音或圆唇化辅音等，有时却有单独的音程，但极短。虽然如此，仍然需要占据一定的时间。尤其在戏曲唱词中，韵头（介音）需要表现得很清楚才合格。

④ 这里的"基本音节"是指在传统日语中出现最多的那种音节，日语在传统上一般称为"音"。它们基本上都是短音节。但收拨音-n的音节有不同意见。

3. 感知证实。

我们还可以从另一方面来证实两种语言在感知上的不同。请看下面部分汉字在日语中的音读音。例如：

a. 来自入声韵（2莫拉）："一"ichi, "发"hatsu, "历"reki, "六"roku
b. 来自入声韵（2莫拉）："袖"shū, "十"jū, "法"hō, "协"kyō
c. 来自阴声韵（2莫拉）："周"shū, "袖"shū, "逃"tō, "教"kyō
d. 来自阴声韵（2莫拉）："迷"mei, "追"tsui, "退"tai, "西"sai/sei
e. 来自阳声韵（2莫拉）："上"jō, "通"tsū, "京"kyō/kei, "经"kei
f. 来自阳声韵（2莫拉）："断"dan, "新"shin, "林"rin, "兰"ran

上面六例代表了六种汉语字音在日语中对应的音读音，具有较强的规律性。其中 a 例是来自中古收 –t, –k 两种入声的汉字音读音；b 例是来自中古入声收 –p 的汉字音读音；c 例是对应 ao、ou 类阴声韵汉字的音读音；d 例是对应 ai、ei 类阴声韵汉字的音读音；e 例是对应 –ng 阳声韵（鼻音尾）汉字的音读音；f 例是来自中古 –n, –m 阳声韵（鼻音尾）汉字的音读音。前五例都是 2 个莫拉。最后一例是来自中古汉语的 –n 和 –m 的韵母，日本语学界对此有不同意见，一般认为是 2 个莫拉。从汉语的 –ng 变为单独一个莫拉 -u/-i 看来，这一例的拨音 -n 在日语中实际上是可以单独作为 1 个莫拉的。它处于一种中间性的状态，摇摆不定。只要看看日本"歌吟"时把拨音 -n 拉长发音的情况，就知道这"拨音"的特殊性。[①] 还有一些汉字是对应为短音节的。但是这些字

---

① 对于拨音（-n），日本学者有不同看法，很多学者认为可单独自成一个莫拉，如斋藤纯男（1997，《日本語音声学入門》，东京三省堂）和许多日语语音学书籍都这样认为；也有人认为拨音只能是附属于前面的辅音元音，不能单独作为一个莫拉，如斋藤修一（明海大学日本语学科教授）就如此处理，认为拨音应该与前面的辅音元音组合成的音节合起来计算莫拉，不单独自成莫拉。这些不同观点实际上也反映在日本式诗歌中。

如果以中国读音去念，并让一般日本人记录的话，则可能全部会记录成长音。例如"诗、他、皮、库、拉"等字在日本语的音读中都是短音，只有一个莫拉，但如果不告诉日本人是哪些字，只让他们忠实地凭听觉记音，则一定会把这些字记录成长音：シー、ター、ピー、クー、ラー。从这两个方面看，日本人对汉语音节（不是汉字）确实具有 2 个莫拉的感知。① 以下我们把汉语和日语的音节长度做这样大致的对比示意：

表 4

汉语说明：例：	超长音节[②] （2.5—3 莫拉） 完全三声（214） 好 / 马	基本音长（四声音节） （2 莫拉） 一声；二声；四声；半三声（211） 天；田；电；典（～型）	轻声音节 （1—0.5 莫拉） 轻声 子（帽～）
日语说明：例：	——	长音 / 长音节 （2 莫拉） とう（tō 東）/ きょう（kyō 京）	基本音长（短音 / 短音节） （1 莫拉） と（to 斗）/ た（ta 田）

---

① 笔者自己就有此经历：我的姓氏"史"字作为日本汉字的音读音是シ，定成短音；但当我说汉语的"史"时，让日本人据实记音时，常常就写シー，记成长音。

② "超长音节"主要是指以下三种情况下的音节：

a. 全上声（第三声）调的音节，即把 214 的调值全部读出的音节。这在一般言语中很少出现，只在单独成句并强调的情况下，以及在疑问句末尾时才会发生。也就是说 214 调实际上长于 211 调和 35 调的两个异体。这是极为特殊的，已经掺入句调因素，并非三声的本质与常态。例如：

（问：谁？答：）"我。"（我：214/213）
"你是老李？"（李：214/215）

b. 某去声（第四声）字处于与句末调形差别很大的疑问句的末尾，与句调合并，并有所强调时，例如：

谁去？（去：423/523）

c. 儿化音节，这是一种心理驱使的超长音节，是两个过程重叠以后的纵向超长造成的，在物理长度上可能并没有到达 3 个莫拉（音分）。例如：

玩儿 | 盖儿 | 词儿

（三）音强感知对比分析

1. 相对的重音标准。

一般都是以对象语言中最常用的，即出现最多、最不特意的强度作为标准。通常我们讨论音强都是在重音①的意义上。实际上重音系统在不同语言中往往并不相同。日语、英语和汉语的重音系统就很不相同。日语重音主要表现出音高的特点，即主要是音的高低特征；英语重音则表现为音强与音高并重的特点，即不但音强增大而且音高也升高。而汉语则与它们都不相同，它的重音是以基本音强和基本音高、基本音长作为基准重音模式，而非重音音节都以此基准递减，也就是说一切非重音都低于这个基本的音高、音强、音长的水平。汉语是"凹下型"重音系统，而英语是"凸起型"重音系统。比较起来，日语比较接近汉语，日语的重音是一种基准音高起型的重音，以比较常见的音高音阶作为基准，非重音则是低于这个基准音高的音，因此类似"凹下"类型。日语的音强因素则比较弱，被音高替代，因此可以忽略。②

2. 不同的重音基准。

在汉语中，词的音强是以音节的四声读音作为基准，非重音则在音高、音长、音强方面都低于这个基准，尤其是音长和音强

---

① "重音"是译自英语 accent 的术语。英语此外还有 stress 等词表示类似的概念。"重音"在字面上属于轻重强弱范围，与音的高低迥然不同。而 accent 实际上可以包含强弱和高低两种类型，这显示该词翻译为"重音"并不妥当。accent 一般的意思是指口音、腔调、语调。

② 日语的重音，一般因为其属于高低重音，与"重音"字面上所蕴含的强弱性质（音强）不同，所以中国的日语学界也有人把アクセント（accent）翻译为"音调"，而回避"重音"二字。

更为突出，而音高则不大明显，可以忽略。我们把基准重音①和轻声确定为两个端点，前者可以定为0，后者则可定为-1。在二者之间还有一种被认为是中等强度和长度的词内重音，本节称为中强音（一般也称为中重音），如果需要，可以定为-0.5。这三种音在以下讨论中可以分别称为"基（准）重音"（简称"基"）、"中强音"（简称"中"）、"轻音"（简称"轻"）。另外，在正常言语中，在普通的基准上还有语句层面上的强调重音，可以定为1。

在一般的情况下，只需要注重基准重音（基重音）和轻音这二级的描写，而一般外族学习者感知能力也往往仅止于这二级。

在基重音、中强音、轻音这三级里，轻音具有特别的意义。轻音实际上有两种：一种是该语素以字/词形式出现时或在任何多语素语词中出现时都读轻声，这时的轻声已经成为该语素的标准形式，需要在词典中单独标明，这就是一般后缀"子、头、巴"和助词"了、的"之类，这是一种语素音强，它已经脱离了词重音的范畴，成为需要在单字层次上描写的固定语素形式，可以称之为"语素轻音"，这时的语素也可称为"轻音语素"。另外一种轻音是随语词和语体而定，有时读轻声，有时不读轻声，这是一种真正的词内轻音，或者说是一种真正的重音系统内的弱非重

---

① 本节把一般所称的"重音"改译为"基准重音"，这是因为汉语的这个重音并不是特别加重的 stress（重读），而是一般的强弱，就是基准音的意思。另外，本节还把一般所谓的"中重音"改为"中强音"，则是因为"中"和"重"字音过于接近，在简称的时候很容易发生混淆；此外也因为"重音"一词可以理解为 accent 和 stress 两种意思，前者是音调强弱高低的意思，后者是指某个词发音最强的部分，在英语中一般一个词只有一个"重音"（stress），略弱于重音的称为"次重音"，概念容易误解。

音（相对而言，中强音则是强非重音）。因此，真正的词重音系统是以弱非重音这种"轻音"为参与单位的。北京话的"轻声"是一种特殊的"甚短轻音"，即以特别短促为主要特点的轻音，不能作为教学标准。

日语由于其重音系统是音高性质，因此缺乏汉语那样的基准重音。

以上所述汉语重音系统是音强性质、日语是音高性质，这样的表述都只是就主要特征而言，其实汉语的重音也有音高因素在内，其轻音甚至还带有音质问题，日语的重音也有音强因素参与，但这些都不是主要特征。这样，我们就可以将汉语和日语的重音系统做如下的对比：

表 5

汉语重音系统（音强特征）	基准重音 强	中强音/中重音 次强/中弱	轻音/轻声 弱
日语重音系统（音高特征）	重音 高	非重音 低	—— ——

3. 汉语重音类型。

我们以双音节词为基础，则普通话（不是北京话）的非强调型重音系统有以下三种基本类型：

a. 中—基：理解、无论、表妹、词典
b. 基—中：偏爱、木耳、口水、批评
c. 基—轻：太阳、葡萄、桌子、看看

其中第一种的"中—基"型是更为基本的类型。另外，还有两种次要类型，但数量极少，似乎只有以下两个例词：

d. 轻—轻：着呢

e. 轻一中：的话[1]

以北京话为基础的普通话，其轻重音是基于这样一种动力模式展开的：即选择基准重音和轻音作为两个端点，而忽略其余的成分。其发音到位的成分主要是基准重音所在的成分，其余的成分发音常常不大到位。由此可见，中强音其实在很多场合都带有过渡性。如果选择第一字为基重音，则剩余的第二字便是基重音过渡到另一词语或停顿前的过渡音强；如果选择第二字为基准重音，则第一字就类似于过渡到基准重音的过渡音强；如果第一字和第二字分别为基准重音和轻音，则类似的过渡音强就无法存在。

至于三个音节的重音主要有这两种（其他类型暂略）：

a. 基一中一基：清凉油、合作社、图书馆、绿油油

这一类中的第二字类似于以第一、三两字为端点的过渡音高。其音强并不稳定，往往因语速的快慢而有变化，语速快时甚至接近轻音。

b. 中一基一轻：火炉子、澡堂子、叫花子、笔杆子

这一类中的第一字则类似于以第二字为端点的过渡音强。

可见，汉语的重音模型实际上是生理、物理和心理三种因素共同制约而形成的。

（四）节律（节拍和快慢）感知对比分析

1. 不同的节律标准。

汉语以足音节为节拍，节拍与足音节就是汉语的节律单位。

---

[1] 有两个"的话"，一个是连词，读"轻一中"，一个是两个词的跨结构排列（不是词组，只是助词+名词的排列），读"轻一重"，"话"还是话语的意思。

日语则以莫拉①为节律单位。两种语言的节律都是建立在生理的气长和语言的音节长度基础上的。不管哪种语言，其使用者的气长应该都是基本相同的，每个气长区内的平均莫拉数量大概也相差不会太大，不同的是音节的长度。以音节长度来分析的话，那么日语显然短音节多，在同一个气长区间内的音节数比较多；汉语由于音节比较长，在同一个气长区间内的音节数肯定比较少。在这种情况下，汉语必然是节奏较慢，而日语一定是节奏较快。汉语的音节长度比较稳定，音节间分隔明显；而日语中音节长度不稳定，音节间的分隔不显著。因此很自然，汉语必然会以足音节作为节律/节拍的基本单位，而日语却要用莫拉作为节律/节拍的基本单位。

2. 两种节律模块。

汉语的基本节律模块有两种：一种为 1 音节模块；另一种为 2 音节模块。由此生发出各种不同的节拍群/音步。以此构成的基本节拍群/音步有三种：1 音节节拍群/音步；2 音节节拍群/音步；3 音节节拍群/音步（也可以化解成 2+1 或 1+2 节拍组合）。更大的节拍群实际上是以上节拍群的组合，如，4 音节节拍群是 2/2 节奏，5 音节节拍群是 2/3，或 3/2，或 2/2/1，或 2/1/2 的节奏。由于语速的不同，2、3 音节也会分化为 1/1 节奏和 2/1 或 1/2 节奏。表现节奏最明显的主要有两种语言片段，一是成语，一是诗句。汉语的四字成语在语法构成上一般都是 2-2 型，即使语法构成上是 1-3 型的或 2-1-1 型的，也是要求做 2/2 节奏处理。例如：

---

① "拍/音拍"是日语学界用来称呼最小的节奏，相当于莫拉，传统也以"音"来表示。可能是为了回避モーラ（mora）这个外国概念，也可能是对 mora 的一种翻译，当然同时也是为了回避"音节"这个分歧很多的概念。

2-2 型成语：正大 –/ 光明、驾轻 –/ 就熟、守株 –/ 待兔、广开 –/ 言路

1-3 型成语：青 – 出 / 于蓝、畅 – 所 / 欲言、煞 – 有 / 介事、胸 – 无 / 大志

3-1 型成语：一衣 / 带 – 水、三六 / 九 – 等、三十 / 六 – 计、八公 / 山 – 上

2-1-1 型成语：不情 –/ 之 – 请、初生 –/ 之 – 犊、不胫 –/ 而 – 走、兼听 –/ 则 – 明

诗句是一种民族语言的节奏最集中最突出的表现场所，以诗句为例可以很好地说明不同语言间的区别。汉语的诗句也是以 1、2、3 音节的节拍群作为大于音节的基本节奏单位，其中 2/2 这种成双型的组合尤具强势。这三种节拍群可以分化成或合组成不同的形式：有的是 2/2/2；有的是 2/3（3 或 2/1，或 1/2）；有的是 2/2/3（3 或 2/1）；还可以是 3（或 2/1）/2、2/3（或 2/1）/2 等等。另一个特点是一般需要成双的诗句组成，最少是 4 句；如果诗句是单数，则句子数至少需要 5 句才能形成满足汉语节奏成双的韵律要求。再一个是必须有配合诗句数的 2 个或 2 个以上适当的韵脚。由此可见，汉语的诗句是以节奏成双作为基本特点的。如汉语四言诗（标斜杠 "/" 表示节奏分界处，双斜杠则节奏分界大于前者，标 "#" 符号表示句与句之间的更大分界；标底线 "＿" 者为韵脚）：

《诗经·邶风·燕燕》首章：

\# 燕燕 // 于飞 #，# 差池 // 其羽 #；
\# 之子 // 于归 #，# 远送 // 于野 #；
\# 瞻望 // 不及 #，# 泣涕 // 如雨 #。

《诗经·魏风·硕鼠》首章：

#硕鼠//硕鼠#，#无食//我黍#；
#三岁//贯女#，#莫我//肯顾#。
#逝将//去女#，#适彼//乐土#；
#乐土//乐土#，#爰得//我所#。

以上都是 2-2 节奏。又如汉语五言诗和七言诗：

孟浩然《春晓》：

#春眠//不觉/晓#，#处处//闻啼/鸟#（或：闻/啼鸟）；
#夜来//风雨/声#，#花落//知多/少#（或：知/多少）。

李白《朝发白帝城》：

#朝辞/白帝//彩云/间#，#千里/江陵//一日/还#；
#两岸/猿声//啼不住#，#轻舟/已过//万重/山#。

以上五言诗是 2/3（3 或 2/1）节奏，七言诗是 2/2/3（3 或 2/1）节奏。即使是下面的较短的长短句（词），其节奏也不同于日本。

如 27 字的白居易所作《忆江南》（五句）：

#江南/好#，#风景/旧曾谙#。
#日出/江花//红/胜火#，#春来/江水//绿/如蓝#。
#能不//忆/江南#。

又如 23 字的温庭筠所作《南歌子》（五句）：

#懒拂//鸳鸯/枕#，#休缝//翡翠/裙#。
#罗帐//罢/炉熏#。
#近来//心/更切#，#为/思君#。

再如最短的毛泽东所作《十六字令》（四句）：

#山#，
#快马/加鞭//不下/鞍#；
#惊/回首#，
#离天//三尺/三#！

以上都属于最短的长短句一类，它们至少要由四个诗句构成。可见汉语一般不能允许三个诗句组成的完整诗，必须超出三句。

与此不同的是日本传统的诗句。以日本俳句为例，俳句全诗仅仅一句，无韵脚，分成三段：5（莫拉）/7（莫拉）/5（莫拉），每一段成为一个大于音节的节奏。一首俳句只有三个较大节奏，总共 17 个莫拉[①]，并以此作为节拍的总的心理长度。例如下面的俳句（第二首画底线处为莫拉的确定需讨论）：

芭蕉：

#不性（ふしよう）さや / かき起（おこ）されし / 春（はる）の雨（あめ）#。

[①] 日语学界对莫拉的计算还有一些分歧。其中短元音、拗音（有介音的短元音）和促音（相当于入声的塞音韵尾）作为一个莫拉一般都没有不同的意见，但对拨音的处理则有些分歧。传统认为日语的拨音 -n 是单独一个音节（传统也称为"音"），但是也有学者（如服部四郎）认为拨音 -n 不单独成音节。而还有一些学者（如金田一春彦）则回避"音节"这一名称，另外使用"音拍"这个相当于莫拉的术语，并把拨音称为"特殊音拍"。这个称呼正好说明拨音是一种处于两可之间的特殊音。因此，把拨音算成单独的一个莫拉或不作为单独莫拉，不但在日本传统诗歌中可以找到例证，而在理论上也是情有可原的。正文中たかし（TAKASHI）所作俳句就是把拨音 -n 自成一莫拉/拍的例子，下面芭蕉所作的俳句则是不让拨音 -n 自成音节的例子（正文和下例中画底线部分即为分歧处）：

#明（あけ）ぼのや/しら魚（うお）しろき/こと一寸（いっすん）#。
[#akebonoya / shirauoshiroki / kotoissun#.]

第二节 语音感知与汉日语音比较 331

［# fushyousaya / kakiokosareshi / harunoame #.］

たかし（TAKASHI）：

#来（き）て止（とま）る / 雪片（せっぺん）のあり / 紅椿（べにつばき）#。

［#kitetomaru / seppennoari / benitsubaki #.］

夏目漱石：

#腸（はらわた）に / 春適（はるしたた）るや / 粥（かゆ）の味（あじ）#。

［# harawatani / harushitataruya / kayunoaji #.］

以上日本俳句的 17 个莫拉对应到汉语只相当于 8.5 个音节/字，无论如何是建立不起合乎汉语韵律节奏的诗句的。①

日本传统还有一种和歌，其中的"短歌"是以 5/7/5/7/7 或

---

① 现在有些中国文人因为中日友好之故，以模仿俳句创立所谓的"汉俳"来表示友好之情，这在政治上、民间交往上是很好的举动，但在文学上却别有可议。日本的俳句只是一句诗（17 个莫拉）分三个节拍群（5/7/5 莫拉）而已，但所谓的"汉俳"已经不是一个诗句，而是一首诗。全诗分 5、7、5 字三句，相当于 34 个莫拉，没有韵脚。严格说，汉俳在诗律上是完全失败的，是一种被非汉语诗律规范所扭曲的怪胎，也是很糟糕的移植。即使是汉语的长短句（词），同样需要具备三个条件：一是押韵，二是有每句具有以音节为基础的彼此呼应的节奏，三是如果句数是单数，必须有超过三句的诗句，以保证韵律呼应。所谓的"汉俳"，只有三句，而且没有韵脚，又没有彼此呼应的节奏，从而无法形成合乎汉语习惯的节奏和韵律。由此可以看出，日语的"莫拉—音步（节拍群）—句"的俳句韵律体系，和汉语的"音节—音步（节拍群）—诗句—章"的诗歌韵律体系是完全不同的，是很难移植的。由此也可知道，日语的节奏和汉语的很不相同。一些有识者有鉴于此，则不在形式上模仿俳句，而是根据汉语传统诗律去翻译日本俳句，这样的译文则得到大家的好评，例如下面的两首俳句的汉译就是很符合汉诗格律以及"信达雅"的佳译。芭蕉："旅中正卧病，梦绕荒野行。"诗僧良宽："秋叶春花野杜鹃，安留他物在人间。"

7/5/7/5/7 共 31 音（莫拉／音拍）作为总的节拍长度的。例如：

あらたま《春雨》：

#春雨（はるさめ）の ／ 音（おと）のしながら ／ 幽（かす）かにて ／ さ夜（よ）ふけと夜（よ）は ／ ふけにたるらし#。

庭燎《新年》：

#元日（ぐわんじつ）の ／ 夕（ゆふ）さりくれば ／ 床（とこ）の間（ま）の ／ をぐらくなりし ／ ものかげ寂（さび）し#。

以上两首日本短歌也与俳句有相似的节奏类型，都是 7/5/7/5/7 的节奏，即每个节拍都是单数莫拉，并以 5、7 两种莫拉数交替出现。

像以上这样的莫拉为单数的节奏同样也不能在汉语内建成独立的格律诗。比较起来，汉语的长短句远比这种节奏活泼，但这种活泼正好是建立在莫拉成双和以四个诗句和两个韵脚为起点的基础上的。

这些都说明汉语和日语的节奏在心理层面和实用层面上有很大不同。看起来，节律与句子无关，但现在新的研究越来越多地揭示节律也是完善句子的一部分。吕叔湘先生就最早提出语句的节律问题。而传统的文通字顺，也就包含了语音节律的合宜性。这些都值得我们在教学的高级阶段加以重视。

五　结语：供选择的建议

从语音感知与汉日语音对比考虑，我们需要在教学上做出一些调整，以增加亲近感，减少教学的阻力与困难，并降低学生的畏惧感。

建议尽量缩短（甚至放弃）语音教学阶段，而尽早将语音练习融入词语会话教学中。或结合短词语，以有意义的音节整体模仿为主要教学方式，更不须严格按声韵调分项教学。此乃意在增加应用，减少枯燥，增强效率。

建议关注带 u 介音音节的练习，以及 z/c/s+u 和 zh/z 组带 -i 的练习。

建议按学生个体设置声调目标；按第三声本质为"低"调进行教学，以此对应日语中的低音，减轻学习难度。

建议语音训练分松、紧两种：以发音紧张训练为起始，而以发音松弛为目标。前者可适度加入诗歌作为教材，增强对汉语音节与节奏的感觉。后者以日常对话、用语为教材。松弛才是教学的合适目标。

第三节　汉英音位系统对比及其对语音教学的启示[1]

汉外音系对比是对外汉语语音教学研究的重要组成部分，只有充分了解汉外音系的异同，我们才能预测留学生可能会犯的语音错误，有的放矢地进行纠正指导。正如何善芬指出的，"两种

---

[1] 本节摘自陈之爽《汉英音位系统对比及其对语音教学的启示》，原载《海外华文教育》2010 年第 2 期。

语言中的异质性问题或同中有异的问题,是产生负迁移、造成语言学习干扰的主要因素"[1]。在学习汉语语音过程中,根深蒂固的母语音系的听感和发音习惯会对留学生产生极大的影响。因此,对外汉语语音教学不仅应该从汉语音系特点出发,还应该针对学生汉语语音偏误的特点和规律,以学习者的母语音系为参照进行教学。

由于汉英语音体系的巨大差异性,目前通过汉英音系对比来指导汉语语音教学的研究还相当有限。本节将结合音系学理论,从元音、辅音、声调三个方面对汉英音位系统进行对比,旨在寻找欧美留学生学习汉语语音的主要难点,并探讨针对英语母语者语音教学的教学策略。

一 汉英元音音位对比与汉语元音教学

现代汉语普通话共有 10 个元音,其中包括 7 个舌面元音 a/A/、o/o/、e/ɤ/、ê/ɛ/、i/i/、u/u/、ü/y/,2 个舌尖元音 -i/ɿ/、-i/ʅ/ 和 1 个卷舌元音 er/ɚ/。英语共有元音 20 个,[2] 包括 12 个单元音:/i:, i, e, æ, ɑ, ʌ, ɔ, ɔ:, ə, ə:, u, u:/ 和 8 个双元音,[3] 现对比如下。

(一) 汉英舌面元音对比

根据发音条件,我们把汉英舌面元音进行列表比较。

---

[1] 引自何善芬《英汉语言比较研究》,上海外语教育出版社,2002 年。
[2] 本节采用《现代高级英语词典》的标记符号,根据英国语音学家丹尼尔·琼斯的观点进行描写。
[3] 限于篇幅,本节只探讨更为基础性的单元音,双元音仅在此略提。

表1与表2相对照,我们发现汉英元音的对应关系有两种:

1. 汉语元音在英语中没有相同或相似的对应物,如 /y/ 和 /ɤ/。

2. 汉语元音在英语中没有相同对应物,但有相似的元音存在,如 a/ʌ/、o/o/、i/i/、u/u/、ê/ɛ/。

表1 汉语元音音位

	前		央		后	
	圆唇	不圆唇	圆唇	不圆唇	圆唇	不圆唇
高	y	i			u	
半高					o	ɤ
中高						
半低		ɛ				
低				A		

表2 英语元音音位

	前		央		后	
	圆唇	不圆唇	圆唇	不圆唇	圆唇	不圆唇
高		i: i			u u:	
半高		e				
中高				ə ə:		
半低				ʌ	ɔ ɔ:	
低		æ				ɑ:

在教学中,1类元音的习得难度要明显高于2类元音,讲授的方法也有所不同。

1. /y/ 和 /ɤ/ 的发音失误与纠正。

汉语元音 /y/ 具有[＋高][－低][－后][＋圆唇]的特点,英语中没有具备以上区别性特征的元音。学生学习 /y/ 的偏误主要有三种：(1) /y/ 与 /i/ 混淆。如"吃鱼"说成"吃疑"，这是因为注意到了 /y/ "[−后]"的区别性特征却忽视了"[+圆唇]"的特征。(2) /y/ 与 /u/ 相混。一方面是因为在《汉语拼音方案》中 /y/ 和 /u/ 分别用符号 ü 和 u 来表示，ü 还有省写两点的情况，本就容易造成视觉上的混淆；另一方面，/u/ 所具备的 [+高] [+圆唇] 的特征也会让学生误将之混同于 /y/。(3) /y/ 与 /ju:/ 混淆。如"女" /ny/ 发成 /nju:/（近似于英语单词 new）。这是因为音位组合 /ju:/ 中，半元音 /j/ 具有 [+高] [−低] [−后] 的特征，/u:/ 具有 [+高] [−低] [+圆唇] 的特征，将它们结合起来容易与汉语的 /y/ 混同。

汉语元音 /ɤ/ 具有 [−高] [−低]（[半高]）[+后] [−圆唇] 的特征，英语没有拥有这些特征的元音。主要偏误表现在：(1) 与 /o/ 及 /ɔ/ 相混，即没有注意到 /o/ 及 /ɔ/ 为圆唇元音，而发 /ɤ/ 需要扁唇这一区别。(2) 与央元音 /ə/ 相混。主要是忽略了 /ɤ/ 的舌位更高，更为靠后这些特征。

鉴于以上的比较分析，我们认为这两类元音的教学方法宜采用依靠已知元音推未知元音，易学元音推困难元音的方法。对 /y/ 的教学，我们不妨采用以 /i/ 推 /y/ 法，二者的区别仅在于圆唇与否，而 /i/ 对于欧美留学生不是困难音，所以可以让学生先发 /i/ 音，在此基础上圆唇，这样就能较容易地发出标准的 /y/ 音了。对 /ɤ/ 的教学，可以借助 /o/ 来引导，让学生先发 /o/，保持舌位不变，再将嘴唇水平展开，即可发出后半高不圆唇元音 /ɤ/。

2. ɑ/A/、o/o/、i/i/、u/u/、ê/ɛ/ 的发音纠正。

ɑ/A/、o/o/、i/i/、u/u/、ê/ɛ/ 这几个元音在英语中都有近似元音存在，习得较为容易，但仍需提醒学生注意汉英元音舌位上的细微差别以确保发音的标准。例如汉语 a/A/ 的舌位略前于英语 /ɑ:/；汉语 o/o/ 舌位略高于英语 /ɔ:/，圆唇程度也更高。此外，由于英语中有长短音的区别，如 /i:/—/i/，/u/—/u:/，从舌位图可以看出，其中长音舌位更高、更紧张、更接近于定位元音，因此与汉语的 i/i/，u/u/ 也更为接近。但由于书写形式上汉语拼音的 i，u 与英语短音音标刚好相同，留学生有可能会误用英语中的松短元音来代替汉语中的长紧元音，使发音不自然，教师应及时提醒。

（二）汉语舌尖元音、卷舌元音的发音特征与教学

舌尖元音是汉语相对于英语所特有的，但在汉语中出现频率也不高，其中舌尖前元音 -i/ɿ/ 仅出现在 z、c、s 声母之后，舌尖后元音 -i/ʅ/ 仅出现在 zh、ch、sh、r 声母之后，舌面元音 i/i/ 的可拼合率则高得多。从发音方法上看，舌尖元音发音时，舌尖或向上齿背抬起（-i/ɿ/），或上翘往硬腭前部靠（-i/ʅ/）双唇呈扁平形；舌面元音发音时舌尖下垂抵住下齿背，舌面前部向硬腭前部抬起。尽管有诸多不同，但由于在《汉语拼音方案》中用字母 i 同时代表这三个不同的元音，留学生仍很容易把舌面元音和舌尖元音相混，如把"吃饭"说成"七饭"。因此，在教学时要提醒留学生不要一见到 i 就发成 /i/，可以在教 zi、ci、si 和 zhi、chi、shi、ri 时暂不让 i 出现。如 zhidao（知道）写成 zhdao。等学生熟悉了之后，再告诉他们这些声母后边有个 i 但不发 i 的音。

卷舌元音 er/ɚ/ 是在中元音的基础上加上一个卷舌动作，对欧美学生来说发音并不太困难。但当 er 出现在词尾构成儿化韵时，往往不是简单的在原韵母后加上一个 /ɚ/ 音，而是要通过变更原来的韵腹、韵尾的音色来实现。根据生成音位学理论，CVCV（辅音＋元音＋辅音＋元音）为人类语言的最佳音节结构，一个非最

佳结构一般要通过音节结构程序改变为最佳结构。汉语儿化韵所引起的变化就是这样一种程序。作为儿化韵的 /ɚ/ 的语音体现是［r］，具有［-自成音节］的区别特征，不能作为单独的音节，而只能作为前面音节的一个组成部分。当前面的音节以辅音结尾时就会形成 CVCC 的非最佳结构。例如"药方儿"［faŋr］、"快板儿"［banr］等。为了维护最佳音节结构，应把鼻辅音删除，上面两个词通常发成［fār］和［bar］。此外还有很多更复杂的语音变化形式，如果没有跟学生讲清楚，势必造成发音怪异。

二　汉英辅音音位对比与汉语辅音教学

汉英辅音系统的主要差别与语音教学难点主要表现在以下六个方面。

（一）送气音与不送气音

在汉语辅音音位系统中，送气与否是十分重要的区别性特征，送气音与不送气音成对出现，如 p—pʰ，t—tʰ，k—kʰ，ts—tsʰ，tʂ—tʂʰ，tɕ—tɕʰ。但在英语中，送气与否不具备区别意义的作用。如果不注意汉语辅音这一区别性特征，就会出现严重的表义错误，如把"兔子跑了"说成"肚子饱了"。

对于此类辅音，可以采用吹气对比法来教学，即取一张薄纸，放在嘴的前方，让学生从发音时纸的颤动与否，体会送气与不送气的差别。也可以让学生拿自己的掌心对着口腔，体会气流的强与弱。实践证明，这样的演示学生很容易理解，而且印象深刻。若能再辅以不同的韵母进行对比训练，可以进一步加深对送气音与不送气音区别的认识。

（二）清音与浊音

汉语 22 个辅音音位仅有 5 个为浊辅音，基本没有成对存在的以清浊为区别特征的辅音。但英语中，辅音的清浊是具有辨义作用的重要区别性特征。因此，欧美留学生在学汉语辅音时有把浊音代替清音的倾向。此外，《汉语拼音方案》用字母 b、d、g 代替不送气清音 /p/、/t/、/k/，用 p、t、k 表示送气音 /p^h/、/t^h/、/k^h/，这也容易对学生产生误导，误把送气与不送气的对立当成清浊的对立。解决的办法是让学生了解清浊的不同：让学生用手轻轻按住喉头的外部，发音时能感觉颤动的是浊音，感觉不到颤动的是清音。然后指出汉语中的这几个辅音是不要颤动声带的。

（三）汉语的 /x/ 与英语的 /h/

汉语中的 h/x/ 与英语中的 /h/ 都是擦音，且具有［－自成音节］［－响音］［＋延续音］等特征。不同在于，/x/ 还具有［＋辅音］的区别特征，从发音部位来讲是舌根软腭音，发音时舌面后部抬起，与软腭间形成一窄缝，不带音的气流通过窄缝，摩擦成音；而 /h/ 是［－辅音］[①]，发音部位在声门，发音时气流不受阻碍，自由溢出口腔，只在通过声门时发出轻微的摩擦，口型不定，随后面的元音而变化。由于《汉语拼音方案》用 h 来表示 /x/，欧美学生很容易忽视二者的区别，用发 /h/ 的方法发 /x/，从而带上口音。因此，教 /x/ 音时应提醒学生该音与 /h/ 音不同，不妨让学生先发好同为舌根软腭音的 /k、k^h/ 二音，让他们感受发音部位所在，再把 /x、h/ 分别配合上元音进行对比，这样可以比较直观地让学生

---

① 在乔姆斯基的区别性特征理论中［＋辅音］（［+consonantal］）指发音时在声道中央发生较大阻塞。

了解此二音的区别。

（四）汉语的 r /ʐ/ 与英语的 /r/

/ʐ/ 属于舌尖后音，发音时，舌尖翘起接近硬腭前部，双唇舒平，不向前突。而发英语 /r/ 时，舌尖向上齿龈后部翘起，卷舌的程度不如发汉语 r /ʐ/ 音时舌的卷曲程度大，且双唇略突。如果用发 /r/ 的方式去发 /ʐ/ 就会带上英语口音，"任务"就会读得像"润物"。因此，在教授 /ʐ/ 音，要提醒学生注意提高舌尖的卷曲度，并避免突唇。当然，由于 /ʐ/ 恰是 /ʂ/ 所对的浊音，因此如果学生已经掌握了 sh/ʂ/ 的发音，可以让他们先发 /ʂ/ 音，然后振动声带，即可发出 /ʐ/ 音。

（五）舌面前音与舌叶音

汉语音位 /tɕ、tɕʰ、ɕ/ 在英语中的空缺使得这三个音成为语音教学一大难点。英语中的 /tʃ、dʒ、ʃ/ 与汉语舌面音的区别特征大致相同，都是 [－自成音节][－响音][＋辅音][＋延续音][－前部音][＋舌面前音]。欧美学生很容易把舌面音发成舌叶音，如"西"[ɕi] 发成 [ʃi]（近似于英语 she）。从发音部位来看，/tɕ、tɕʰ、ɕ/ 归为舌面前音，或称硬腭音；/tʃ、dʒ、ʃ/ 属于舌叶音，或称齿龈后音或齿龈硬腭音。二者在发音过程中有两个主要的不同点，即：（1）舌面音的成阻部位是舌面前与硬腭的结合部，舌叶音的成阻部位是舌叶与齿龈隆骨结合处。（2）舌面音不突唇而舌叶音突唇。在教学中可以让学生在发好 /ʃ/ 的基础上将抬高的舌端降低并略微前伸，改突唇为扁唇，这样就能较容易的发好 /ɕ/。同理，/tɕ、tɕʰ/ 可以在发好 /tʃ/ 的基础上习得，当然此处要再次强调汉语送气与不送气的对立，并防止学生误用清浊对立来代之。

（六）舌尖后音与舌叶音

舌尖后音，又称卷舌音，是汉语语音的又一大难点。英语没有卷舌音，但英语的舌叶音除了不卷舌外其余的特征与之基本一致，一部分学生可能会错误地把它们等同起来。区别这两组音的关键在于：（1）是否卷舌。舌叶音不卷舌，发音时自舌根至舌尖的整个舌面与上腭靠得很近，舌头因此而"僵硬地"平直；卷舌音发音时舌头舌根下沉，舌尖向上卷起向后靠，因而与牙龈后部距离比舌叶音远得多。（2）是否突唇。舌叶音强调突唇，卷舌音不突唇。因此在教学时可以在发好舌叶音的基础上，将舌端再抬高，变突唇为扁唇，自然就发出卷舌音了。

三 汉英超音段音位对比

汉英音位的差异不仅体现在音段音位上，还体现在超音段音位上。下面重点讨论汉英在重音、声调、语调上的差异。

（一）重音

汉语除单音节词外，所有的词都有一个主重音和一个次重音。一般来说，如果没有轻声，汉语双音节、三音节、四音节词中主重音都落在最后一个音节，其次是第一个音节，中间的最轻。如果有轻声，那么最后一个重音音节最重，轻声音节最轻。如：①

无轻声音节

国家　法律　卡车　音乐　ˋOˊO
差不多　西红柿　巧克力　星期天　ˋOoˊO

---

① ˊ表示主重音，ˋ表示次重音。

稀里糊涂　老老实实　一举两得　`O o `O ´O

有轻声音节

石头　´O o
为什么　`O ´O o
丫头片子　`O o ´O o

英语中双音节词一般没有次重音，三音节以上的词有次重音，但主重音一般也不在最后一个音节。英语重音的一般规律是双音节多重读第一音节（名词和形容词大都第一音节重读，动词多重读第二音节），三音节以上的词大都重读倒数第三个音节。如：

´handkerchief　　de´mocracy　　pho´togragher

词重音模式的差别可能使部分欧美留学生把英语的重音模式错误地运用到汉语上来，如把"西红柿"`O o ´O发成 ´O o o 等。即使不影响交际，也给人很明显的洋腔洋调之感。

(二) 声调

英语的音调只有在句子平面上才是音位，在词汇平面上没有区别性意义。同一个词并不因为音调的不同而产生词义上的变化，因此英语没有所谓的"声调"。汉语的音调在句子和词这两个平面上都是音位，尤以词的平面最为明显，同声韵的词需要依靠声调来辨别意义。此外，汉语音节音高变化具有突变性和跳跃性，不同于英语音节的音高变化是渐变的、滑动的。因此，汉语的四声也是欧美学生学习的一大难点。

早在20世纪80年代，余蔼芹先生曾提出汉语四声的习得难度顺序不同，其中阴平最容易掌握，其次是去声和阳平，最难的是上声。之后赵元任、赵金铭、沈晓楠等学者先后提出并证实了欧美学生的声调偏误分调型和调域两类。调型错误主要指音高曲线不对，比如把平调说成升调或降调；调域错误表现在，音高曲线虽基本正确，但声调的整个音区太高或太低，如把全降调说成半降调等。王韫佳通过调查美国留学生的声调情况得出结论，美国学生的阴平和去声掌握程度远远高于阳平和上声，在后两种声调偏误中调型错误和调域错误都存在，其中调域问题更为关键。比如发阳平时整个音区偏低，音高曲线的低音点靠后，以至于有跟上声相混的趋势；发上声的主要问题在于低音部分不够低不够长，而不在于低音之后能否上升。换句话说，阳平和上声本身对学生来说并不难学，但这两种声调的起点、低音点、高音点却是学生真正容易犯错之处。

鉴于此，教声调时应注意根据不同声调的难度和错误类型确定教授的顺序和操练方法。既然欧美学生学习阴平和去声较为容易，教学时就可以先教阴平，接着教去声，然后用第四声来引导学生发较困难的第二声和第三声。对于欧美学生阳、上相混的问题可以靠先教半上来解决。此外利用双音节的连读也是解决二声、三声发音困难的好办法。例如练习四声、二声调连读的双音节词语，前边的第四声全降调可使声带放松，然后再逐渐拉紧，便于发好第二声。第三声的特点是前长后短，因此可以多训练四声、三声连读的双音节词语。

此外，声调教学应该采用单音节词训练和语流训练互相配合来进行。前期应以单音节词训练为主，打好基础；后期则必须慢慢过渡到双音节词、多音节词以及句子、语段的声调训练。

（三）语调

汉语和英语的语调差别主要在于：

1. 汉语语调基本上是平稳的，只是句尾略有上扬或下降。语调的变化基本上不影响每个音节相对音高的变化。语调的表意功能不明显，但句尾语气助词多。

2. 英语语调全句往往是起伏的，音高有明显的上升和下降，并且语调的类型也比较复杂。音节的音高一般服从于语调的变化，是不固定的。语气主要依靠语调表达，没有语气助词。

可见，语调在英语中的作用远大于汉语。语调在汉语中有辨义功能，但不是唯一的，具有决定性意义的辨义手段；但是如果英语失去了语调的支撑就很容易引起歧义。

英语为母语的留学生所犯的语调错误主要体现在两个方面：

1. 过多地、夸张地使用升调、降调，尤为典型的是疑问句升调的滥用。

2. 语调干扰字调。

前面说过，汉语的语调只在句尾略有上扬或下降，但绝不会影响单字的声调。但由于欧美学生对疑问句升调的过分使用，一些疑问句最末的一两个字的声调往往被改变了。例如：

这个周末你要回家？（回夹）
你会不会说法语？（罚鱼）

由于英语的升调句是全句都随之上升，有的学生在说升调句时不仅改变了句尾的声调，甚至改变了全句的声调。如：

这个字是什么意思？（者葛子史什抹以死？）

学生出现以上问题的原因一方面在于英语习惯的负迁移，另一方面也跟教师和教材有关，即教学中过分强调语调的升降，反而忽略了日常口语中的平调。这就要求我们要更加审慎地看待教学中夸张教学法的使用量和度的问题。

四 结语

本节在对比分析的基础上研究了汉英元音音位、辅音音位及超音段音位的主要不同，并讨论了语音教学中的一些较为有效的教学方法。我们认为，对欧美留学生的语音教学应注意以下几点问题：

1. 深化英汉对比研究，了解学生的实际情况，针对其难点进行辅导。利用已知音、简单音来辅助未知音、困难音的学习。

2. 从发音部位、发音方法入手，重视发音器官示意图的重要性，同时灵活利用手势、图画、道具等教学手段。

3. 单音训练与语流训练双线进行。单音训练是基础，没有扎实的单字调基础直接进行语流训练只会使学生更加混乱。语流训练则是为提高学生在实际对话交际中的准确度，让其发音更加地道。

4. 对《汉语拼音方案》造成的学习误区应多加注意。语言工作者应继续完善和优化该方案，教师要在教学中及时做出合理解释，而学习者也要从汉语的实际语音中去学方案，再用方案辅助汉语的学习。

图书在版编目(CIP)数据

汉语作为第二语言教学的语音与语音教学研究/张旺熹主编.—北京:商务印书馆,2019
(商务馆对外汉语教学专题研究书系.第二辑)
ISBN 978-7-100-17913-3

Ⅰ.①汉… Ⅱ.①张… Ⅲ.①汉语—语音—对外汉语教学—教学研究 Ⅳ.①H195.3

中国版本图书馆CIP数据核字(2019)第249098号

权利保留,侵权必究。

汉语作为第二语言教学的语音与语音教学研究
张旺熹 主编

商 务 印 书 馆 出 版
(北京王府井大街36号 邮政编码100710)
商 务 印 书 馆 发 行
北京新华印刷有限公司印刷
ISBN 978-7-100-17913-3

2019年12月第1版　　开本880×1230　1/32
2019年12月北京第1次印刷　印张11½
定价:39.00元